盗作厳禁!

血液型人間学は科学的に実証されている!

血液型は細胞型の問題と理解しろ!

岡野 誠

リーブル出版

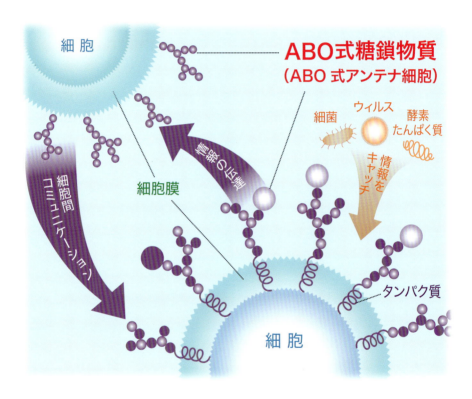

目　次

はじめに

第1章
本来の血液型人間学とは4つの性格の話ではない学術的なものだ！
本件を血液型占いと同列に扱うなかれ！

◎能見正比古さんあっての血液型人間学！ …………………… 12
◎至難の解読を要す血液型人間学 ……………………………… 15
◎4つの性格の話にしない思考法！ …………………………… 17
　△この著名人は何型かの問答パート1 …………………… 19
　　島田紳助は何型か？　沢尻エリカは何型か？
　　市川海老蔵は何型か？　太宰治は何型か？
　　上杉謙信は何型か？　豊臣秀吉は何型か？　等17名
◎ABO式二重構造論からのタレント分析 …………………… 21
　1. タレントにも表と裏がある
　2. 笑顔の裏に隠された本音
　3. 社交性と引きこもり
　4. 現状脱出願望と特異の好奇心
　5. 太宰治の書物は主張への障害？

第2章
血液型は細胞型の問題と理解しろ！
流れる血液成分の問題ではなく、人体各細胞に絡む問題だ！

◎ABO式糖鎖物質とはアンテナ細胞のことだ！ …………… 38
◎人の気質は複数遺伝子とアンテナ細胞である細胞型との連携
　で決まるのか？ ……………………………………………… 44

△この著名人は何型かの問答パート2 ……………………… 49
　　　剛力彩芽は何型か？　堀北真希は何型か？
　　　松下奈緒は何型か？　堺雅人は何型か？
　　　本田圭佑は何型か？　等16名

第3章

血液型と色気の問題
　　ＡＢＯ式色気の違いから明るさ暗さの種類を実感しよう！

　◎ABO式色気からの分析力を高めよう！ ……………………… 52
　◎男性陣の雰囲気を分析 ……………………………………… 64
　◎血液型と色気の問題の総括 ………………………………… 70

第4章

ＡＢＯ式細胞型人間学が人への興味を倍加させる
　　そして、引きこもり問題をも是正する！

　◎あの著名人は何型かの分析力を磨け …………………………… 74
　　△この著名人は何型かの問答パート3 ……………………… 75
　　　イエスキリストは何型か？　ヒトラーは何型か？
　　　織田信長は何型か？　孫正義は何型か？
　　　坂本龍馬は何型か？　橋下徹は何型か？　等11名
　◎歴史上人物の分析にも役立つＡＢＯ式細胞型人間学 ………… 76
　　1. イエスキリストは神の子でないことが実証された！
　　2. ホリエモンの功罪とは？
　　3. 格闘家とくノ一
　　4. 調子の良い時ほど慎重に対処せよ！
　　5. 破壊者と破天荒な明るさ
　　6. 究極的ずるさへの対抗
　　7. 事業仕分けでの恐怖
　　8. 橋下徹は平成の坂本龍馬か？

△この著名人は何型かの問答パート4 ……………………… 101
　　林修は何型か？　池上彰は何型か？　宮根誠司は何型か？
　　古舘伊知郎は何型か？　等8名

第5章

ＡＢＯ式細胞型から分析するスピーチ能力の違い
　ＡＢＯ式しゃべり方の違いを意識することで、人との
　コミュニケーションを楽しく開花させる！

　◎ＡＢＯ式著名人から見たスピーチ能力とトークセンス ………… 106

第6章

ＡＢＯ式統計学によって科学的に実証される血液型人間学（ＡＢＯ式細胞型人間学）
　各スポーツジャンル等特定群衆データの分析をすることで、
　統計学の面白さを実感しよう！

　◎ＡＢＯ式データの不自然なバラツキから分析する統計学とは何か？　…120
　　1. Ａ型優勢の大相撲
　　2. ホームラン王はＯ型とＢ型が優勢
　　3. 推理小説家のＯ型、歴史小説家のＡ型
　　4. ＡＢＯ式血液型と紅白出場歌手
　　5. 時代が動かす内閣ＡＢＯ式血液型リスト
　　6. 東大工学部の一調査例
　　7. Ｂ型不在のシンクロナイズスイミング日本代表五輪選手？
　　8. ＡＢＯ式統計学で更なる実証へ

第7章

血液型裁判とは何か？
　本来の血液型人間学とは、統計学も駆使したもので、占い系やお遊びな４つの性格式のものと同列に論じられない学術的なものであることが高裁で立証された！

　　◎敵はBPO、弁護士無しで筆者ただ一人で戦えり！ ………… 154
　　◎BPO血液型裁判からの教訓 ……………………………… 167

第8章

ＡＢＯ式細胞型人間学は人を差別するものではない！
　差別と偏見にはしない正しい知識の論じ方！

　　◎数学の部分集合論を知らない心理学者たち！ …………… 174
　　◎科学とは何か？ ………………………………………………… 175
　　◎学術的なＡＢＯ式細胞型人間学を論じよう！ …………… 178
　　　1．ABO式のセンターライン
　　　2．A型の分析を強く意識せよ
　　　3．ABO式によって異なる気配りの問題
　　　4．AB型のドーナツ化現象
　　　5．ABO式の世界分布
　　　6．猫と野菜にもあるABO式細胞型

第9章

やはりＡＢＯ式細胞型人間学の醍醐味は色気としゃべり方！
　そして、ストーカー問題をも打開する！

　　◎ＡＢＯ式の対人生を家屋に例えた性格学（心の家） ……… 204
　　◎ＡＢＯ式色気としゃべり方のベスト16理論 ……………… 210
　　◎ＡＢＯ式失恋学はストーカー問題をも打開する！ ………… 221
　　◎極論と性格学の本質 …………………………………………… 223

最終章

やはりＡＢＯ式細胞型人間学は科学的に実証されている！
何が性格学の王道かを世に認知させるべく、既得権益者の各心理学会と血液型占いの輩との三つ巴の戦いは今後も続く！

- ◎武将の名誉を守った訂正放送……………………………… 228
- ◎血液型三国志 ……………………………………………… 230
- ◎進歩なき心理学 …………………………………………… 233
- ◎マスコミの問題 …………………………………………… 237
- ◎ＡＢＯセンターへの激励 ………………………………… 241
- ◎アキバ事件からも見えたＡＢＯ式細胞型人間学の必要性 ………… 249
- ◎ＡＢＯ式細胞型人間学を批判する公立大の心理学者こそ税金
  の無駄使いだ！ …………………………………………… 255
- ◎血液型裁判の成果が少し出た番組放送 ………………… 261
- ◎明日を切り開くＡＢＯ式細胞型人間学 ………………… 267
- ◎おわりに …………………………………………………… 269
- ◎筆者からのお願い！ ……………………………………… 272
- ◎各学校関係者と企業関係者にお願い！ ………………… 273

はじめに

　本書の題名を見て、この著者は何を寝ぼけたことを言っているのか、とお思いの方もおられるであろう。血液型人間学なるものは、所詮、血液型占いと一緒で、まやかしの如何わしいもの。そんなものが、科学的に実証されるわけもないし、今後もそうだろう、それにそれが実証されるか否かを決めるのは、脳科学者や精神科医の方たちが決めることだ、と勝手に思い込む者も少なからずいるであろう。しかし、この種の医学者とて、血液型物質とは何かをより正確に答えられる者は皆無に近い。ましてや、血液型人間学のこととなれば、誤解と偏見に満ちた批判しかできないことは、ある医学者の下記文言を読めば一目瞭然だ。
　「そもそも血液型はＡＢＯだけではありません。人間の血液型は約240もの型が存在するのです。それに、骨髄移植をすれば血液型は変わってしまうことがありますが、それと同時に性格まで変わったという科学的事実は、いまのところ認められていない。血液型で性格が決まるというのは迷信にすぎないのです」
　では、果たして迷信なのか。むろん、ＡＢＯ式血液型のみで、各人の性格がすべて決定付けられることもないし、4つの性格の話でもない。このあたりは、本書で解明されよう。特に上の文言は、血液型物質が各細胞にも関与することを見落とし、流れている血液の問題と思って批判していることだ。ましてや、何かの病気で血液型が変わったとしても、脳細胞や胃腸等の体内細胞に宿る血液型物質は以前の型のままである。
　あくまでも、流れている血液成分の型が変わっただけである。
　北条政子が遺髪からＯ型と解明され、伊達政宗と西郷隆盛の血液型が遺骨調査から何故Ｂ型と解明されたのかを考えれば、筆者の言うことも少しは理解できるだろう。つまり、多くの知識人は「血液型」と言う

文言に惑わされ、赤血球自体の問題と誤解している。「血液型は細胞型の問題と理解しろ！」と言う文言を本書サブタイトルにした筆者の狙いはここにある。このニュアンスを読者は意識しつつの本書熟読を願いたい。そして、結論から申せば、本書題名の通り、血液型人間学は既に30年以上前から科学的に実証されているのだ。

　この疑問に答えるべく、本書を発刊した。当然、血液型とは何か？　性格学とは何か？　科学とは何か？　科学的にどう実証するのか？　これらの疑問に対して、丁寧に解読したのが本書の持ち味である。

　また、血液型と性格の問題を論じること自体、差別である、と言い出す心理学者等がいるのも困ったものだ。むろん、その論じ方に問題はあるものの、そのすべてをダメとするのが問題なのだ。本書では、4つの性格式に論じる占い系とは違う本来の血液型人間学とは何か？　と言うこのテーマにも固執する。このテーマに挑めるのは、弁護士無しの単独活動で筆者が原告となり、2011年8月8日付けから約1年に亘って、ＢＰＯ（放送倫理・番組向上機構）を相手取っての血液型裁判と言う球際で戦った筆者だからこそ可能とする。

　ここで断っておくが、血液型と性格関連の漫画系出版や占い系出版物と本書を同列に扱わないでいただきたい。彼らは私の仲間ではない。

　むしろ、彼らによって、本来の血液型人間学までも汚染されたのだ。この汚染によって、O型は大雑把、A型は几帳面、B型はマイペース、AB型は変わり者等と称する文言で、各マスメディアも勝手に採用するようになる。こういう一つの形容詞等で処理する短絡的思考が全世界を汚染する。ここで改めて強調するが、本来の血液型人間学とは占いの世界の話でもなく、4つの性格の話でもない。ここを読者は強く意識しつつ、熟読願いたい。つまり、本来の血液型人間学までも馬鹿にする既得権益者の心理学者が敵ならば、4つの性格式の占い系で利ザヤを稼がんとする者も筆者の敵である。この三つ巴の視点で本書を読むことで問題点の整理もつきやすくなろう。無知なる批判と知ったかぶりの批判を断じて許さない筆者の意気込みも読者は実感しよう。そして、本来の血液

型人間学を正確に理解する者が多くなればなるほど、統計学の面白さを実感するばかりか、引きこもり問題の是正、ストーカー問題の打開にまで結びつくメリット面を読者は実感するはずである。

　それにより、政治行政諸問題にまで、興味の拡散が及ぶこととなる。昨今、選挙権が18歳へと引き下げられたことにより、各高校教諭はより多くの若者に政治行政諸問題に関心を持たせる難題を抱え込むこととなり、頭を抱えている。いきなりそれに関心を持たせるのは無理である以上、まずはより多くの若者に討論癖をつけさせ、ディベート能力を高めれば、自ずと彼らの関心は政治行政諸問題へと向かうであろう。それには、本書籍内容に絡む討論を実施させるも良し、彼らへのカンフル剤として、この私を当校への臨時講師として派遣するのもよいであろう。

　なお、本書は読者により興味深く読んでいただくために、タレント、スポーツ選手、歴史上人物等の著名人を具体例として提示しつつ、考察文をより多く盛り込んでいる。これほど多くの著名人を提示しての学術的な血液型人間学考察書籍は、本来の血液型人間学パイオニア・故人・能見正比古氏の複数発刊本以来のことである。おそらく、本書を真剣に熟読した者ならば、「血液型と性格の関連性に科学的根拠は無い」などと、言えなくなろう。然るに本書を斜め読みや拾い読みの速読で読むのはやめていただきたい。熟読しないなら、本書購読の意味はない。永久保存版として本書を愛用しつつ、読者諸君の明日への飛躍に本書が少しでもお役に立てれば幸いである。

この本を読む上での注意点として

1．この本の筆者のことを私とか僕、あるいは、筆者と表現を変えている。このあたりは、筆者のその時の気分で変えていただけに、読者の皆様は、あまり気にしないでいただきたい。また、本件のテーマで注目すべき故人・男性作家の能見正比古さんを能見・正や能見父と記載しているケースもあるのでご了承下さい。

2．血液型人間学なるものを「ＡＢＯ式性格学」や「ＡＢＯ式人間学」という言い回しにしていることも多々ある。筆者自身、血液型という言い方が正直好きでないこともあり、この表現をやたらと使用した。たまたま、赤血球からＡＢＯ式の血液型物質なるものが検出されたので、血液型と命名されたにすぎない。遺骨や髪の毛からも、何型かを調べられることをお忘れなく。然るに、筆者は、遺伝子の観点からＡＢＯ式の言い方を正確的に好むわけである。

3．「Ａ型は」とか、「Ａは」という本件での記載は、「Ａ型の方たちは」という意味である。むろん、その際、Ａ型男性とＡ型女性の双方を含めての意味である。気になる方は、「Ａ型男女の方たちは」という意味でもよい。特に男性か女性を意識する場合は、「Ａ型男性の方たちは」とか、「Ａ型女性の方たちは」という表現にしたつもりである。ちなみに、人類学や人間学を考える上で、男女差なるものも意識するとすれば、女性ホルモンと男性ホルモンが性格面に与える影響も考慮すべきかもしれない。しかし、男と女の問題は、周囲を取り巻く環境面や教育面に由来するところが多いだけに、ＡＢＯ式性格学の分野では特に男女差を視野にした意識付けが無くとも特に支障はないでしょう。

4．「４つの性格の話ではない！」とか、同じことを必要以上に本件で記載している。その訳は、人は、一度くらい聞いただけでは、すぐ忘れ、同じあやまちを繰り返すものである。つまり、繰り返し熱く語ることで、人には何とか己の趣旨を伝えられるものなのだ。

5．ある程度、起承転結を意識しつつ、この本を構成したつもりである。しかし、どういう話題が盛り込まれているのか、の楽しみを読者に味わっていただくため、適度に話題を散りばめたところもある。それなので、くれぐれも初めから、ゆっくりと順序正しくお読みいただきたい。速読と斜め読みだけは、ご勘弁願いたい。

6．本書は第10章まである。その章ごとの項目を◎印で表示している。更に◎印の中で細かい項目に分かれる際は番号表示にしてある。△印は、各著名人が何型かを読者に当てていただくためのコーナーにしている。何型かの答えはページ裏に表示する。

「それでは、これから私があなたを真実の楽園へご招待いたします。
　あなた自身が1ページずつ丁寧に開くたびに、真実の扉も確実に開かれていくであろう!」

ABO式細胞型人間学研究家　岡野誠

第1章

本来の血液型人間学とは
４つの性格の話ではない学術的なものだ！

本件を血液型占いと同列に扱うなかれ！

まず、血液型人間学とは、ＡＢＯ式血液型と人間の行動性や思考性、そして性格との関連性を追求する学問である。さて、今回この本を筆者が発刊した動機としては、この血液型人間学があまりにも大きな誤解の渦の中にあるからに他ならない。特に４つの性格式ウラナイ論法の解釈をしていく人が未だ多くいることには驚かされる。また、性格学や心理療法の専門家という肩書きやレッテルを鼻にかけている心理学者や精神科医の連中が、ただ、いたずらに、いいかげんな批判をしていることでは、目に余るものがある。彼らの攻撃に待ったをかけることで、この学問の研究をするための良い環境へと近づくであろう。

　学問と言っても、世界中どこを探しても、血液型と性格の関係を研究している大学は、筆者の知る限り皆無だ。それだけ、各大学の心理学会なるものから、目の敵にされているわけである。ならば、何よりも一般大衆である皆さんが、この学問の大きな誤解を乗り越えて、実生活での楽しい友好関係と各人が納得のいく自己主張や自己実現をしていく上でこの本が何らかのヒントや道標になれれば幸いである。

◎能見正比古さんあっての血液型人間学！

　ご存知の方もおられるでしょうが、上の方は「血液型人間学」の命名権者であり、この学問の元祖と言ってもいいくらいの開拓者であった。彼は大学時代、400人あまりが生活する学生寮の委員長となったとき、寮内のよろずもめ事に立ち合った。戦時中のことで、名簿には寮生の血液型が全て記してある。それを見ながら学生たちに接していると、気質の違いがありありと浮かびあがるのを意識しだした。その後、彼のこのひらめきが確信へと変わりだす。やがて著名人8,000人以上のＡＢＯ式データを収集しての抜群の調査力をもっての彼の鋭い統計分析は功を奏することとなる。大屋惣一氏の弟子でもあった作家の能見正比古氏は統計学から駆使する分析力で、血液型と気質（もって生まれた性格）の

関係を科学的に実証した。このＡＢＯ式の統計分析は本書で後ほど解説する。

　その彼は残念ながら西暦 1981 年に、56 歳にて他界されましたが、彼の研究成果は何冊かの本として、以前は、多くの書店で見受けられた。彼の書籍を参考文献として表示すらしない他の血液型性格がらみの本（ウラナイがらみのものも含めて）は、元を正せば、彼のものを真似たものないし、盗作本と言ってもよい。あるいは、盗作の盗作も有り得るだろう。どうせ盗作するなら彼の本をしっかりと理解してから盗作し、かつ忠実に同じ部分を抜粋してから出版すればよいのだが、なまじ中途半端な盗作をしてきたのである。筆者が本書籍表紙に「盗作厳禁！」とアピールしているのも、盗作対策の一環である。近年、世間をお騒がせした小保方晴子スタップ細胞理研事件である。この事件から教訓となるのは、論文作成における盗作やコピペにおいて、厳格と思われた理数系の世界でも甘さが露呈した。この甘さを放置し続けることは、やがて捏造へと突き進む歴史的教訓ともなった。然るに今後は、出版界においても、その厳格さを強く求めたい。参考文献表示義務の指導を各著作者へするのも彼ら出版界の義務である。むろん、ネット上の文献記載も同様である。本書の巻末に参考文献や参考ホームページを掲載するのも、上の基本方針からである。さて、やはりＡＢＯ式性格学における真の研究者は今は無き故人の作家・能見正比古氏（Ｂ型）ただ一人である。あとのほとんどの者は、「自分はこの分野の研究者だ」と言って、出版してきた連中だ。彼らの書物は元を正すと、能見正比古氏発刊書籍からの盗作を土台として書きしるされたものと観てまず間違いない。それも彼の数冊の本を完全に理解した上で盗作してくれれば、まだ、ましというものだが、それらをただ拾い読みしただけで、何箇所かをつまみぐいするような中途半端な盗作の仕方をしているから始末が悪いのだ。

　まだ、彼の本を参考文献として表示している本ならましであるが、案の定ほとんど、そうしてはいない。今回、私は彼の学術的かつ科学的と

も言われる論法をよりわかりやすく表現していくことも大きなテーマと考えるだけに、その都度、これは彼の引用文と注釈しないこともありえますので何分にもご了承下さい。一部の心理学者等から彼は、ニセ科学者呼ばわりされてきただけにその彼の汚名を晴らすことで大きな誤解は少しずつ解きほぐされていくであろう。

　また、この分野の誤解と偏見を私なりに解きほぐしていくことにより、私なりの小さな研究者として、この分野におけるオリジナリティーが少しずつ出せていけるかもしれないが、この件に関しては彼の本とこの私の本とを読み比べることによって読者に判断していただきたい。

　なお、彼の息子である能見俊賢氏（研究者としてのセンスは、父に遠く及ばなかった。彼も2006年に58歳で他界した）の本と間違わないようにして下さい。（もっとも、故・能見正比古氏の本は現在では、ネット上から古本購入として可能かもしれないが……?）

　私の経験的観察と故・能見正比古氏の記述を元にし、ＡＢＯ式性格学なるものの基本的なことをまずは押さえてみたい。そもそも、故人・能見正比古氏の本は内容的には高度であり、Ｂ型特有の幅を持たせた柔軟な表現で書かれています。それだけに、拾い読みや速読で読まれてしまえば、偏見と批判の渦の中に吸い込まれる危険性をもつのである。やはり、彼の本を丹念に読むとともに、更なる分析と経験的観察が要求される。彼の言う中にも、「これは、おかしいのでは？」と僅かながら正直思うところもある。しかし、大筋の見方と流れには、すばらしいものがある。一体全体、彼の主張のポイントはどこにあったのか？　その疑問に答えるべく、よりわかりやすさを追求したＯ型特有の私のストレートな見方と経験的観察がものを言うのである。その点も意識しながら、丹念にお読みいただききたい。

◎至難の解読を要す血液型人間学

　私は、長年にわたり、「血液型と性格の関係」という彼の分析と見識がどれだけ正しいか？を見定めるため、実践で試してきたのだ。彼の文章は確かに読みやすいものの、一度くらい読んだだけではだめなのだ。何度も読み返しつつ、己の学習経験に彼の論法を持ち込むことにより、何とか解読できる代物だ。彼の記述は、面白いものの、Ｂ型特有の幅のある書き方をされているだけに、各人の捉え方によっては、各人が勝手に解釈していく傾向にある。むろん、彼の手法を生意気に攻めているわけではない。Ｂ型特有の幅のある思考と書き方があってこそ、彼なりの新たな手法が生み出されたのだ。正直、彼の本が世に出回らなければ、この筆者の本を出版することも不可能だったのだ。1981年に56歳で没した彼の研究と著作権を引き継いだのは、彼の息子であるＡ型・能見俊賢氏であった。あくまでも、筆者の見解だが、息子の彼はＡ型だけにＡ型特有の決めつけが出たせいか、彼・能見俊賢氏の出版は、私にとって期待はずれであった。父のような幅のある文体でないだけに、Ａ型特有の抽象論と決めつけの短絡的文体が彼の記述を占拠した。それだけに、私を失望させた。私は少し読んで、息子・俊賢氏の本には見切りをつけた。但し、彼の著作『血液型の世界地図』だけは読破しました。その息子・俊賢氏も2006年に58歳で他界した。まあ、それはそれとして、私は学生時代から能見父の本は何度も読み返しては、私の職場やプライベートでの異性関係へと詳細にすり合わせてみたのだ。何度も言うようだが、ＡＢＯ式別性格学の本を読むならば、この私の本と能見父の書籍を中心にお読みいただきたい。あとの参考文献表示記載無しの出版物となれば、能見父の本を中途半端に盗作したものばかりである。特に能見正比古氏自身が生存中に「著作権の侵害」と指摘していた鈴木芳正なるものは、その最たるものだ。その鈴木芳正たる者は、『Ｏ型人間』『Ａ型人間』『Ｂ型人間』『ＡＢ型人間』などの本をかつて出版した者だ。中身の内容は、柔軟で幅のある書き方は微塵もなく、ある

のは、それこそ４つの性格式の固定的概念だけであった。ある意味、鈴木芳正が発揮した才となれば、故人・能見正比古氏の創作内容を本格的に理解することではなく、部分的に内容を抜粋していく盗作手法であろう。しかも、その盗作本から更にそれを盗作して、発刊する者や週刊誌等へ投稿する者も少なからずいただけに、益々血液型と性格の関連は捻じ曲げられ、今日に至る。それにしても気軽に盗作する者たちは誰のおかげで血液型人間学の基礎的な理論構築ができるのか、と言う感謝の念が余りにも不足気味である。特に私が主張したいのは、鈴木芳正に限らず、ＡＢＯ式別性格学の本を出すのは誰でも自由であろう。しかし、その前に能見父の論法を強く支持した上での出版でなければ、仁義に劣る者となろう。しかも、私の場合は、ＡＢＯ式別性格学の経験的観察と理論的視点を合体させた新たな独創的改良本になりえることを意識した出版である。無論それは、抽象論や短絡的な４つの性格式のものであってはならない。能見父の柔軟な思考と幅のある手法を生かすべく、もっと具体性と更なるわかりやすさが要求されよう。それには、Ｏ型特有の経験的観察な学習経験効果とパフォーマンス効果が特に求められよう。なので、今回、私は、己がＯ型であることを強く意識しつつ記載したつもりである。しかし、能見父の出現なくして私のこの本は無かったことを思えば、すでに他界している能見父には改めて、ご冥福をお祈り申し上げたい。なので、己の経験的観察を元に体で実感しなければならない。特にこれまでの私の人生で、西暦1988年からの足掛け８年間の某大手不動産業者での営業マン時代での人間観察が特に大きかった。不動産の世界とは、極めて欲と欲とがぶつかり合う生々しい世界なだけに、私は、各支店に在籍していた多くの男女営業マンや事務職のギャルのことを、ほとんどすべて、Ｏ型、Ａ型、Ｂ型、ＡＢ型と念入りにチェックしていた。幸い、私は人の名前はすぐ忘れても、顔と血液型を忘れることはなかった。あとは、各支店から、恋愛スキャンダルやいろいろな男女間の噂や情報が入ることで、余計に、「血液型と性格の関係」を分析しやすくなった。ちなみに、不動産の世界とは、千三（センミツ）の世

界と昔から言われていただけに、裏に回れば、いいかげんな金銭トラブルや不倫問題が何かと生じやすいのか、人間観察には何かと事欠かない。ましてや、「血液型と性格の関係」を当てはめれば、かなり幅の広い見方ができた。ちなみに、Ａ型の社員は、見た目の表向きと異なり、プライベートで、金銭トラブルや不倫問題を何かと起こすものが多かった。このあたりは、昔、学生時代に能見・正の文献で、恋愛スキャンダルを何かと起こしていたのは、Ａ型の女優だ、という記述を思い出し、自分なりに理論を構築していった。「Ａ型は、本音のたがが外れると、欲望のブレーキがかけにくくなるのか、何かと暴走気味になる傾向があるようだ」具体的なことは、本書を最後まで、お読みいただければ、わかると思われる。むろん、Ａ型に限らず、多くのことが分析できよう。ゆえに、拾い読みや斜め読みなるものは、絶対に避け、くれぐれも、最後まで丁寧にお読みいただけることをお願いいたします。

◎４つの性格の話にしない思考法！

　ＡＢＯの性格学を考える上で特に意識しなければならないキーワードは「４つの性格の話ではない！」ということである。
　なにしろこの学問に対し、とても否定的な方々は「４つの性格の話だ」と、勝手に強く思い込んでいるのである。
　ここのところをしっかり押さえておかなければ、この問題の誤解は永久に解決しないであろう。
　まずＡＢＯの性格学という学問を考える上で、どのような視点にたって観察していけばよいか〜？で、あるが……、
　よく町のいたる所で「何型は、こういう性格だ」というスタンスで会話がなされている様子を耳にする。
　つまり４つの性格の話式の会話である。
　まあ、友人同士の会話を盛り上げる上で、消して悪くはないのだが……。ただ、できることならそのような発想にたつのではなく、むしろ

何型ごとに、どういう視点にたってこの社会に接していこうとしているのか……？

そして優先順位的にも何型ごとに何を必要以上に意識しながら生きていこうとしているのか……？

このあたりを押さえていかなければこの学問の研究はおぼつかないであろう。それでは、まず下記に注目していただきたい。

O型	力（人間関係、経済力等）
A型	世間（周囲の空気、流行等）
B型	興味の追求（凝り性事）
AB型	社会参加と趣味（気軽な二面性）

まず、上の事はあくまでも一つの目安であるが、おのおの何型ごとに、どういう観点を特に意識しながら日常生活を営もうとしているのかをB型を例にして説明させていただきます。

B型の場合、どういう事に興味をもっていくのかにより、その人の人生観が大きく左右される。男性のB型を例にとれば、野球なのかゴルフなのか、あるいはパチンコなのか競馬なのか、はたまた政治か宗教か、により、別の意味でいろいろなB型が誕生することになるのです。

但し、どういうところに奥の深さを感じてその興味事に対し凝り性へと変化していったか、というプロセスと動機においてはB型特有の性質がどのB型の人たちにも共通項としてもっているのかもしれない。それではB型の場合、上に記されている世間や力というものに対しては意識することなく、どうでもいいのか、といえばそういうことではなく、優先順位の問題である。

つまり「世間をはばかることなく、つい興味事に凝り性となり、それに強く没頭していくB型も、しばし見かける」ことになる。まあ、こういう捕らえ方をしてこの問題を考えていけば少なくても4つの性格の話

ではないことがなんとなくでも理解されてくるのではないだろうか。

私がこのような見方ができるようになったのも、故・能見正の「A型の人は世間を強く意識するがあまり、世間体を意識した行動様式をとるような傾向になる。その反面、世間のカラを破ろうとする行動をとりたがるのも、A型の人に少なからず見受けられる」と言うような記述がヒントとなったのです。

そして、それでは、O型は？　B型は？　AB型は？　何を特に意識した行動様式をとるのか？と言う見方で、彼の本に対しても私なりに分析するとともに、私独自の経験的観察をするようになったのです。

例えば、能見父の記述からも、AB型は社会参加を意識する余り、その疲れが出やすいのか、プライベートでは趣味の充足で疲れを癒したがる傾向が強いだけに、「社会参加と趣味」というキーワードが自然と浮かぶのだ。

問題は、O型とB型である。能見父の記述から、O型は、理想を追

問答パート１

△**この著名人は何型か？**

①島田紳助は何型か？
②酒井法子は何型か？
③石原慎太郎は何型か？
④猪瀬直樹は何型か？
⑤エドはるみは何型か？
⑥小島よしおは何型か？
⑦萩本欽一は何型か？
⑧小堺一機は何型か？
⑨朝青龍は何型か？
⑩星野仙一は何型か？
⑪沢尻エリカは何型か？
⑫飯島愛は何型か？
⑬太宰治は何型か？
⑭市川海老蔵は何型か？
⑮宮沢賢治は何型か？
⑯上杉謙信は何型か？
⑰豊臣秀吉は何型か？

（しばらくお考え下さい）

求する一方で、生きるための現実への妥協点を決して忘れることはないことから、やたらと人間関係を意識したり、生きるための金銭を得るための生活力を最優先に考える傾向にある。筆者が思うに、そのことすべてをひっくるめて、力というのであろう。なので、能見父の表現をよりわかりやすくするため、「力」と明記してみた。そしてB型だが、能見父の記述からも、やたらと「凝り性」という文字が踊っていただけに、筆者は考えた。凝り性になりえる唯一の条件は、何か物事に没頭し、好きになる能力があるかないかである。それには、流行や有利さを追うのではなく、素直に己の関心事に対し、「興味の追求」を意識しつつ、行動できるかが大きなポイントとなる。しかし、その興味の対象に奥の深さを実感し得たと悟ったB型なら、別のものへと興味の対象は移るであろう。作家の故人・能見正比古氏（B型）の人間観察を基軸にした興味の拡散無くして、血液型人間学の誕生はなかったであろう。

　以上のように、「力」、「世間」、「興味の追求」、「社会参加と趣味」という各項目は、誰でも大なり小なり、人生を歩む中で意識していくものである。但し、この項目の中でどれを最優先にするかは、O型、A型、B型、AB型によって、違ってくるということだ。例えば、O型とて、多少なりとも世間を意識しつつ、それなりに仕事も含めた社会参加を意識する者も多かろう。そして、できれば、己の関心事を単なる趣味に終わらせず、なんとか経済力に結びつけられないか？ということを、どうしても強く意識したがるものである。そのために、職場や学校でのよりよい人間関係と人脈がやがては、大いなる力と成り得ることを確信しているようだ。つまり、いろいろな意味を含めた「力」というものを必要以上に意識しつつ、優先順位を高くしている者がO型と言えよう。

問答パート1　答

①AB型　②B型　③AB型　④AB型　⑤A型　⑥O型　⑦A型
⑧A型　⑨O型　⑩O型　⑪A型　⑫A型　⑬AB型　⑭AB型
⑮AB型　⑯AB型　⑰O型

そのO型も、己の実力が無いことを認識している場合、従順さを装ったりもする。つまり、見た目、極端に平凡なO型も数限りなく存在することとなる。一方、AB型は社会参加を視野するだけに、経済界、政界、スポーツ芸能界とそれなりに成功者はいる。しかし、この世界の成功者にならずとも、ボランティアの世界で社会参加を意識する者も数多く存在する。福祉の精神もAB型によって支えられていると申しても過言ではない。この社会参加の疲れを癒すため、趣味の充実が不可欠となれば、各人のAB型がどういう趣味を持つかというのも注目点である。大方のAB型は、ペット愛好やメルヘンの世界で酔いしれる趣味を主流にする。しかし、中には、セックスを趣味と割り切るAB型の場合、プレイボーイ、プレイガールになりきることで、疲れを癒すようである。この詳細解説は後程とする。また、A型の意外な詳細解説も本書で以降に堪能するであろう。

結局のところ上の見方を踏まえつつ、4つの性格の話ではない、ということを常に意識していかなければ的外れの解釈をしていくことになるでしょう。

◎ＡＢＯ式二重構造論からのタレント分析

4つの性格の話ではない、というキーワードの一つとして、二重構造論でこの問題に取り組めと言うことだ。故人、能見正比古氏は、右脳と左脳があるように、「人は、2台のコンピューターを抱えているようなもの、構造的にも二重性が現れる理屈だ」と記載していた。然るに、「人の性格は一つの方向にまとまっているはずだという主観や先入観は捨てるべきである」と明記していた。

これは、どういうことかを私なりに解説すると、「何型が明るいとか、暗いとか」そういう問題ではなく、人は状況によって明るくもなるし暗くもなる。ましてや、ＡＢＯ式によって、明るさ暗さの種類が微妙に違うのだ。

また、人には、明るさと暗さの相反するものが存在しているものである。あるいは、何事も表があれば裏があるということだ。性格学も相手の裏を意識しながら表を観察しろ、ということだ。
　この原則を無視し、性格学を論じたり、ＡＢＯ式の人間学をいたずらに批判することは慎むべきである。

1．タレントにも表と裏がある

　2004年10月25日大阪・朝日放送社内にて「クイズ！紳助くん」収録前、同じ吉本興業に所属する勝谷誠彦の女性マネージャー（当時40歳）が、島田紳助の尊敬する会社の社長や先輩芸能人を呼び捨てにして話すのを聞き、さらにその女性が会社に入って当時既に5年目と知り、紳助はその女性を別室に無理やり連れ込み説教をしたが、反省の様子が全くないと腹を立て、拳や物で殴る、髪を掴んで壁に打ちつける、顔に唾を吐きかけるなどの暴行を加え、全治一週間の頸椎捻挫を負わせた。
　すぐさま被害女性は大阪府警に被害届を提出し、紳助は10月28日付で傷害事件として正式告訴された。
　この事件の状況から見て、どうもAB型は、何気ない会話の中でも突然怒り出す傾向にあるのではなかろうか？　だとすれば、ある程度つじつまは合いそうだ。このあたり、AB型を単に平和主義者と決めつけるのは早とちりと言えよう。
　しかし、AB型の場合、普通出したがらない己の嫌な一面をいとも簡単に身近な知人へさらけ出してしまう傾向が特に強いようだ。それも気軽に二面性をさらけ出すように、突如お面を付け替えるような怒り顔と言える。そうかと思えば、AB型特有の正義感とボランティア精神は、どろどろしたこの世のより所と映るのか、AB型に対しては距離を置けば置くほど、あくがないあかぬけた人物に映るらしく、遠くからそのAB型を見ている限り、そのAB型の評判はすこぶる良いのだ。以前に島田紳助が田原総一郎（B型）から田原主導のテレ朝サンデープロジェ

クトの総合司会へ引っ張られたのも妙に納得させられる。おそらく、無意識の内に田原は紳助の中にAB型特有の多角的なクレバーさと正義感なるものを見抜いて、引っ張ったと思われる。だとすれば、その後、何らかの諸事情でテレビ界から身を引いた紳助の今後を意識するなら、彼は芸能界よりも政界での社会参加を目指すべきかもしれない。現在でも、彼の国政進出の噂はあるものの、まずは市議会議員のスタートが無難と言える。ここからのAB型特有の社会参加を目指すべきであろう。司会業でも見せて来たAB型特有の嫌味風突っ込みは捨てがたいものがある。この素養が正義の刃として、市議会で発揮されよう。芸能界だけが人生ではない。彼の今後の活躍を期待したい。

　さて、世間的に評判の良いAB型特有のオフィス的対人性は良いとしましょう。ところが第二面は、気まぐれ気ままというか、感情も突発的に変化するだけに、AB型との人間関係を強く絡む場合、要注意である。どうしても毎日のように顔を突き合わす仕事上の付き合いともなれば、一定の距離をとりにくくなるため、外観から見たAB型の印象とはかなり違って見え、何かとまごつくであろう。

　まあ、このAB型の二面性は特に不可解としても、基本的に人は誰しも二重性を帯びているもの。例えば、O型の二重性とは、理想と現実の二本立て。そのためか、特に人間関係で翻弄され、理想と現実の狭間で悩み苦しむO型も枚挙に暇がない。

　次に、A型の二重性とは、建前と本音の二本立てである。A型特有の激しい感情の烈しさを表に出したくとも、世間を意識し過ぎる余りになかなか出せぬためか多くのストレスを抱え込むA型が多いのもよくある傾向。逆に世間体の殻を打ち破るなら、突っ張りタイプのA型誕生ということになる。

　そして、B型の二重性とは、マイペースと言われながらも周囲の環境から何かと引きずられやすい傾向。あるいは、浪花節の人情味があると思いきや、興味の薄れた物事に対しては、迷うことなく切り捨てる冷めた考え。ややもすれば、人からの強引な押し付けに折れやすく、宗教団

体等からの勧誘にも弱さが露呈する。

　ちなみに、突然の怒りというものは、上記で論じたように、とりあえずAB型を軸に考えた方が理論構築しやすい、と言える。とにかく、それほど、大したことでない問題でも、頻繁に切れるAB型は決して珍しいことではない。猪瀬直樹、石原慎太郎、三宅久之、田中眞紀子（元民主・衆）等は、常にやや切れながらのトークをしているように実感する。

　然るにAB型の方とは、付かず離れずの人間関係を継続していくことが、賢明な選択と言えよう。

　O型は、議論が白熱してくると、比較的切れやすい傾向にある。特に己の理論が相手に伝わらぬことを実感したO型なら尚更だ。

　大島渚、太田光、中尾彬、宮崎哲弥（評論家）、山本一太（自民・参）等は、その典型である。O型において、特にマンツーマンでの議論は少量に留めるべきであろう。

　A型は、本音の部分で日常的にも切れたいところがあるだけに、酒の席での議論は、くれぐれも抑制しつつ、取り留めのない話題に留めるべきかもしれない。

　B型は、切れると顔にすぐ出やすいだけに、むっとした表情が顔に現れた際は、とりあえず、その場から離れるのが賢明である。

　いずれにしろ、突然、人から怒鳴られたり、トラブルに遭遇した時が、ＡＢＯ式別性格学研究のチャンスと言えよう。それには、相手が何型かを常に意識しつつ、どういう状況において、相手は怒り出したのかを強く記憶に留めておくべきである。

2. 笑顔の裏に隠された本音

　ギャグとなれば、私は、「おそ松くんのイヤミ」や「もーれつア太郎のニャロメ」でお馴染みの赤塚不二夫を真っ先に思い出す。

この作品は、本音の部分で常識の殻を打ち破りたいと言う願望を強く抱くＡ型ならではのエネルギーが発想の源泉となっているのであろう。
　これがなくて、はちゃめちゃなギャグは生まれにくいであろう。おそらく、論理的思考だけでは、破天荒なキャラクターなるものは、漫画として描きにくくなるのであろう。やはり、Ａ型特有の漫画家ならではの発想なのだ。
　赤塚ギャグ漫画のような作品は、Ａ型漫画家の中からは出るものの、決して、Ａ型以外の漫画家から出現することはないであろう。
　また、お笑い界でのＡ型キャラもギャグ調を意識した芸風が目に付く。

　エドはるみの「グー」演技、と「お子ちゃまねえー。おっぱい飲みたいの！」演技は、世間体の殻を打ち破ろうとするＡ型特有のエネルギーから出てくる演技と言えよう。更に、「にしおかすみこだよー！」で、一時はかなり注目された彼女のＳＭチックとも言える異様な芸風は、どんな要素から編み出されたものなのか？
　一方、「そんなの関係ねえー」でお馴染みのＯ型・小島よしおとの芸風となれば、上記Ａ型芸人色と異にする。少なくとも、小島の眼は笑っていない。彼からは、何かＯ型特有の主張めいた芸風を感じる。彼の言う「オッパッピー！」は、みっともない芸を演出してしまって、「すまない」とでも言うべき、Ｏ型特有のお惚けのつもりなのかもしれない。
　お笑い芸とは、ただ明るければ良いというものではない。明るさと暗さを上手く組み合わせることにより、受ける芸を演出できるのだ。
　その意味で、萩本欽一、小堺一機、関根勤等の芸は、妙に明る過ぎてか、筆者は、何かＡ型キャラには、異様さを実感する。
　実を申せば、Ａ型は本来飽きっぽい人種であろう。この短所をカバーするには、「俺は世間を見返してやるぞ！」と、言う世間体の殻を打ち破ろうとするエネルギーなるものが、飽きっぽさを打破すべく動機となっている。そのため、ストイックな継続的努力なるものを体内から生

み出しているのがA型ではなかろうか。しかし、現実の多くは、飽きっぽさの部分を出し過ぎているA型が多いように見受けられる。飽きっぽさの象徴は、流行やブームの追っかけであろう。それ故、世間の流行を必要以上に敏感になりすぎるA型が多くなり、買い物症候群にもなり得る予備軍も多くなる。

　然るに、A型は、世間体の殻を上手く破りつつのストイックな要素を大事にすべきなのかもしれない。つまり、これは、目的志向性を強めた時のO型特有の努力形態とは異にする。あるいは、突然何かに興味をいだいた際のB型が凝り性になっての努力形態とも違う。更に申せば、仕事も趣味になり得るようなコーディネートのセンスを生かすようなAB型特有の努力形態とも違うようだ。

　となれば、世間への同調と世間への反発、この相反するものがA型の中に混在するとなれば、それをどう上手くA型特有の演技力へ結びつけるかがポイントになりそうだ。話を戻す。

　やはり、見た目の明るさでは、Aなのだ。しかし、その明るさとは内面から出てくる笑顔か否か？　定かではない。いずれにしろ、世間を強く意識した明るさだけに、内から湧き出てくるような笑顔とは言い難い。何かのきっかけにより、たやすく消え去る笑顔とも言える。やはり世間を意識した笑顔となれば、もろくも崩れやすい笑顔なのかもしれない。

3．社交性と引きこもり

　かつて、O型とは社交的とか、おおらかであると言う文言がメディアや書籍類等で示されていたこともあった。

　しかし、それはケースバイケースの話である。

　あまり、O型と言う人種をこの種の形容詞のみでくくらない方がよい。

　社交性やおおらかさが消えたO型の事例として、元俳優であり、映画

評論家の高島忠夫は、O型特有のおおらかな社交性でメディアをかつて盛り上げていた芸能人であった。1998年、そんな人気の彼が忽然とうつ病になり、「人に会うのが怖い！」とまで言い出すようになった。彼の題材を元にし、2007年にドラマ化されるほどの社会問題にまでなった。

彼が重度のうつ病を発症した要因は、人間関係から来るストレスと見る。

男は、外に出れば七人の敵がいる、と昔から言われている。しかし、就職氷河期となったここ数年は、女も外に出れば七人の敵がいる、ということになろう。

いずれにしろ、この格言は、仕事の厳しさを表現したものであろう。むろん、仕事上での煩わしい人間関係を含めての厳しさでもある。

おおらかさを持続しつつ、適度に人間関係を操作できるO型ならば、商売上手であり、経営者のセンスも出ようというものだ。

しかし、長年、職場での成果も大して上がらず、人間関係に疲れはてたO型ならば、身内以外は信用せぬ疑心暗鬼なO型へと変貌する。最悪は、煩わしい人間関係と学習経験を放棄したがる引きこもりへと変貌する。人生の成功者とは言え、高島忠夫の場合、長年にわたり、人間関係で良い人を演じし過ぎた反動が鬱と言うことよりも、「引きこもりたい！」という衝動にかられたのではあるまいか？

実は、本音の部分でO型は、「少しは大衆から注目されるような主張なり表現をしたい。しかし、一方で煩わしい人間関係よりも、己のプライバシーを断固優先したい！」という願望を強く抱いている。

この自己主張と引きこもりこそ、人類永遠のテーマかもしれない。

極論で、自己主張したがる者は、O型にいるものの、引きこもりも、O型の中に少なからずいる、と筆者は見ている。むろん、引きこもりの件は、仮説に留めておく。

この自己主張と引きこもり、この相反する願望がO型の中に強く存在することから、複雑な疑心暗鬼のO型も時折、見かけるのであろうか。

また、他人との力関係を意識するあまり、己の主張を抑えようとする極端に平凡なO型も少なからずいるのである。
　従って、星野仙一、ゴン中山、朝青龍のような闘争心をやたら表に出したがる者をメインなO型と見ないことである。
　「勝つと見てトコトン、負けと見て隠忍拒絶」、これが一言で言うO型の基本ベースと言えよう。
　大雑把に申せば、後者の「負けと見て隠忍拒絶」の精神を強く持ちすぎるコンプレックスの塊とも言えるO型が、我が国においては、特に多いと見るべきであろう。
　闘争心で見れば、大仁田厚、アニマル浜口、白鵬翔等A型の方が、むしろ勝てぬ相手と見ても、気力を充実させる感が強いだけに、短絡的な見方は要注意である。いずれにしろ、人間関係を強く意識し過ぎるO型・高島忠夫ならではのO型的な対極の事例と言えよう。彼は、最高潮の鬱の時期、「あの人も、この僕の悪い噂話をしている」と、やたら思うようになったらしい。この事例を見ても、O型を単におおらかな社交的などと言う短絡的な表現は改めるべきであろう。
　むしろ、疑心暗鬼や引きこもりと言うことを意識しつつ、O型を観察してみることをお勧めする。

4. 現状脱出願望と特異の好奇心

　現状脱出願望とは、世間体からの脱却である。この願望を貫くには、如何にして常識の殻を打ち破るかにかかっている、と言えよう。
　そして、この願望を強く抱いているのは、A型である。
　ほとんどのA型は、この常識の殻を打ち破りたい、と思うものの、なかなかそれを果たせずに、多少なりとも苦しんでいる、と言えよう。
　そして、世間体からの脱却を果たせぬ多くのA型は、己自身にいらだつ。このストレスの反動として、流行品等の衝動買いを定期的にする者や、自動車やバイク等で暴走行為をやらかす者たちが、A型の中から大

量に出現することと相成る。これも、世間を強く意識しすぎるＡ型特有の性と言えよう。

　しかし、そんなＡ型も、世間に反発するかのように、突如として居直る。

　Ａ型が思い切りのある行動をとる場合とは、どれだけ居直れるかの度合いによろう。

　例えば、元々ＡＶ女優であったＡ型・故人飯島愛は、テレビ東京ギルガメ時代から、大胆な脱ぎっぷりと明るいキャラで多くの男性陣をテレビ画面へ釘付けにした。このＡＶの世界なら、世間体の殻を打ち破る気概なくして、とても飛び込める世界ではない。

　むろん、己の存在価値を示さんとした時のＯ型、ＡＶ業界に特異の好奇心を抱いた際のＢ型、セックスやレイプをプレイ演技的に趣味の一つとして割り切れるＡＢ型なら、ＡＶ業界進出へと邁進するかもしれない。

　しかし、ＡＶ業界や風俗産業進出への動機付け主流となるのは、現代でも、Ａ型特有の現状脱出願望ではなかろうか？

　特に、昔の日活ロマンポルノ時代なら、尚更、ポルノ女優はＡ型が大勢を占めていたであろう。表向き、社会秩序や世間体を頑なまでに守ろうとするのがＡ型なら、世間体の殻を打ち破るかのような突っ張りタイプやヤンキーも、比較的Ａ型に多く存在することとなる。前者か後者どちらに転ぶにしろ、世間なるものを強く意識し過ぎているＡ型ならではの行動理念と言える。

　ちなみに、Ｏ型の不良タイプとは、己の存在価値を世に広く認めさせるべくための主張の叫びと言えよう。学習経験の未熟なＯ型ほど、不器用な青少年時代の主張となり、時として引きこもることもある。Ｏ型・千原ジュニアは、学校で暴れては、自宅に引きこもる、という繰り返しの学生時代であったらしい。

　つまり、Ａ型とＯ型の突っ張りを比較した際、突っ張りになる動機なるものは、微妙に違うということでもある。さて、そのＡ型の突っ張りに話を絞ると、沢尻エリカは、芸能界での突っ張りを意識しているよう

な数少ない芸能人であろう。近年の彼女は、少し大人になったとか、猫を被っているとか、賛否両輪であるものの、人妻になろうとも離婚しようとも、その突っ張りキャラは、芸能界で今後も全快か？　注目される。

　このタイプのＡ型の場合、世間との協調よりも、世間への反発が優先されるからか、ツンと気位高いイメージが沢尻エリカに定着することとなる。この手のツンと気位高いイメージが優先されるＡ型は、男女問わず、少ない方であろう。大方のＡ型は、中居正広や小林麻央のような、協調精神の証として、終始笑顔を絶やさぬ明るいキャラを強く意識するタイプが多くを占めることとなる。

　つまり、世間への同調派か世間への反発派により、明るい笑い上手のＡ型だったり、ツンと気位高いイメージのＡ型と二分することとなる。

　前者の場合、単に明るいからと言う理由により、Ｏ型やＢ型と勘違いされるパターンはよくあることでもある。沢尻エリカの場合は、わがまそうでマイペースだから、Ｂ型とやたら世間から勘違いされるのではなかろうか。

　このマイペースという言い方も困ったもので、Ｂ型をマイペースの典型として、イメージする者が多い。比較的、単独行動を余り苦にしないＢ型を考えるには、イメージとして悪くはないが、あまりにもこの表現に頼りすぎるとなれば、Ｂ型の見方を誤る元にもなるだろう。Ｂ型がマイペースと見られるケースは、何か興味の対象に凝り性となって、周囲が見えなくなるくらいに没頭している時であろう。この場合のＢ型なら笑顔を周囲に振り撒くこと等は尚更不要となろう。ひたすら、その興味の追及を最優先と考えよう。野球のイチローと野村克也しかり、IPS細胞でノーベル賞を授与された山中教授などは、その典型例であろう。

　このＢ型の興味の追求も、奥の深さを実感すれば、興味の対象は別の物へと移るのもよくあるＢ型のパターンである。この興味の対象が移るといっても、飽きっぽさから移るのではなく、己で凝り性ぶりを発揮尽くし終えたと納得したＢ型と言うことになる。見方を変えれば、

突然にそのＢ型が次に向かう興味の対象は何か？と言う期待感と怖さを実感しよう。多くの利益をもたらすことに興味をもてば良いものの、多額の出費を要することに、そのＢ型の好奇心が刺激された際は、本来の凝り性ぶりから被害は更に倍加し、最悪の事態となろう。

　このＢ型特有の好奇心とは、たまには人からかまってもらいたいとか、干渉されたい、と思うものであり、「誰かに面白い所へ私を誘ってもらいたい」と考えるＢ型特有の引きずられたい願望でもある。まるで何かに魅了されるように、そこへ誘い出される感じである。これは、能見（正）が指摘していたように、「Ｂ型はやじうま根性的な傾向がある」のと大いに関係がありそうだ。

　この要素は、Ｂ型を単にマイペースな人と単純にはかれない要因でもある。また、Ｂ型特有の凝り性も見逃せない。突然、何か興味や関心を抱いたことに没頭していくだけに、過去のものには見切りをつけるがごとく、新たな興味対象へ移るのだ。まるで、遊牧民やジプシーのようでもある。

　これが恋愛がらみなら、そのＢ型の女は新たに恋の芽生えた別の男の元へ走り、Ｂ型の男ならむろん押して知るべしだ。その際、置き去りにされた男や女の当人にしてみれば、そのＢ型の彼女や彼は、自分の目の前から忽然と姿を消したように映るだろう。史上希に見るオウム真理教事件（1995年３月の地下鉄サリン事件等）で有名な麻原教祖の側近であった石井久子のような美女が何で、そんな所にいるのか？と不思議がっていた私であったが、案の定、彼女は、Ｂ型であった。何に興味をもち、どのような人に関心をいだくかにより、そのＢ型の方の人生が時として左右される見本とも言える。その教団に引きつけられた彼女にしてみれば、何か凝り性にさせるだけの不可思議な世界に見えたのであろう。

　更に、2006年１月のライブドア事件で有名な堀江貴文側近のライブドア美人広報担当として一時はマスコミから注目された乙部綾子もＢ型である。

そして、記憶に新しいＢ型・酒井法子の薬物事件等は最悪の例であろう。彼女の夫から大麻を勧められたことと、Ｂ型特有のけじめのない好奇心が悲劇を生んだ、と言えよう。以上の例を考慮するなら、初めは好奇心から入った世界が、いつの間にか犯罪の世界に巻き込まれていた、ということか。これでは、家事の奥の深さと面白さに凝り性となっている専業主婦のＢ型女性の方が幸せな人生を歩みそうである。現に優秀な専業主婦もＢ型が多いのもこれまた事実となれば、家事専用の特許発明品等の発明者は、やはりＢ型が多いと筆者は見る。
　いずれにしろ、このＢ型特有の好奇心や野次馬性は、アイデアの源泉にもなり得るだけに、科学分野へ進出するＢ型の知識人も少なからずに出現する。しかし、Ｂ型の場合は、くれぐれも好奇心だけで引きずられないように注意すべきである。
　さて、「私は、Ａ型なのに周囲からは、Ｏ型かＢ型とやたら勘違いされる」と言うことを自慢気に語るＡ型をしばし見かけるが、これは、その周囲の者がＡ型という者を丹念に分析できず、極度の認識不足による要因から、勘違いされるのだ。これは、いいかげんな血液型系性格の出版物が氾濫している原因も当然あろう。特に、自分の説明書シリーズ物は、その最たるものである。Ａ型イコールＡ型と言うことでもなく、４つの性格の話でもない、ということは、くどいくらい今後も筆者自身、主張していかなければならない。要は、ＡＢＯ式別によって、明るさ暗さの種類が違い、わがままやいいかげんさの種類も、ＡＢＯ式別によって微妙に変化していくということでもある。では、具体的にどのように明るさ暗さの種類が違うのかは、後ほど解説する。

5．太宰治の書物は主張への障害？

　近年、多くの若者に太宰治の作品が親しまれていると聞く。能見正も指摘している通り、『人間失格』などは、人間そのものの存在を否定しているようなものだ。しかも、太宰治なる者の作風は、一言で言えば、

人間が本来もつ欲や嫉妬への否定である。これを否定することは、やはり人間そのものの否定へとつながる。

つまり、欲と嫉妬等を重く受け止め、己自身へ上手に受け入れることにより、大衆の感性や微妙な心理状況も読めるのだ。

おそらく、AB型の理念として、力が正義ではなく、正義が力なのだ。

どちらの理論にも一理あろう。この正義の理念は、限りなく人間関係の希薄な不特定多数の者を引きつけるには、功を奏す。「私欲よりも正義を優先するとは、大した者だ」、と言うことになる。

どろどろ感が消え失せ、あか抜けたAB型が時として異性からもてるのも、このあたりに由来する。

プレイボーイとして名をはせた市川海老蔵も、単なるイケメンや歌舞伎俳優と言うだけでは、あそこまでもてないであろう。

太宰治も市川海老蔵ほどではないにしろ、かなり異性にはもてたらしい。しかし、彼は市川海老蔵と違いプレイボーイタイプではなく、メルヘンチックなタイプであろう。でなければ、37歳の時、愛人と無理心中など遂行しないだろう。

AB型の場合、セックスを趣味と割り切れるか否かにより、上の前者か後者のタイプへと分かれるもののようだ。性欲を上手くコントロールし、セックスを軽い趣味のように捕らえるAB型は、プレイボーイやプレイガールとなる素質が生じることになる。となれば、007のジェームズ・ボンドも、AB型でなければ困るということになる。故能見父は、産業スパイ等は、素質的にAB型である仮説を説いている。

特にプレイボーイタイプやプレイガールタイプのAB型なら、特定の異性に入れ込むことも無いだけに、ドライに物事を処理できよう。

対照的に宮沢賢治のように、究極のメルヘンに固執するAB型なら、生涯童貞のケースも生じるようだ。となれば、オールドミスのAB型も珍しくはないようだ。

おそらく、南極で数年間セックスが無くても耐えきれる者は、他のO，A，Bよりも、AB型であろう、と言う仮説を打ち出したのは、そ

の昔、能見父である。この仮説を有力視する事件となれば、バルセロナ、アトランタ五輪で銀と銅のメダリスト、AB 型・有森裕子と米国人の夫ガブリエル・ウイルソンとの夫婦生活秘話である。有森は彼と結婚した 1998 年から離婚した 2011 年まで、別居期間はあったものの夫婦生活を続けた。

　夫婦となった 1998 年のこの年、夫ガブリエルの婚前時での家賃滞納や借金踏み倒しによる金銭トラブルが発覚し、夫婦揃っての記者会見で、彼は、「私はゲイだった」と衝撃告白した。この状況から推測する限り、有森は彼との別居を決める数年間は、セックスの無い夜の夫婦生活を長きに亘り継続していた可能性は極めて強いと見る。となれば、有森裕子はプレイガールタイプの AB 型ではなく、限りなくメルヘンチック思考の強いタイプの AB 型となろう。つまり、例えセックスなるものが無い夫婦生活でも、長きに亘って順応する精神を宿していると言えよう。これも、メルヘンの純愛があれば、何とか日常生活も営める AB 型の傾向とも言えよう。むろん、セックスを趣味とするプレイガールタイプの AB 型ならそうはいかなくなるものの、AB 型を見る上で、純愛系とプレイ系の対極感での分析は不可欠となる。

　いずれにしろ、やはり人間にとって、性欲は絶対的に不可欠なもので、欲と嫉妬を抑制ばかりはしてられぬと思う人々が混在する世とは、所詮やっかいなもの。信頼できる仲間を己の側により長くつなぎ止めることを考慮するなら、正義なる不確定なものだけでは、どの道、人は離れやすい。

　AB 型の上杉謙信は、欲よりも義の精神にこだわりすぎた。その結果、有力な戦国大名としての器量がありながら、領土拡張に固執しきれなかったことが難点となった。

　当初、多くの武将は、私欲よりも義のためと称して、謙信に味方するも、分け与えられる論功行賞の領土が将来的に期待できぬと思えば、武田信玄に寝返る武将も珍しくはなかった。

　甲州金を餌に、敵方の武将を寝返らすことは、信玄の戦略でもあっ

た。

　しかし、謙信はその信玄の手法を汚いと罵る。

　例えて言うなら、太宰治先生の作風に多くの読者が惚れ込み、一時それに基づき行動するも、どろどろした実社会には対応できぬと読者が知れば、他の作者の本へと向かうかもしれない。

　太宰作品に飽きた読者が次に向かうのは、富や栄光そして性欲への固執でも知られるO型・江戸川乱歩やO型・清水一行の推理小説等へ傾斜していく場合である。

　その光景を見た太宰は、その読者たちのことを嘆くであろう。まるで、上杉謙信が嘆いていたように……。

　太宰治や上杉謙信と対照的に、人の欲望なるものを素直に認め、人間関係を上手くコントロールすることで、天下人の座についたのが、O型・豊臣秀吉である。彼は、欲と嫉妬なるどろどろ感と上手く付き合うことにより、現実への妥協点を模索し、敵の多くの武将を味方に引き入れたのは、彼の人垂らしたる人間性も手伝ったものの、欲と嫉妬なるものと、真っ向から対峙し続けたことにあるのではなかろうか。現に彼は、O型的なストレートな表現らしく、相当大声であったらしい。おそらく、マイクのなかった当時としても、彼のスピーチは相当上手かったのではなかろうか。筆者が思うに、正議の理念たる主張のみでは、面白みには欠ける。やはり、人の欲や嫉妬を上手く刺激することで、笑いを生むスピーチがとれるのだ。その意味から、太宰治の書物を読むことは、現実路線から微妙に少しずつズレ、主張への障害を生むのではなかろうか。

　この件は、読者への将来的な課題としておく。

☆ ABO式人間学から見る「感情性と耐久性」

O型　日常は安定型。感情は後に尾を引かぬ淡泊さながら、追い詰められると突然メロメロ。目的あればがんばり特に待つ力は強いが、無意味な我慢はせずダメと見て早いあきらめ。目的無ければ、負け犬意識増大。縁の下の力持ちは苦手。

A型　表面は強い抑制型、内心は烈しい。傷ついた神経回復遅く恨み長い。ストレス発散の笑い好き。根は短期。本来、流行に左右されるだけに、興味の持続には飽きっぽさ。但し、世間を見返す気概と志が高いほど、継続的な努力や肉体的苦痛に辛抱強い。

B型　感情気分のゆれ多くお天気やのほう。怒り悲しみの表現大も、心の一部はさめ客観性保つ。興味の追及性では最大。同じ状態が続いたり縛られるのには弱い。興味の対象次第では、セカセカ型にもズボラ型にも変化する。

AB型　冷静クールな安定面と気ままで動揺しやすい面を合わせ持つ２面性。感傷的なもろさもある。努力の価値を認め、努力家であろうと努力するが、本質的に長期間の根気を要す事よりも、コーディネートのセンスで力を発揮。

第 2 章

血液型は細胞型の問題と理解しろ！

流れる血液成分の問題ではなく、
人体各細胞に絡む問題だ！

（注）本書カバー裏の図解をご参照しつつ、この章を熟読して下さい。

◎ＡＢＯ式糖鎖物質とはアンテナ細胞のことだ！

　まず、おことわりしておくが、血液型人間学の研究は血液型自体のハード面を研究することが目的ではなく、人間学や性格学というソフト面を研究することが大きな目的である。

　血液型と性格の関係と言えば、血液型自体の研究と誤解されることもあるので、要注意である。故人・能見正比古氏が「血液型の研究と言われることは、作家に対して万年筆の研究をしている人だ、と言われるようなものだ」と、強く指摘したのもうなずける。しかしながら、血液型というハードな面もある程度、理解しておくことは必要である。

　そもそも人間の体内に流れる血液の中にある赤血球から、Ｏ型、Ａ型、Ｂ型そしてＡＢ型の４種類の物質が発見されたので血液型と言う、ある意味やっかいな誤解をまねく名称が生まれたのである。つまり髪の毛と爪からも血液型物質なるものを検出できるのであるから、むしろ体質型と命名するのが妥当なのであろう。

　能見正の推論によれば、「私たちの心の問題の中心的機能である脳神経細胞の中にも血液型物質があるのだから理論的に考えても血液型（体質型）が人間の性格と行動面になんらかの影響を与えるのは当然である」としている。それでは、その血液型物質とは何か。おそらく、それに関して生物や化学の専門家と言われる方たちもよくわかってはいないだろう。ましてや精神科医や心理学者の連中なら、尚更理解していないであろう。血液型物質の研究に携わる人でさえ具体的にわかりやすく説明できる人となると、かなり少なくなるであろう。

　30年以上前からの故・能見正比古氏の見解によれば、「血液型物質の化学成分や構造式は、かなりのところまでわかってきた。難しいことは省略して、血液型物質とは、糖類やたんぱく質が複雑に結合しあった高分子化合物である。その性質や生理的作用については、わかりきっていません。（中略）血液型は身体の中にある物質の化学的な違いであり、身体の材質の型ということになる」旨を文献で記載する。

では、このＡＢＯ式血液型物質の正確な意味をより鮮明にさせてみよう。まず、赤血球を基準にすれば、ＡＢＯ式血液型という言い方になる。その理由は、赤血球表面にＡ型糖鎖をもつ人がＡ型、Ｂ型糖鎖をもつ人がＢ型となるように、あくまでも赤血球を基準にしたものである。

　この両方をもつ人がAB型、この両方を持たない人がＯ型ということになる。それではここで、ＡＢＯ式糖鎖物質なるものを説明する。

　赤血球の膜表面に存在する糖鎖は、細胞膜にも含まれているセラミドと言う脂質を基部にガラクトサミン、ガラクトース、N-アセチルグルコサミン、フコースの４種の単糖類が基本となって構成されています。単糖とは、加水分解によってそれ以上単純な糖にならない基本単位としての糖です。この構造はＯ型、Ａ型、Ｂ型、AB型が共通にもつ基本構造です。そのうち、Ｏ型は上記４種である５個数の単糖で構成された基本型の糖鎖です。ちなみに、このＯ型の場合、ガラクトースのみ二塊の２個の保有となるため、４種５個の言い方となる。そして、Ａ型とＢ型は、それぞれ異なった単糖が１つ多く結合しています。ミクロの世界だが、おそらく、それぞれの単糖がまるで鎖状のように結合することから、糖鎖と命名されたのかもしれない。

　例えば、Ｏ型の糖鎖の先端に存在するガラクトースにN-アセチルガラクトサミンが結合した糖鎖はＡ型となり、同じ位置にお馴染みの単糖であるガラクトースの一塊である単糖が更に１個結合するとＢ型になります。また、Ａ型Ｂ型双方の所有する糖鎖をもつ赤血球がAB型となります。この詳細図解等は、「通信用語の基礎知識・Ｈ抗原」と「(株)ヴァーグの糖鎖講座サイト」をウェブ入力し、検索閲覧して下さい。

　いずれにしろ、Ｏ型糖鎖とは基本となる４種類の単糖で構成され、Ａ型糖鎖は、この基本となる４種類の単糖に対しプラス１種のN-アセチルガラクトサミンが結合した５種類６単糖が複雑に絡み合うことで構成される。一方Ｂ型の場合、このN-アセチルガラクトサミンが無く、Ｏ

型よりもガラクトースを余分に1個多く所有することで、B型糖鎖物質の誕生となる。然るに4種6単糖が複雑に絡み合って構成されるものがB型糖鎖物質となる。更にこの基本となるO型糖鎖を軸にして、B型よりも更に多く、ガラクトースをトータル5単糖保有するのと、A型同様にN-アセチルガラクトサミンも保有するものがAB型となる。結果、AB型糖鎖の保有単糖数は、5種12単糖となり、これらの単糖が複雑に絡み合うことで、AB型糖鎖物質が構成される。

　以上の要領を基本とし、ＡＢＯ式別に単糖の種類と配列パターンを変え、各赤血球表面上に多数のＡＢＯ式糖鎖物質が存在することとなる。

　では、O型のみならず、ＡＢＯ式すべての人ももつ4種類（A型とAB型のもつN-アセチルガラクトサミンを含めると5種類）の単糖とは何か？

　例えば、ガラクトースと言う単糖は、乳製品やガム等から見出さるだけに、甘い味覚を実感したり、牛乳のような味を実感するものかと思いたくもなる。ちなみに、このガラクトースはキノコ類の食材にも含まれる。一方、フコースと言う単糖は、モズクやひじきの藻類から検出される。つまり、各単糖とは、栄養素の基本となる成分である。これら単糖の栄養素が不十分となれば、自然治癒力も低下することとなる。

　故に、各サプリメント会社等は、各単糖の研究には力を入れている。

　ここから先は、化学の世界ともなりそうだけに、この分野の確認は、読者諸君にお任せしよう。確実に言えることは、これら単糖無くしては生きられないのが人間というものだ。遺伝子、タンパク質に継ぐ第3の生命鎖と言われるのが糖鎖でもある。それだけ、重要な成分で構成されているものがＡＢＯ式糖鎖というものである。

　それでは、人間一人がもつ60兆個の細胞を基準にして考える。

　赤血球表面にA型糖鎖をもつA型の人は、細胞膜表面にもやはりA型糖鎖をもつのである。むろん、内臓細胞は元より各脳細胞表面にもA

型糖鎖をもつのである。

　つまり、人間一人がもつ約60兆個数の細胞表面すべてとはいかずとも、脳細胞や胃腸等の人体主要箇所の細胞膜表面上に何らかのＡＢＯ式糖鎖をもつことになる。（遺骨は元より、毛髪や爪からも、ＡＢＯ式糖鎖物質は検出される）

　この単糖類である糖鎖栄養素が鎖状に連なったＡＢＯ式糖鎖物質が人体各細胞膜表面上に数限りなく存在することとなる。

　私たちの体は、約60兆の細胞で出来ている。糖鎖は、その細胞ひとつひとつに産毛のような形で付着している細胞アンテナのような物質で、ひとつの細胞の表面に約500〜最大10万本も存在していると言われている。

　然るに、先ほど説明したガラクトースやフコース等の単糖は、ＡＢＯ式別に単糖の配列パターンを変え、各細胞膜表面上に数限りなく存在することとなる。

　ミクロの世界で見れば、細胞膜表面上は思いのほか毛深いと言うか、ヒゲだらけの状況となる。その毛のようなアンテナ細胞とも言える物質が約60兆個の細胞同士をつなげ、情報伝達し、それぞれの細胞の働きをコントロールしているのが糖鎖なのだ。

　つまり、糖鎖とは各細胞を統一する司令塔みたいなものである。

　その統一の仕方や神経細胞の伝達方法もＡＢＯ式糖鎖の違いによっては、微妙に変化を与えていくのではなかろうか。然るに、ＡＢＯ式糖鎖物質と言うよりも、ＡＢＯ式アンテナ細胞と呼ぶ方が実感は湧くかもしれない。例えば、Ａ型アンテナ細胞とＢ型アンテナ細胞は、既に説明済のとおり、それらを構成する単糖種類の組み合わせと構成比率が微妙に違うことから、各細胞間の連携にも何らかの異なる影響を与えても不思議ではない。

　つまり、構成する糖鎖が1つ違うだけで細胞の性質に大きな違いが出たりするのは、当然の理屈となろう。

　丁度、地デジ以前の地上波アンテナ、UHFアンテナ、パラボラアン

テナのように、アンテナを構成する材質が変われば、受信する電波の種別が変わるのと似ている。むろん、単糖の栄養補給が悪化すれば、このＡＢＯ式アンテナ細胞は劣化する。この要因により、人体細胞同士の連携は悪くなり、やがて免疫力の低下となる。しかも、構成する糖鎖が１つ違うだけで細胞の性質に大きな違いが出るとなれば、ＡＢＯ式血液型という言い方ではなく、ＡＢＯ式細胞型という言い方がより具体性のある言い方と言える。ある意味、人格形成のことを視野にすれば、赤血球のことは、あえて無視し、脳細胞等各細胞に宿るＡＢＯ式糖鎖物質（ＡＢＯ式アンテナ細胞）を主流にすべきであろう。となれば、ＡＢＯ式血液型のことをＡＢＯ式細胞型と命名すべきだったのです。

　さて、このアンテナ細胞なるＡＢＯ式糖鎖物質を生成するための指示を出すＡＢＯ式遺伝子は６０兆個の細胞核の中に宿る９番目の染色体の中にあるのです。（但し、場合によっては、他の遺伝子もこの生成のため、複合的に関与している可能性もあります）

　つまり、遺伝子を基準に考えれば、ＡＢＯ式遺伝子型という言い方が的を射ている。このＡＢＯ式遺伝子は、ＡＢＯ式糖鎖物質を赤血球表面上に作り出す役目のみと誤解する学者もいるだけに要注意である。そうではなく、特に肝心なのは、このＡＢＯ式遺伝子は、細胞膜表面上にもＡＢＯ式糖鎖物質を作り出す支持の役目をしていることだ。当然、脳細胞と第二の脳と言われる腸の細胞膜表面上にＡＢＯ式糖鎖物質を宿す役目を果たしている。結果、各人の思考形態と性格形成にも何らかの影響を与えているとしても不思議ではない。そして、ＡＢＯ式糖鎖物質の違いによって、喋り方にも影響することは、後の章にて本書で検証する。また、ＡＢＯ式糖鎖物質の影響によって、各人ＡＢＯ式ごとに、顔の骨格形成のみならず、時に周囲を圧倒する眼光の鋭さや笑顔の質の差にも微妙な影響を与えていることも、ＡＢＯ式色気リストから、後ほど本書で検証する。この色気と言うか、微妙なフィーリングの差が、時代によっては、ＮＨＫ紅白歌合戦選別にも大きな影響を与えて、統計学上実証されたことは、後ほど解説する。

ちなみに、白血病などで、その人のＡＢＯ式血液型が別の血液型に変化する現象を時折耳にするが、その際は、あくまでも血液成分が変化するだけで、内臓等の細胞型までは変化せずに、現状のＡＢＯ式の型である。つまり、ＡＢＯ式糖鎖物質とは、体内に流れる赤血球のみに関与する問題ではなく、体内全域の各細胞自体に関与する問題であることをここで改めて強調しておく。

　伊達政宗と西郷隆盛は、遺骨からＢ型であることがわかり、北条政子が遺髪からＯ型であることが解明されたことを考慮すれば、上の内容も理解しやすくなろう。もっとも、近年は遺伝子解析技術が発展して来たことから、ＡＢＯ式糖鎖物質の検出から何型と解明する方法よりも、そのＡＢＯ式糖鎖物質を作り出す遺伝子暗号を見い出すことで、ＡＢＯ式血液型（ＡＢＯ式細胞型）を特定する手法が主流となった。このＡＢＯ式細胞型を決定する遺伝子暗号の所在地は各細胞の細胞核中に宿る９番目染色体の中にある。この遺伝子暗号とは４種類の塩基であるアデニン（Ａ）、チミン（Ｔ）、シトシン（Ｃ）、グアニン（Ｇ）の組み合わせ配列によって決定される。犯罪捜査でも唾液や精液から、この塩基配列の解読手法で犯人を特定する。所謂、ＤＮＡ鑑定というものだ。テレビでは、「ＤＮＡ型が犯人の者と一致した」として報道されるが、厳密に言えば、この言い方は正確ではなく、ＤＮＡ型ではなく、遺伝子型として表示するのが的確である。ＤＮＡと遺伝子の意味は厳密に違うものなのだ。詳細は、各人ネットで確認していただきたい。

　いずれにしろ、このＡＢＯ式糖鎖物質とＡＢＯ式遺伝子は、切っても切れない関係にあるということだ。おそらく、直接的に人の思考形態に何らかの影響を与えているのは、ＡＢＯ式糖鎖物質であろう。ＡＢＯ式遺伝子は間接的に人の思考形態に関わるものと見るのが妥当なのかもしれない。

　さて、このＡＢＯ式糖鎖物質は、各細胞の免疫機能を強める役目を果たすものと解く学者も少なからず存在する。例えば、何型が胃潰瘍に弱い。何型はペスト菌への抵抗力が強い。時として、センサーや細胞バリ

アの役目も果たす要素も持つＡＢＯ式糖鎖物質なのであろうか。幾多の病気とＡＢＯ式糖鎖物質が関連する有力な仮説は、今後少しずつでも発表されるようになるでしょう。有力な仮説が出た後は、ＡＢＯ式統計学上の実証データを待つのみである。関係者は尚更、統計学上の実証に固執すべきである。

◎人の気質は複数遺伝子とアンテナ細胞である細胞型との連携で決まるのか？

　まず、気質とは持って生まれた根っからの性分を言う。運動神経等においては、むしろ性分と言うより、素質に置き換えるべきであろう。
　この運動神経においては、持って生まれた素質と言う遺伝子は存在するものと思われる。しかし、気質における遺伝子となれば果たして存在するか否かは人類永遠のテーマにもなり得る難題である。一般的にこの気質に加え、環境面の影響によって、人の性格は形成されると言われる。むろん、教育面の影響も環境に含まれよう。「あの恩師やあの友人との出会いが私のその後の人生を変えた」と言う文言等は環境面も人格形成に強い影響を与えている教訓と言える。この視点から判断すれば、全体の性格指針を意識するのは本書の務め成れど、性格から環境面を引いた気質自体を特に軸とするテーマの気質学に固執するのが本書の務めなのかもしれない。このように、性格とは何か？　気質とは何か？　この所を強く押さえてこその研究なのだ。この視点を理解することなく、本来の血液型人間学までも批判する学識経験者が余りにも多い。特に人格心理学者（パーソナリティ心理学者）なる者はその最たるものであろう。
　さて、遺伝子の中でもアルコールには強いか弱いかを決める遺伝子のことは既に世間でも認知済と言える。むろん、運動神経を決める瞬発力や動体視力に関係する遺伝子はおそらく存在し、その塩基配列の違いによっては、運動神経に差が出ると思われる。

近年では、誰でも空腹時になれば、スイッチの入りやすいサーチュイン遺伝子（長生きしやすい遺伝子）のことは、やたらテレビで紹介されているが、やや有力な仮説止まりの段階らしい。
　また、昨今、民間企業でやりだした遺伝子検査システムとは、どんな病気にかかりやすいのか、どんな体質なのかを唾液に含まれる遺伝子を元に解析し、その結果を依頼者に書面でお知らせする。何か病気を発見する健康診断とは別である。例えば、「あなたは胃癌になりやすい体質です」、「あなたは肺がんになりやすい体質です」と、知ることで、禁酒禁煙を心がけようとする注意喚起のメリットがあるらしい。おそらく、過去の複数患者さんの遺伝子データから何らかの共通項を導き出した遺伝子解析の結果であろう。根底にあるのは、確率論や統計学であろう。しかし、データ採取の仕方によっては、分析方法に何らかの誤差が生じるのか、複数の民間企業に依頼した場合は、項目別によっては、違う結果が依頼者の元へ届くらしい。一番安いコースで、1万円からの申し込みもできるので、関心のある方は調べてみて下さい。
　しかし、近年、アメリカの有名女優が将来的に乳癌になりやすい遺伝子を保有すると言う遺伝子の検査結果を受け、乳房の一部を切除した話は有名だが、これはやりすぎと見るべきである。せめてもの、複数クリニック医院からの遺伝子解析検査をした上での結論を出す。あるいは、乳がんになりにくい食生活を追求する手法もとれたはずである。
　切除した彼女がどれだけ、当クリニックから統計的データの説明を受けたのかの疑問は残るものの、自意識過剰から来る行動は禁物である。
　また、そのほかに、性格に絡むコースとなれば、2万円以上になるらしい。性格と遺伝子に関連する研究となれば、遺伝子関連の研究をする一部学者の方や医師が公表するものの確証が得られないのが実体である。高輪クリニック・理事長の陰山康成先生（A型）は、「性格に関しての遺伝子検査」に関する説明を雑誌等マスコミの媒体で説明する。
　それによれば、アメリカで統計調査を実施したところ、性格もおおまかに3タイプに分類されることが分かったと言う。

この３タイプを決める遺伝子とは、「UCPC １」「ADRB ２」「ADRB ３」の３種類であり、当然にこの３つの遺伝子も塩基配列をもつ。「UCPC １」はひとつのことに集中してのめりこむ、こだわりが強い几帳面タイプ。「ADRB ２」は繊細かつ慎重で論理思考を重視するタイプ。「ADRB ３」は温厚でにこやかな笑顔を周囲にふりまく傾向が強いおっとりタイプ、といったかたちだ、と言う。この３つの遺伝子において、アメリカがどのような統計調査をして、導き出したものかを陰山先生が雑誌やメディアで特に説明しているわけではない。
　彼は 2014 年 10 月 17 日オンエアーのフジテレビ「教訓のススメ」と言うテレビ番組で、この３つの遺伝子の説明後、「遺伝子と性格の関係は始まったばかりで、推測の域は出ない」と言うものの、神経質になりやすい遺伝子や自己中心的になりやすい遺伝子が 1,000 人からの統計調査によって、ある程度解明されたと言う。これはアメリカでの 1,000 人対象の統計調査データに基づくものと筆者は思っていたが、当クリニックに問い合わせたところ、当クリニック独自に基づく 1,000 人調査であることが判明。アンケート方式の調査はしたらしいが、詳細は当クリニック利用者にも公開しないとのことです。おそらく、アメリカで認定された上記３つの遺伝子も参考にしてのアンケート分析であろう。
　あくまでも、当クリニックの拡大解釈も付いて回る分析と見るべきであろう。つまり、陰山氏はＡ型だけに、Ａ型特有の早とちりにもなり得る視点もある程度はこの種の分析に加味されよう。やはり、性格学の奥の深さなるものを追求し得ない限り、この種の遺伝子解析による分析も頓珍漢なものになりやすい。おそらく、この種のクリニック医院ごとによって、違う性格検査の結果が出ることとなり、複数医院で検査を依頼したクライアントは、尚更に混乱するものと思われる。
　然るに、こういう心もとない論評をすることで、利潤追求をする遺伝子解析のクリニック医師は今後増えるだろう。
　特に性格遺伝子解析のクリニックを利用する方は、本書を熟読するこ

とで慎重に吟味していただきたい。具体的に共通するある塩基配列の遺伝子をもつ1,000人の対象者に誰が何処でどのような質問をし、その質問にイエスと回答したのは何パーセントいたのか？　問題はここなのだ。質問の仕方に問題はなかったのか？　パーセンテージから見た統計学上の条件を満たしているのか？　ここをどれだけしっかり押さえているかの疑問は強く残る。遺伝子関連の研究でリードするアメリカとて、この性格に関する問題となれば難儀である。やはり、取るに足らない質問の仕方でアンケートの実施をし、科学的に実証されたと豪語しても問題点は残る。例えば、何を持って神経質とし、何をもって自己中心的なマイペースと認定すべきか？　ここを理解することなく、短絡的な視点でアンケートを採取しても無意味である。そもそも、性格や気質とは何かを追求し得ない限り、遺伝子からの性格学を構築すること自体難儀である。つまり、質問の仕方で回答者の返答が変化したり、回答者のその日の気分で回答が変わるとなれば、単に千人からのアンケート結果と言う文言だけで結論は出せない。ここは、アンケートの難しさである。このあたりは絶対的なデータとは成りえない。筆者から見ても、アンケート学なるものがあってもよい。むろん、真の性格学なるものを理解することなく、アンケート質問項目を作成することは危険である。例えば、「あなたは神経質なタイプと思うか？」と、問うても、回答者にとっては悩むところだ。ある者は、室内の汚れ具合に神経質となる者がいるかと思えば、別の者は人間関係において神経質になる者もいよう。あるいは、「室内の汚れ具合は気になる方か？」と、更に細かく問うても、ほこりが被っていることや室内散乱をあまり気にしない者でも、排水管等水回り関係の汚れ具合を特に気にする者もいよう。このあたりは、ＴＰＯによっても変化するだけに、難儀である。

　ここのところも理解しない人格心理学（パーソナリティー心理学）に携わる学識経験者が大多数だけに困ったものだ。この点はこの後の本書でも解き明かされよう。但し、彼が「UCPC１変異型遺伝子をもつ者は性欲がとても強い」と言う説明においては、性格とは異にする生巣製

造機能の体質面の高さが性欲に影響する可能性もあることから、信ぴょう性は高いかもしれない。ならば、具体的な統計データを関係者は公表すべきである。

　さて、むろん、赤血球自体の研究をする者が、血液型と性格を関連付ける性格学の専門家と誤解したり、遺伝子解析の研究をする者が、性格学の専門家と認定すること自体が如何に短絡的な視点であるかをここで理解できなければ、私の言うことは何とかに念仏だ。やはり、神経質とは何かの例えのように、性格用語の定義や性格学と言うソフト面を追求し得ない限り、この遺伝子ハードの分析からでは、期待薄と筆者は見る。結果的に有力な仮説止まりとしても、考えられるケースは、この遺伝子をもつ方は、比較的胃腸が弱い傾向にあるから、ストレスには特に弱い性格という導き方は可能かもしれない。今後の性格学を構築するには、遺伝子配列の解読だけでなく、ＡＢＯ式細胞型とも言えるＡＢＯ式アンテナ細胞の研究と解読も不可欠となろう。

　ちなみに、ＲＨ方式の糖鎖を作り出す遺伝子が１番目染色体に存在することから、ＡＢＯ式同様に赤血球表面上にＲＨ方式糖鎖物質が存在することは解明している。このＲＨ方式は、ＲＨプラスとＲＨマイナスの２種類のみと誤解されては困る。最低でも18種類は存在する。このあとに述べることは仮説の段階だが、ＡＢＯ式同様にＲＨ方式の糖鎖物質も各細胞膜表面上にも存在すると思われる（医学会の一部では有力な仮説）。つまり、ＲＨ方式アンテナ細胞も細胞膜表面上に存在することになる。当然にこの細胞物質も各人の性格形成に何らかの影響を及ぼすことは容易に想定できる。そこで、筆者の見解であるが、やる気スイッチや努力の根気スイッチを入れやすい遺伝子なり、糖鎖物質（アンテナ細胞）があるとするならば、それは、ＲＨ方式ではなかろうか。当然にＲＨ方式アンテナ細胞もＡＢＯ式アンテナ細胞同様に各人の細胞膜表面上に宿すとなれば、この仮説も有力となろう。もしそうなら、18種類もあるＲＨ方式糖鎖物質のどれか一つを細胞膜表面上に宿す者こそ、ある意味ずば抜けた根気とやる気をもつ者となるのかもしれない。よく世間

では、「素質の無い者は、やる気を出して根気強く努力すればよい」と言う者がいる。しかし、努力もやる気も所詮素質ではないかと思う。この努力の根気スイッチの遺伝子があるとするならば、O型は極度の目的志向性をあるテーマにおいて突然持った時に入り、B型はある物事に対し、突然に強い興味を抱いての凝り性ぶりを発揮する時にこの努力の根気スイッチの遺伝子が活性化するのかもしれない。

むろん、素質とは突き詰めれば、遺伝子そのものであり、糖鎖物質（アンテナ細胞）そのものと言う見方もできる。ある遺伝子（ＡＢＯ式遺伝子とRH方式遺伝子も含む）が直接的に各人の性格形成に何らかの影響を与えるのか、それとも、細胞膜上の複数糖鎖物質を中継することで、間接的に素質や気質なるものを与えるのか？　いずれにしろ、細胞核染色体に宿す遺伝子暗号から発信される電波のようなものが、細胞膜上のＡＢＯ式アンテナ細胞へ流れることにより、脳細胞や胃腸細胞等が刺激され、細胞全体が活性化するものと思われる。

このあたりのメカニズム解明は、今後の大きな課題である。

環境面だけでは決まらない持って生まれた性格というか気質なるものがあるとするならば、人間学（性格学、各人の色気や雰囲気、喋り方等

問答パート２

△この著名人は何型か

①剛力彩芽は何型か？　　　　②壇蜜は何型か？

③桐谷美玲は何型か？　　　　④長澤まさみは何型か？

⑤綾瀬はるかは何型か？　　　⑥堀北真希は何型か？

⑦松下奈緒は何型か？　　　　⑧小池栄子は何型か？

⑨堺雅人は何型か？　　　　　⑩本田圭佑は何型か？

⑪櫻井翔は何型か？　　　　　⑫鈴木亮平は何型か？

⑬羽生結弦は何型か？　　　　⑭小栗旬は何型か？

⑮岡田准一は何型か？　　　　⑯小泉進次郎は何型か？

のソフト面を称す)の追求は奥深い。ただ一つ言えることは、各人の性格とは、数百数千の遺伝子の組み合わせによって決まるものとするなら、ＡＢＯ式遺伝子は遺伝子の親分となろう。つまり、60兆個細胞間の調整とコントロールの役目を果たしているのがＡＢＯ式糖鎖物質（ＡＢＯ式細胞アンテナ）とするならば、それを9番目染色体の中で製造しているＡＢＯ式遺伝子こそ、性格遺伝子の親分と言う見方もできる。むろん、その親分のみで、各人の性格形成が決まるわけではなく、18種類のどれか一つを誰しも持つＲＨ方式遺伝子の力も性格形成においては影響大であろう。一説に2万3千個の遺伝子数（この遺伝子配列をばらしたトータル塩基数で約30億個数）を人間一人誰しも持つと言われているものの、持って生まれた性格遺伝子に関する追及となれば、やはり性格遺伝子の親分にもなり得るＡＢＯ式遺伝子を軸に展開すべきであろう。

　しかし、このＡＢＯ式糖鎖物質とＡＢＯ式遺伝子と言うハード面に固執しすぎれば、肝心な人間学（性格学も含む）と言うソフト面が疎かになるだけに、ハード面の説明はこのくらいにしよう。

　そういうことで、ここから先の本書では、ＡＢＯ式血液型人間学をＡＢＯ式細胞型人間学と表示することも多くなるので、何分にもご了承下さい。

問答パート２　答

①Ｏ型　②Ｏ型　③Ａ型　④Ａ型　⑤Ｂ型　⑥Ｂ型　⑦ＡＢ型　⑧ＡＢ型　⑨Ｏ型　⑩ＡＢ型　⑪Ａ型　⑫Ａ型　⑬Ｂ型　⑭Ｏ型　⑮Ｂ型　⑯ＡＢ型

第3章

血液型と色気の問題

ＡＢＯ式色気の違いから
明るさ暗さの種類を実感しよう！

◎ＡＢＯ式色気からの分析力を高めよう！

　まず、血液型と性格の関係において、特に注目していただきたい点は、色気の問題であろう。それでは、その色気とは何か？
　私が思うに色気とは、体全体から発散されてくるエネルギーみたいなものではないだろうか。体全体となると少し大げさかもしれないが、少なくても顔の表情を中心にしたものであり、顔の表情から来る躍動感とでも言うべきものであろう。
　なぜ私がこれほど色気というものにこだわるのか？　それは、血液型と性格の関係は占いとは関係なく人間科学に近いものである、ということを実証したいがためである。
　また、それは遺伝子と関連のある血液型（細胞型）が体全体にどのように及ぼしているのか、という基本ベースの追求とも言える。
　特に顔の表情の変化において論説していくならば、明るい表情の時と暗い表情の時に大別される。よく世間一般では血液型と性格の関係においての認識不足として、何型が明るいとか何型が暗い式の占いまがいの会話をし、はたまた心理学者の間では、何型が外交的で何型が内交的である、という少し専門用語なるものを使用しながら血液型と性格の関係を批判するような単純論法をふりかざしているようである。
　ここで私が特に強調したいのは、何型が明るいとか何型が暗いとかという単純な問題ではない。
　要するに血液型別において、明るさ暗さの種類が違うのである。
　色に例えれば、赤の明るさと青の明るさとは微妙に違ってくる。
　また暗い赤と暗い青においても同様である。どの血液型の人にしても、明るい人もいれば暗い人がいるのは当たり前である。
　それでは、色気と密接な関係にある明るさ暗さの違いとは、どういうことなのか。その鍵を解くには、血液型別の著名人美女リストを観察しながら解説したほうがわかりやすい。それを訳のわからない婆さんや女性コメディアンを入れるから血液型と性格の関係が益々わかりづらくな

るのである。

　また、色気と明るさの問題は笑顔の質の問題とも絡むので客観的に観ても、著名人美女で比較した方がわかりやすいはずだ。決して差別しているわけではないので悪しからず。但し、著名人と申しても中には、私の独断と偏見により、少し首をかしげるような方も下記リストに組み込まれているかもしれないだけに、何分にもご了承下さい。

　さて、そこで当然、明るさの中心におかれるのが笑顔の問題になるであろう。ある女性が笑顔を浮かべ、人と接している間に笑顔をどれだけその人に対し浮かべていたかの時間の問題、つまり、その笑顔の強さと持続性の問題も注目すべきである。

　その笑顔の質の問題を考慮しつつ、明るさ暗さの違いとはどういうことなのか。ＡＢＯ式血液型別に解説していきたい。

　特に己のルックスや容姿にある程度の自信をもたれる多くのギャル読者であるならば、「この私はどのような色気を多くの男どもに発散しているのかしら？」あるいは、「この私の色気の虜になる男性陣とは、何型の者が多いのかしら？」そして、「今まで、この私の色気に参ってアプローチして来た男性の方は何型の者が多かったのかしら？」などを特に意識しつつ、以降の分析にお付き合い願いたい。

1. おおらかな母性系と気取りのO型女性の色気

O型
吉高由里子、剛力彩芽、上戸彩、井上和香、壇蜜、波瑠、
熊田曜子、小雪、優香、山岸舞彩、南明奈、北乃きい、
井上真央、瀧本美織、小島瑠璃子、大政絢、野波麻帆、
相武紗季、深田恭子、広末涼子、宮崎あおい、加藤あい、
香椎由宇、芦名星、吉田羊、二階堂ふみ、橋本愛、森星、
蓮佛美沙子、後藤真希、松井愛莉、土屋太鳳、南沢奈央、
西原亜希、天海祐希、渋谷飛鳥、柴本幸、内山理名、
神田うの、安室奈美恵、梅宮アンナ、三船美佳、山田優、
黒谷友香、中村さくら、簑島宏美、友利新（医師）、
川口春奈、菜々緒、有森也実、倉科カナ、指原莉乃、
中越典子、奥菜恵、田中美里、蛯原友里、蛯原英里、
北川景子、桜庭ななみ、叶恭子、叶美香、新川優愛、
マナカナ（双子）、ほしのあき、星野真里、原幹恵、
鮎ゆうき、小泉今日子、真矢みき、遠野凪子、森高千里、
後藤久美子、多部未華子、田中律子、中村あずさ、夏帆、
黒川芽以、須藤理彩、笹本玲奈、細川ふみえ、成海璃子、
細川直美、内田有紀、中山美穂、鶴田真由、大塚シノブ、
松雪泰子、青田典子、安田美沙子、紗栄子、石井苗子、
中山エミリ、中条あやみ、横山めぐみ、松井玲奈、
藤谷美紀、原史奈、藤澤恵麻、伊藤裕子、島田陽子、
片平なぎさ、野村真美、夏木マリ、松尾嘉代、三田佳子、
宮本信子、岡まゆみ、中山麻理、池脇千鶴、中村ゆりか、
山口紗弥加、Rihwa、水樹奈々、増田恵子、野々すみ花、
吉永小百合、伊藤良夏（大阪市議）、山本美月、谷村奈南、
木下あおい（管理栄養士）、朝比奈彩、水谷ケイ、相楽樹、
河北麻友子、加藤紗里、宮沢磨由、金子恵美（衆議）

△スポーツ系は以下12名
浅尾美和、荒川静香、寺川綾、柴田亜衣、陣内貴美子、里谷多英、大林素子、大竹七未、丸山桂里奈、石川佳純、畠山愛理（新体操）、坂口佳穂（ビーチバレー）

△女子アナ系は以下14名
井上あさひ、夏目三久、中村江里子、雨宮塔子、相内優香、佐々木恭子、青山祐子、神田愛花、徳島えりか、鎌倉千秋、笹川友里、和久田麻由子、加藤綾子、渡邊佐和子

　まずO型女性の明るさであるが、上記別表リストにあるようにO型美女を多く並べてみることにより、雰囲気的に何を感じるのか、を素直な気持ちで観察していくことは大事な点である。
　私から観てO型特有の明るさとは、おおらかな母性愛に近い明るさと言える。つまり母性愛とは我が子のようその人のためになんとかしてやろう、という気概である。
　そういえば、O型女性はお母さん的な雰囲気を感じさせるような人が多いようにみえる。そもそも母性愛の根源となるものは、その人のためとばかりに相手を見込んだ際にでてくる行動力とも言える。
　但し逆の場合、O型の人が暗い状況にある場合、もしくは黙っている時の場合は特に気取って見えるのは、O型の特徴と言える。これはある種、母性愛の裏返しと言えなくもない。母性愛を発揮するには、未知なる相手の危害から愛する人を守らなければならない、という警戒心が求められる。つまり、気取ることによって未知の相手が敵か味方かを判断しようとするところがあるようだ。
　また、O型がよくするお惚けもO型特有の演技力と言えなくもない。
　とぼけて見せるのも相手に対して、レーダーを発信し、相手の出方の様子を観ているということになる。そして気を許せる相手でないと判断した際、O型の一般傾向として、気取ったり惚けたりするという演技に

終始することになる。まあ気取ったり惚けたりできるということは、O型のすばらしい演技力の内と解釈してやることである。また、気の許せる相手もしくは信頼できる味方と判断した場合は、おおらかな母性系の雰囲気を終始出していくこととなる。したがって、O型の明るさとは上記に表示される、吉高由里子、上戸彩、宮崎あおい、井上真央、深田恭子のような、おおらかな母性系の雰囲気であり、O型の暗さとは気取り屋的な雰囲気になる。この気取りの要素を売りにする美人派タレントとなれば、蛯原友里、加藤あい、井上和香、小雪ということになろう。

　いずれにしろ、O型の人が比較的、相手に対して敵か味方かを特に分けたがる特性が色気に影響していると言えなくもない。この問題は、また別の機会に論じてみたい。それにしても、吉永小百合と井上あさひは、雰囲気からして、特に似ている。

2．明るい笑い上手とツンと気位高いＡ型女性の色気

Ａ型

武井咲、香里奈、杏、桐谷美玲、すみれ、西内まりや、
中川翔子、黒木メイサ、長澤まさみ、沢尻エリカ、
上野樹里、新垣結衣、安めぐみ、仲間由紀恵、藤原紀香、
前田敦子、篠田麻里子、木村佳乃、松たか子、芦田愛菜、
松嶋菜々子、片瀬那奈、吉瀬美智子、足立梨花、
小林麻耶、小林真央、上原多香子、吉井歌奈子、高梨臨、
トリンドル玲奈、貫地谷しほり、乙葉、榮倉奈々、
本仮屋ユイカ、夏菜、岡本玲、能年玲奈、藤本美貴、
水原希子、伊東美咲、檀れい、檀ふみ、石原さとみ、
宇多田ヒカル、浜崎あゆみ、miwa、眞鍋かをり、
宮脇咲良、飯島直子、飯島愛、白石美穂、竹内結子、
川原亜矢子、常盤貴子、長谷川理恵、真木よう子、

矢吹春奈、押切もえ、水野真紀、青山倫子、おのののか、
尾野真千子、鈴木ちなみ、神田沙也加、マイコ、マギー、
若村麻由美、小島聖、芹那、雛形あきこ、薬師丸ひろ子、
白都真理、山本モナ、とよた真帆、坂井泉水、桜井幸子、
松田聖子、ともさかりえ、森下千里、安達祐実、岡本綾、
チェ・ジウ、戸田菜穂、斉藤慶子、斎藤陽子、倖田來未、
真琴つばさ、原沙知絵、栗山千明、羽田美智子、
森口瑤子、森尾由美、甲斐まり恵、櫻井淳子、石田えり、
伊藤かずえ、高岡早紀、夏樹陽子、清水美沙、山口智子、
城戸真亜子、床嶋佳子、中谷美紀、高田万由子、南果歩、
浅野温子、沢口靖子、瀬戸朝香、鈴木京香、国生さゆり、
鈴木保奈美、観月ありさ、石田ひかり、石田ゆり子、
君島十和子、賀来千賀子、黒木瞳、上原さくら、真中瞳、
森泉、高橋由美子、長谷部瞳、藤谷美和子、大桃美代子、
山田まりや、木下優樹菜、ヒロコ・グレース、高部あい、
矢部美穂、早見優、田中麗奈、佐藤めぐみ、紺野美沙子、
ジュディ・オング、木村多江、清水富美加、忽那汐里、
山口百恵、土屋アンナ、早乙女愛、神室舞衣、及川奈央、
黒島結菜、市川由衣、市川紗椰、遼河はるひ、新木優子、
眞野あずさ、河合ひかる、高倉美貴、城麻美、黒木香、
大場久美子、久保純子、あびる優、若槻千夏、鈴木亜美、
和久井映見、竹下景子、夏川結衣、満島ひかり

△スポーツ系は以下17名
益子直美、小椋久美子、潮田玲子、竹内智香、安藤美姫、
村上佳菜子、野瀬瞳、鮫島彩、青木沙弥佳（陸上）、
福島千里、宇津木瑠美、東尾理子、豊田真奈美、
みなみ鈴香、上田桃子、藤田菜七子(騎手)、本田真凜(フィギュア)

△女子アナ系は以下13名
八田亜矢子、小川彩佳、三田友梨桂、杉浦友紀、橋本奈穂子、秋元玲奈、松丸友紀、後藤晴菜、大下容子、有賀さつき、高畑百合子、小倉弘子、八塩圭子

　次にA型美女の明るさと暗さの問題（いずれ解説するがA型男性に対してもほぼ同じような感性で参考になる）であるが、まずA型というと世間一般では、まじめで堅実というイメージをおもちの方が多いように見受けられる。

　しかしながら別表にある藤原紀香、常盤貴子、松嶋菜々子、仲間由紀恵、伊東美咲、木村佳乃、飯島愛のように比較的、他の血液型の美女たちと比較しても、表面的には一番明るい集団という印象をもたれている方がこのリストを見て改めて感じているのではないでしょうか？

　どうもA型は必要以上に笑顔を作っている人が多く見受けられる。むろん、どの血液型の美女はテレビ出演すればなんらかの笑顔を作る。

　例えば、O型独特の営業笑いである。悪く言えば「これは仕事のためだ」という割り切りが動機となっての笑顔と言える。しかしA型の必要以上の笑顔とは周囲の人やテレビを見ている人に不快感を与えてはならない、というサービス精神から来ているものであろう。

　つまり極論を言うなら「笑顔こそが対人関係においては絶対の正義」あるいは、「人間とは常に明るくなければならない」と信じ込んでいるところがあるようで、自然そういう動機からの方が笑顔の継続性は出てくるはずだ。このA型の笑顔とは、とてもテンションの高い笑顔から、比較的浅く程好い笑顔に大別されよう。

　しかし、後者の笑顔のA型にしろ、ギャグとか漫才を観て一番大笑いするのは、むしろA型のようである。

　ただ、このA型の大笑いは、あくまでも緊張感から開放された時であり、ストレス発散からくる笑顔であろう。

　やはり仕事中とか気の許せぬ相手には笑顔を適度に調整しての浅く程

好い笑顔に終始しよう。

　故能見正が指摘していた表現を借りるなら、良く言えば笑い上手ということになろう。但しその浅く程好い笑顔にしろＡ型は嫌いな人にさえ継続性のある笑顔で振舞える、ということであろう。これを世間では、八方美人と言うのであろうか？　やはり、世間を意識しすぎるＡ型の動機要因から来るものであろう。世間を上手く渡るため、笑顔を最良の行為とするＡ型の感性から来るものであろう。

　しかしＡ型が暗く思われたり、悪い印象を周囲から持たれる場合があるとすれば、笑顔をつくらずに、黙っている時間が長ければ長いほどその傾向が強まる時と思われる。但しその際にはツンと気位高いタイプという印象が根強く感じられる。特に浅野温子、瀬戸朝香、真木よう子そして沢尻エリカなどはそれに当たるだろう。ここでＡ型の人を観察する上で注意しなければならない点として、Ａ型は他の血液型と比較しても一番強く世間というものを意識するがあまり、「この世間とやらに反発しながら私は戦いながら生きていくんだ」という意識の強いＡ型の人は、ツンと気位高い印象を世間の人に多く与えるようである。

　当然、沢尻エリカのようなツッパリタイプも比較的少数なれど、出現することになる。おそらく仮説だが、スケ番は意外にＡ型が多いと見ている。

　やはり、それになるにも世間体の殻を打ち破るエネルギーが要求されるからだ。これも世間なるものを必要以上に意識しすぎるＡ型の傾向によるものであろう。

　但し、ほとんどのＡ型は別表のように表向きは明るい笑い上手的な雰囲気を出している人が多いだけに、Ａ型を単にまじめで、暗いイメージで考えている人は、この際ここで認識不足を改めるべきである。

　それにしても、羽田美智子と森口瑤子は雰囲気からして、特に似ていますね。

3. 気さくザックバランなみずみずしい色気と見かけ無愛想のＢ型女性（もちろんＢ型の男も見かけ無愛想が多い）

Ｂ型
堀北真希、米倉涼子、釈由美子、綾瀬はるか、井川遥、稲森いずみ、篠原涼子、柴咲コウ、冨永愛、比嘉愛未、森カンナ、水野美紀、小倉優子、山本彩、長谷川京子、ミムラ、京野ことみ、滝沢沙織、倉木麻衣、秋元才加、戸島花、三吉彩花、大島優子、入山杏奈、小沢真珠、坂下千里子、国仲涼子、牧瀬里穂、葉月里緒奈、中山忍、工藤静香、西川史子、辺見えみり、清水由紀、高島礼子、笛木優子、田丸麻紀、吉川ひなの、榎本加奈子、門脇麦、柏木由紀、福田麻由子、尾花貴絵、春輝、横山由依、有村架純、大塚千弘、井上晴美、新山千春、叶和貴子、仙道敦子、金子さやか、岡本夏生、田代沙織、宮沢りえ、斉藤由貴、南野陽子、酒井法子、菊池桃子、田中裕子、林寛子、榊原郁恵、大地真央、かたせ梨乃、大石恵、かとうかずこ、大塚寧々、パク・ソルミ、シシド・カフカ、工藤夕貴、安田成美、樋口可南子、萬田久子、藤あや子、三田寛子、山口美江、生稲晃子、麻生久美子、一路真輝、後藤恭子、夏目雅子、土田早苗、中島ゆたか、松浦亜弥、鹿谷弥生、酒井和歌子、奥田圭子、黒木華、田森美咲、遙くらら、橋本奈々未、荒木由美子、岡本夏美、鈴木杏、石川亜沙美、蒲生真由、岸ユキ、鈴木愛理、熊井友理奈

△スポーツ系は以下９名
浅田真央、田中理恵、田中雅美、古閑美保、八木沼純子、米澤有（ゴルフ）、マッハ文朱、ミミ萩原、福原愛

△女子アナ系は以下10名
近藤サト、鈴江奈々、深津瑠美、吉田明世、繁田美貴、森本智子、薮本雅子、鈴木奈穂子、榎戸教子、小郷知子

　さて、お待ちかねのB型女性であるが、B型を単純にお祭り屋的な人と思うのは大きな誤解である。
　B型の人を思い浮かべる場合、聞くところによると世間一般では、常に明るく陽気で楽しい人を連想するようである。
　しかし、これは極めて短絡的な考え方である。この点を留意しながら、B型女性の色気を考えていきたい。
　まず、別表にあるように、堀北真希、篠原涼子、柴咲コウ、米倉涼子、比嘉愛未などのように、B型の人は男女を問わずに見かけ無愛想の人が実に多いのである。無愛想と言えば表現が露骨すぎるなら、黙っていると特に真面目に見えるのはB型ということである。それ故か、表面的には、冷ややかな美女という印象を受けなくもない。
　むしろ見かけだけで判断していくならA型の人の方が先ほど記述したとおり表面的には明るいイメージの人が多いように見える。
　そして世間一般では、A型の人をB型と言い、B型の人をA型と言ってしまうように、何かと見誤るケースが特に多いようである。
　単純にB型は陽気で面白い人、A型は堅実で真面目な人という決定的な認識不足をしているようである。
　さて、平たく言えば、B型の見かけ無愛想というとっつきの悪さがそのB型の人を暗い感じの人という印象を植え付けることがあるようだ。
　但し、そのB型の人も話せば意外に気さくざっくばらんな雰囲気を出してくる場合が多いのである。
　それでも浅田真央や小倉優子のように終始、気さくざっくばらんな雰囲気を出しているB型は比較的少ないようである。あの長嶋茂雄でさえ、黙っている時は見かけ無愛想でとっつきが悪く見えたのは単なる私の思い込みであろうか？

むしろ、B型が明るく見えるとすれば、何かに対しB型特有の凝り性が発揮され、動物的とでも言うべき躍動感が備わった時に輝いて見えるのであろう。

また、何人かの見かけ無愛想のB型女性に聞いたところ「笑顔を無理に長く続けていると、顔が引きつりとても疲れる」という答えをもらった。この事はB型の体質的な問題と言わざるをえない。

これはB型特有の旺盛な好奇心とも関係がありそうだ。

つまり、ほとんどのA型のように周囲に気を配って笑顔ばかりを振りまいていては、真に面白いものを見つけ出していくことはできないはずである。B型の見かけ無愛想とは「いろいろな物事の面白さを見出していきたい」という気持ちの現れと言える。もしかしてB型の場合、ほんとうに面白くなければ笑わないのかもしれない。（むろん、そんなことはないだろうが……）それだからと言うわけではないが、気さくざっくばらんな雰囲気を出している時のB型女性の笑い方は、他の血液型の人と一味違った独特の笑い方をしているように思えるので、できればB型女性に対してはそのあたりをよく観察してみるべきである。

それにしても、長谷川京子とミムラは、雰囲気からして、特に似ていますね。

4. にこやか妖精的色気とシャープでドライな応接態度のAB型女性

AB型
松下奈緒、木村文乃、渡辺麻友、小池栄子、ベッキー、橋本マナミ、志田未来、中村アン、中村果生莉、里海、加藤夏希、原田夏希、江角マキコ、菊川怜、高橋みなみ、佐藤江梨子、佐藤蘭子、菅野美穂、高畑充希、橋本環奈、水川あさみ、滝川クリステル、相沢紗世、加護亜依、

亀井絵里、広瀬アリス、広瀬すず、篠原ともえ、野崎萌香、
小嶺麗奈、杉本彩、藤井リナ、戸田恵梨香、相川七瀬、
水沢エレナ、麻美ゆま、鈴木えみ、宮地真緒、吉木りさ、
塩村文夏（都議）、ＢｏＡ、ＹＵＩ、aiko、新垣仁絵、
樫木裕実、吉村涼、鈴木杏樹、小西真奈美、石原あつ美、
かとうれいこ、鷲尾いさ子、川島なお美、浅野ゆう子、
東ちづる、熊谷真実、梶芽衣子、高見恭子、高橋ひとみ、
岡江久美子、酒井美紀、山口もえ、富田靖子、今井美樹、
名取裕子、根本りつ子、長山洋子、筧美和子、大原麗子、
藤吉久美子、源崎トモエ、イ・ヨンエ、酒井彩名、
真行寺君枝、仁科明子、高橋恵子、財前直見、鰐淵晴子、
佐々木希、手塚理美、斎藤とも子、真理アンヌ、
筒井真理子、小向美奈子、中村愛理、脇坂英理子

△スポーツ系は以下６名
上村愛子、横峯さくら、有森裕子、キューティー鈴木、
笠りつ子（ゴルフ）、村主章枝

△女子アナ系は以下５名
森富美、大江麻理子、青木裕子、牛田茉友、柴田倫世

　AB型女性の色気のポイントとしては、上に掲げたとおりである。
　別表にもあるように松下奈緒、ベッキー、志田未来などが芸能界の中では特に、にこやか妖精的色気を発散させている代表選手に感じる。故能見父の言葉を借りるなら「まさにチーズ笑いという表現がぴったりな微笑を浮かべてポスターから飛び出てきたような人」と言う表現が的を射ている。私が思うに原始的欲望の本能を向き出しにしてくる者に対して極めて警戒するというAB型の特性から出ている色気と言えなくもない。つまり、「私は妖精なのだから、そのような本能で来られても無駄

よ」と、言う防衛本能から来るある種のジェスチャーとでも言うべきものか？　それでも上の3人の彼女たちも黙っている時は、上に記したように、シャープでドライな雰囲気を感じなくもない。

　特にその雰囲気を強く発散している人は、上の別表にある江角マキコ、森富美そして、別表には掲げなかった元代議士・田中眞紀子と元横綱貴乃花の花田景子夫人であろう。あからさまに言えば、恐いと言う印象を受けなくもない。時折、恐いと言う第一印象をもったAB型女性を見かける。その要因としては、すぐ上に記した4人の彼女たちのように強くシャープでドライな雰囲気が前面に出すぎているからであろう。

　また、「この世のドロドロしたものを否定し、私にとっての正義とは何か？」と言うAB型独特の感性から来ている色気と言えなくもない。

　そういうAB型女性でも、リラックスし笑っている時は、にこやか妖精的色気を多少なりとも発散しているようである。

　また、原始的欲望の本能から遠ざかりたいAB型のご婦人が多いせいか、AB型を未来人という見方も成立しよう。魅力的なAB型ギャルを一言で申せば、「未来からやってきた妖精！」と言えよう。

◎男性陣の雰囲気を分析

　今度は比較的、二枚目男性のリストを元に男性陣の色気というか雰囲気を分析してみることにする。とは言え、芸能界には疎い筆者なだけに、その美男男性陣リストの数は、上記美女リスト陣と比較しても、少し物足りない数であろう。中には、それほど二枚目でない男性や古株も、下記リストに入れてみた。このリストにご不満な読者は、己が気に入るイケメン男性や美男なる者を付け加えたり、差し替えたりしていただきたい。但し、女性の色気や男性の色気をＡＢＯ式別に分析するからには、美女美男リストの群集で観察しない限り、色の差は判別しにくくなるだけに、漫才師や三枚目役者などは、くれぐれも追加しないように願いたい。

むろん、上記の美女リストでも同様に願いたい。むろん美女リストと言っても、少し可愛い程度のギャルや熟女も含まれているものの、多少のところは、ご勘弁願いたい。

　漫才師のリストを作成する場合は、ＡＢＯ式別に漫才師の群集を観察する時に必要となろう。今は、色気の研究である。そして、特に多くのギャル読者諸君が下記リストから注目すべき点は、「私は、何型の男性陣たちの雰囲気が妙に気になるのかしら？」あるいは、「これから私は、何型の男性陣たちの色気や雰囲気に参ってしまうのかしら？」などを想像しつつ、以降の分析にお付き合い願いたい。

Ｏ型
高橋克典、永井大、堺雅人、ペ・ヨンジュン、小栗旬、城田優、向井理、玉山鉄二、町田啓太、西島隆弘、大倉忠義、木村拓哉、江口洋介、稲垣吾郎、山内惠介、加藤晴彦、国分太一、長瀬智也、城島茂、市川亀治郎、福山雅治、岸谷五朗、寺脇康文、田中実、賀来賢人、竹財輝之助、安藤政信、赤西仁、妻夫木聡、福士蒼汰、尾上松也、高良健吾、葛山信吾、中村橋之助、伊藤英明、眞島秀和、石井竜也、近藤真彦、緒形直人、伊原剛志、三上博史、佐々木蔵之介、細川茂樹、堂珍嘉邦、田中圭、中村雅俊、岡本圭人、上重聡、風間トオル、風間杜夫、オダギリジョー、時任三郎、桐谷健太、髙木雄也、藤竜也、中丸雄一、上地雄輔、草刈正雄、藤岡弘、八乙女光、ウエンツ瑛士、千葉雄大、福士誠治、柳葉敏郎、浅香航大、萩原健一、遠藤憲一、山口達也、宮崎謙介（元・衆議）

△スポーツ系は以下１０名
石川遼、斎藤佑樹、高橋由伸、中西哲生、中山雅史、内田篤人、町田樹、川崎宗則、井岡一翔、前園真聖

A 型
中居正広、香取慎吾、櫻井翔、鈴木亮平、松本潤、要潤、
綾野剛、AKIRA、氷川きよし、玉木宏、塚本高史、
山下智久、二宮和也、松岡昌宏、GACKT、藤木直人、
阿部寛、織田裕二、唐沢寿明、成宮寛貴、中村蒼、竜星涼、
市原隼人、大沢たかお、藤原竜也、高橋光臣、平山堅、
長谷川博己、加藤シゲアキ、渡辺謙、村上弘明、ASKA、
舘ひろし、佐藤浩市、三浦翔平、佐藤健、松坂桃李、
伊勢谷友介、今井翼、丸山隆平、竹内涼真、沖田浩之、
斎藤工、井上芳雄、浦井健治、東出昌大、保阪尚希、
東山紀之、滝沢秀明、北村一輝、谷原章介、押尾学、
和泉元彌、平山浩行、伊野尾慧、大野智、仲村トオル、
石田純一、真田広之、坂口憲二、神田正輝、中井貴一、
別所哲也、薮宏太、中島裕翔、石原裕次郎、徳重聡、
赤井英和、吉田栄作、西島秀俊、石黒賢、秋川雅史、
加山雄三、瀬戸康史、郷ひろみ、横山祐、中山優馬、
柳楽優弥、大東駿介、草彅剛、渡部篤郎、田辺誠一、
溝端淳平、山﨑賢人、桐山照史、ディーン・フジオカ

△スポーツ系は以下10名
高橋大輔、内村航平、三浦知良、錦織圭、前田健太、
ダルビッシュ有、田中将大、新庄剛志、原辰徳、武藤嘉紀

B 型
椎名桔平、片岡愛之助、堂本光一、小池徹平、京本政樹、
長嶋一茂、野村萬斎、玉森祐太、橘慶太、亀梨和也、
山本耕史、真剣佑、岡田准一、吉沢亮、上田竜也、天宮良、
吉川晃司、宮内洋、窪田正孝、川崎麻世、川野太郎、

松平健、萩原聖人、赤坂晃、高嶋政宏、高嶋政伸、尾崎豊、
松田龍平、平岳大、鳥羽潤、高橋秀樹、速水もこみち、
及川光博、手越裕也、山下真司、田原俊彦、松村雄基、
チ・ジニ、陣内孝則、宅間孝行、羽賀研二、元木聖也、
広岡瞬、SHOUTA、栗塚旭、田宮二郎、パク・ヨンハ、
井上純一、神木隆之介、天地茂、高倉健、岡野進一郎、
渡哲也、宮内淳、沢村一樹、山田涼介、松山ケンイチ、
東儀秀樹、船越英一郎、岩田剛典、DaiGo、いしだ壱成、
戸塚祥太、二階堂高嗣、橋本良亮、藤井流星、松村北斗

△スポーツ系は以下 10 名
羽生結弦、大谷翔平、イチロー、野茂英雄、北島康介、
松山英樹、五郎丸歩、松井千士、野村忠宏、宇野昌磨

AB 型
岡田将生、藤ヶ谷太輔、水嶋ヒロ、相葉雅紀、反町隆史、
内田朝陽、稲葉浩志、浅井健一、堂本剛、小泉考太郎、
小泉進次郎、森山未來、松岡修造、内野聖陽、千賀健永、
市川海老蔵、哀川翔、役所広司、知念侑李、村上信五、
堤真一、勝地涼、武田真治、高田翔、三浦春馬、
青木崇高、柴田恭兵、奥田瑛二、三浦友和、市川染五郎、
佐藤祐基、DAIGO、辻本祐樹、ショー・コスギ、星野源、
田口淳之介、渡瀬恒彦、舟木一夫、前川泰之、潮哲也、
井上順、HIRO、hide、片寄涼太、野村周平、川村陽介

△スポーツ系は以下 9 名
本田圭佑、中澤佑二、玉田圭司、大瀬良大地、村田諒太、
アントニオ猪木、遠藤聖大、柳田悠岐、坂本勇人

以上の男性リスト（やや、二枚目風の男性陣）から感じる表面的な色気というよりも、発散されている雰囲気なるものを分析してみよう。

　社交性を意識している時（仕事での顧客との対応時に少しリラックスしている時）
　〜つまり、血液型別に観た微妙な明るさの種類の違い

　　O型　　おおらかな人間味
　　A型　　明るい笑い上手
　　B型　　気さくざっくばらんな雰囲気
　　AB型　あかぬけた未来人

　単に黙っている時（身構えているか、緊張している時）
　〜つまり、血液型別に観た微妙な暗さの種類の違い

　　O型　　考え深げに気取っている雰囲気（中には人間的な坊ちゃん風も）
　　A型　　気位高く近寄りがたい雰囲気（中には威厳を意識する者も）
　　B型　　見かけ無愛想（中にはキザなタイプも）
　　AB型　シャープでドライな雰囲気（未来人にも見える）

　以上のように、表面的な二重性ということになれば、こんな感じでしょうか。
　つまり、男女問わず、人というものは、気分的にリラックスしている状態と身構えている時の状態とでは、おのずと相手に与える印象が違ってくるのは当然である。
　前者の状態が後者の状態より長い人が、世間的に明るい人と言われ、その逆の例だと暗い人とか不気味な人と言われているだけである。

但しA型は、プライベート以外では、男女問わず、明るい笑い上手な感じの方が多く、気位高く近寄りがたい雰囲気の者は、比較的、少ないようだ。そしてB型は、公私に関係なく、男女問わず、見かけ無愛想な者が多く、気さくざっくばらんな雰囲気の者は、比較的、少ないようだ。
　さらに、O型とAB型が時と状況によって、上記のような明るさと暗さを適当に使い分けている感じである。
　そして、それは明るさ暗さの種類が血液型別に観て、微妙に違ってくることを如実に表現していくことになるのです。
　明るさ暗さの種類が違うとは、どういうことか？　何型が明るいとか、暗いとか、そういう問題ではないことが、上記のように分析していけば、なんとなくでも理解できよう。
　特に明るさのことで、注目するのなら、AとABの明るさは、OとBの明るさに比べて、妙にあか抜けた明るさに思えるのだが、このあたりは、読者への課題としておきたい。
　それにしても、松山ケンイチと松山英樹は、両者B型の要因もあるにせよ、雰囲気からして特に似ていますね。
　また、よく言われるのは、「男のA型と女のA型は、同じA型でも性格的にどうなのか？」と聞かれることがある。
　結論から言えば、あまり気にすることはないと思う。
　確かに男性ホルモンと女性ホルモンの違いによって、なんらかの影響を体調と精神に及ぼすことはあるかもしれない。
　ＸＸとＸＹ遺伝子が微妙にどう精神に影響を及ぼすのかは、興味のあるところである。時と場合によっては多少なりとも男女の差異を意識するべきかもしれないが、あまり意識せずとも、この分野の研究に支障はないでしょう。

◎血液型と色気の問題の総括

　能見正比古氏の文献である顔かたちからの特徴内容で、筆者が特に気になった点を下記に示す。O型の場合、比較的おデコが丸い。A型は、眉と眼が鼻筋に向かい接近進行中の感じ。B型は、眉と眼が鼻筋からサヨナラをして離れつつある感じ。AB型は、A寄り、B寄りの感じがそれぞれに出る。むろん、これらの指摘のみで、ＡＢＯ式の顔かたちをすべて表現できるものではないが、ある程度の参考にはなろう。ちなみに、筆者のオデコも丸い。むろん、O型誰しもがオデコが丸くなるとまでは言わないが、全体的な顔の形成は丸みを帯びているO型が多いと思う。また、ヘチマ顔とも言える長めの人相顔立ちの著名人がやたらとA型に目立つ。全体的にシャキッたしたイケメン系のA型男子も目に付く。

　いずれにしろ、余りにも、顔のパーツにこだわりすぎれば、全体を見失うことにもなるので、やはり、ＡＢＯ式の全体的なイメージを意識すべきであろう。この研究の手助けになるのが、ＡＢＯ式ごとの色気の研究である。

　さて、上記の美女美男リストを見るものの、ＡＢＯ式別に見た微妙な色気の差なるものをどの程度にわたり、察知できるかは、各人の個人差にもよろう。しかし、恋愛時ともなれば、男女とも無意識にこのＡＢＯ式の色気の違いを嗅ぎ分けている、と言う見方もできよう。前項で性格と遺伝子関連の所で表記した高輪クリニック・理事長の陰山康成先生によれば、「自分の遺伝子とかけ離れる全く異なる遺伝子を多くもつ異性に対し、男女は惹かれあう。特に女性は自分からかけ離れる遺伝子を多くもつ男性の匂いを嗅ぎ分ける」と言う旨の解説を2014年10月17日オンエアーのフジテレビ「教訓のススメ」で熱弁を奮っていた。

　筆者から言えば、女性は好きになる男性の遺伝子を嗅ぎ分けているわけではなく、色気を嗅ぎ分けているのだ。むろん、男性とて好きになる女性の色気を無意識の内に嗅ぎ分けているのだ。この異性の色気を作り

上げるのは、ＡＢＯ式糖鎖物質（ＡＢＯ式アンテナ細胞）であり、それを生成するＡＢＯ式遺伝子なのです。然るに今後、読者諸君は無意識にではなく、意識的に強く異性の色気を嗅ぎ分けていただきたい。
　むろん筆者とて、すべての美女美男なるものの色気を一目見ただけで、察知できるわけもない。とは言え、Ｂ型、篠原涼子、柴咲コウ、稲森いずみ、米倉涼子、葉月里緒奈、福田麻由子（男性のＢ型なら、イチロー、長嶋一茂、椎名桔平）などは、比較的に見かけ無愛想な雰囲気というか、色気を発散していることは、多くの読者に感じ取れるのではないだろうか？　それとも、Ｂ型の彼女らの雰囲気とは、Ａ型が黙っている時のツンと気位高い雰囲気として、ある人には移るのだろうか？ ツンと気位高い雰囲気とは、浅野温子、瀬戸朝香、真木よう子そして沢尻エリカ（男性のＡ型なら、渡辺謙、阿部寛、要潤、GACKT）のような気品と威厳を兼ね備えたＡ型であろう。
　比較的に笑顔を作らずに黙っている時は、見かけ無愛想なのか、それともツンと気位高い雰囲気なのか？　微妙な色気の差なるものを察知するには、各々が多くの美女美男にＡＢＯ式別を意識した接し方をすることで、育まれるものと心得る。ちなみに、東洋人以外の白色系欧米人の雰囲気をＡＢＯ式別に分析する際も、基本は同じである。筆者の場合、白色系美人のＯ型とＡ型の色気差くらいは察知できないこともない。むろん、白人同志の方が以上の知識を基にすれば、ＡＢＯ式色気は察知しやすいであろう。何分にも、性格学、特に色気の問題を言葉だけで表現していくには限界はつきものである。どちらかと言えば、Ｂ型の色気が青で、Ａ型の色気が赤である、ということを誰にでも察知できればいいのだが、そう単純に解読できる世界ではない。今回、相対的に見て、ＡＢＯ式別の美女美男のリストにこだわったのは、そのためである。比較的、色気とは無縁のコメディアンや三枚目役者をリストに入れては、ＡＢＯ式別の色気を察知することが益々困難になるからである。ＡＢＯ式別の美女美男を各々の群集で見ていくことで何らかの色の差が、より多く解明できるものと筆者は、試行錯誤してみたわけである。

然るに明るさ暗さの種類がＡＢＯ式別に見て微妙に違うということを各人には、極力察知していただきたいところである。もちろん、筆者も含め、多くの美男美女の色気を察知しそこねる場合も出てこよう。検討違いに色気を見誤ることも、少なからず出てこよう。その際にも、どの部分を誤解し、察知し損ねたのか、ということを上記のＡＢＯ式別の美女美男リストを再度凝視していくことで、詳細に分析していただきたいのである。それを繰り返すことで、血液型人間学解明の糸口へ近づくことにもなろう。そして、以降の章を読むことで、ＡＢＯ式別の色気の問題と失恋問題がどのように結びつけられていくのかも、解明されよう。

　さて、その失恋問題や、本年年明け早々に勃発したベッキーの不倫騒動問題にしろ、根底にあるのは、一人の異性に対し、余りにも固執し過ぎることから生じる悲劇と言えよう。まず、ベッキーは、プレイガールタイプのAB型ではなく、星の王子様を待ち続けるメルヘンチックなAB型であろう。一方、川谷絵音は裏に回れば、不倫やスキャンダルなんかドンと来い、と言わんばかりのいざとなれば居直るタイプのA型と見る。ましてや、時の人気タレントである彼女とのお付き合いとなれば、尚更に彼は後先のことは大して考えまい。そして、AB型特有の第２面とも言える、彼女なりの気まぐれ気ままという突発的な感情が噴出することで、不倫騒動へと移行した。結果論だが、彼女が本書ＡＢＯ式美男色気リストの検証に固執しておれば、わざわざ妻帯者たる彼に恋愛感情を抱くこともなく、「この私も、数多く居るＡ型男性の中から、川谷さんのようなタイプのすてきなＡ型男性と、いずれ良い御縁を必ず持てる時が来るわね！」と、言う冷静な判断を可能とさせたであろう。それにより、ＣＭ１０本の解約や複数番組出演の休業事態となる悲劇を防げたはずである。然るに、読者諸君は、一人の異性に対し、余りにも固執し過ぎることは、時に人生の悲劇にもなり得ることを認識していただきたい。時には、冷静にこの熱を冷ます努力も不可欠とする。この手助けとなるのが、この本章のＡＢＯ式色気リストへの固執である。この点は、第９章でも論じてみたい。

第4章

ABO式細胞型人間学が人への興味を倍加させる

そして、引きこもり問題をも是正する！

◎あの著名人は何型かの分析力を磨け

　ここでは、少しリラックスしながら、下記11名の者が何型かを検証してみよう。何型か？を考えるだけでも、ＡＢＯ式性格学の思考は促進されよう。そして、一目惚れした相手が、何型かの予測をしていく上でも、何かと参考になるであろう。但し、問題は、当たった、当たらなかったではなく、外れた時に、なぜ外したのか？を自問自答しつつ、大いに反省しながら分析してみることに価値があるのだ。

　さて、読者のあなたは、理論的に分析しつつ、果たしてどれだけ当てられるか？　これまで、丁寧にお読みいただいた読者であれば、かなり当てられそうだが、結果はどうか？　自信のない方は、ある程度ここから逆戻りして読み返すのもよいであろう。まあ、ゆっくり、考えながらお進み下さい。

　回答後、これら11名の著名人に関する考察もこの章で展開する。他人に興味をもつ突破口として、まずは下記著名人に関心をもっての分析をすることで、人格とは何か？　性格とは何か？を自問自答することとなろう。特に引きこもりで苦しむ青少年の方たちなら、尚更に人への興味は不可欠となれば、まずは本書に登場する著名人のＡＢＯ式分析力を実践すべきである。しかし、この分析力を邪道とする心理学者等の言動は、彼ら引きこもりの方たちの突破口をも奪う邪悪な者たちである。

　一説に我が国は先進国の中でも格段に量産されている引きこもりの問題。その引きこもり問題の緩和策となれば、己自身の主張に耳を傾けることから始まる。それには、人間とは何か？　もって生まれた性格とは何か？　他人への興味をもつと同時にＡＢＯ式人間学に興味をもつことだ。まずは、この理論を元に下記著名人と歴史上人物の分析からスタートしよう。

> 問答パート3

△この著名人は何型か？

①イエスキリストは何型か？　　②ホリエモンは何型か？
③プリンセス・テンコウは何型か？　④アドルフヒトラーは何型か？
⑤サダムフセインは何型か？　　⑥織田信長は何型か？
⑦高橋尚子は何型か？　　　　⑧孫正義は何型か？
⑨蓮舫は何型か？　　　　　　⑩坂本龍馬は何型か？
⑪橋下徹は何型か？

（しばらくお考え下さい）

下記視点も参照しつつ、上記の問答パート3をご堪能下さい。

☆ ABO式人間学から見る「人間関係の方向」

O型　　信頼関係、力関係、敵か味方かを中心に意識。仲間作り熱心、時に派閥的にもなり同志的結束望む。敵の仕打ちに対しては倍返しの報復も。

A型　　上よりも、下の人々の動向意向に神経質。集団や組織に帰属感高くチームワーク尊重。建前を通した裏では個人的欲望の追及も強い。

B型　　下にはむしろ寛容。上の動向に苛立つ傾向。時には組織を逸脱した行動も。そのくせ仲間外れには神経質。

AB型　横に動いて調整斡旋パイプ役に長じる。時には部下への厳しさが裏目に。自分の担当範囲を決めて集団や社会に参加するが、ノメリこまず私生活は別に使い分ける。

問答パート3　答

①AB型　②A型　③A型　④A型　⑤A型　⑥A型　⑦O型　⑧O型　⑨A型　⑩B型　⑪B型

　織田信長はA型説が有力です。数年前に彼の血痕からA型である情報がネット上に流れた。彼のどの遺品に付いた血痕からなのかを確定するため、私は本能寺事務局へ問い合せたものの確信は得られなかったものの、豊臣秀吉O型と公式に認定される前から当てていたのは能見正比古氏である。然るに、彼が解く織田信長A型説を自信をもって最有力としたい。また、坂本龍馬の場合、彼が斬られた時の血染めの掛け軸に付着した血痕からB型であることが解明。しかし、暗殺時に同席していた中岡慎太郎も同じ場所で斬られているため、正式認定とはできないものの、能見正比古氏が彼のB型説を強く文献で主張していたことを考慮しても、事実上の龍馬B型認定としたい。

◎歴史上人物の分析にも役立つＡＢＯ式細胞型人間学

1．イエスキリストは神の子でないことが実証された！

　なかなか、イエスキリストをAB型と当てるのが難儀だったのではないでしょうか？　イエスキリストが処刑される際に装着していた聖衣が数年前に発見されたらしく、それに付着していた血痕がAB型であることが判明した。絶対的に彼の聖衣という確信がないだけに、あまり大題的に報道しないのか、それとも欧米人は自分自身、何型かを理解してない人が多いだけに、この種の問題の関心が低いということも要因しているのかもしれない。

　とにかく、これでイエスキリストのAB型は動くまい。私が衝撃を受けたのは、これでイエスキリストは、神の子ではない、ということを改めて私自身、実感できたことだ。なぜなら、AB型の遺伝子をもっていること自体、彼は確実に人間である。もしも、彼が神の子であれば、O、A、B、AB以外の因子をもっていてもよさそうな気がしている。

ここから先は、彼が神の子ではなく、人間ということを前提に評論させていただくことにする。
　まずもって、能見父が「一番に気楽に死への扉を開かんとするのは、AB型である」というような仮説を立てていたことを思いだす。
　一例を申せば、戦国時代の伝説的な武将で、上杉謙信が血判からAB型と判明している。彼は、謀略を得意とした武田信玄とは対照的な武将で、義に厚く、死をも恐れぬ勇猛果敢な武将であった、とされている。生涯、側室はおろか正室すらもたなかった。しかも、一切の女人を遠ざけていた、という逸話があるくらいなのである。筆者が思うに彼は、プレイボーイタイプのAB型ではなく、異性恐怖症のAB型だったのではないか？
　ある歴史学者は、上杉謙信インポテンツ説を出している始末である。
　いずれにしろ、セックスがあってもなくても、一番平然としているのは、間違いなくAB型である、という見解を能見父が出していただけに、それは当たっていよう。やはり、原始的欲望の本能から一番遠ざかるのは、AB型なのである。しかも、毘沙門天の意志を継ぐがごとく、この世の欲と醜きものとを否定するがごとく、正義と純潔を貫いた武将ともいえる。
　このあたりは、人のあるべき姿の欲望の存在を認めつつ、現実との妥協点を推し量っていったO型・豊臣秀吉とは対照的である。
　しかるに、筆者が言うAB型のドーナツ化傾向のたとえのごとく、遠くから見れば観るほど、そのAB型の方は、良い人に見えるわけである。
　あの織田信長が激しく恐れた上杉謙信こそ、戦国時代のイエスキリストといえよう。
　さて、話をそのイエスキリストに戻そう。彼は生存中、神の子と称し、厳しい戒律を己に課していただけに、女人とのゴシップも当然皆無だ。しかも、「あなたの隣人を愛せよ」「右のほほを打たれたら、左のほほを出せ」などの幾多のメッセージを聞くにつけ、彼も争いごとのない世界を望みつつの慈善活動であったのであろう。彼がゴルゴタの丘で十

字架にかけられるのも、死を予感したというよりも、死への扉を自ら進んで開いた、といえなくもない。先ほどの上杉謙信も、毘沙門天の申し子、と称し、「戦国の世に美しき流れを取り戻せ」と叫んでいた。伝道師と武将という違いはあるにせよ、この二人に共通している点は、どろどろした欲望を憎み、争いごとのない世界を築かんとする希望のようなものである。

　O型の筆者から見れば、彼らの理念は、あまりに非現実的である。

　やはり「人は、大なり小なり、憎みあい争うもの、できるとすれば、それらを少しでも緩和させることである」ということになろう。

　筆者の部分集合論から解説するならば、AB型の者すべてが、イエスキリストや上杉謙信になりえるわけではなく、上記2名の者は、AB型の中からでないと出現しないのだ。間違っても、筆者のようなO型の中からは出現しないのです。ここは、しっかり押さえよう。

2．ホリエモンの功罪とは？

　この段に来てホリエモン（堀江貴文）をA型と認識できないようなら、この本を最初から丹念にもう一度、お読みいただきたい。以前に彼が経営していたライブドアは、粉飾決算により、無残にも株券は紙くずと化しただけに、2006年1月16日、一夜にして彼は、経営者の鏡から天下一の詐欺師という烙印を世間から押された。問題は、粉飾決算をしてまで、無理に時価総額を上げ、株価を吊り上げることで多くの個人投資家をも欺いていたことである。この面からも、常識の殻を打ち破った反動なるものが、A型は特に出やすいのか定かではないが、A型の場合、時として世間から目に見えない所は、さして気にしない傾向が少なからずあるようだ。衝動買い（風俗とホストクラブ通いも含む）やパチンコ症候群ないし自動車とバイクでの暴走行為などは、知り合いの目の届きにくい所であれば、尚更拍車がかかる危険性を秘めている。2005年12月25日のライブドア株主総会で、ある一般男性の質問、「あなた

は株主のことを考えず、自分のことばかりを考えていませんか？」それに対し、堀江は「私は、株主のために精一杯に働いている。そういう質問が出てくること自体、自分を情けなく思う」と涙ながらに訴えた。いったい、あの涙は何だったのか？　この涙に騙されて、ライブドア株を更に多く購入した者も数多くいたようである。正に教祖的カリスマ性とも言うべき雰囲気も充分に彼は出せていたわけである。また、「この詐欺的行為がばれた時は、その時のことで、スキャンダルなんか、いつでもドンと来い」と言う、ある種の居直りみたいなものも彼には初めからあったはずである。ちなみにＡ型特有の男女間の不倫なるものも、この居直りみたいなものから来ているものと思われる。この居直りみたいなものが、いついかなる時に出てくるのか？　Ａ型を観察していく上で、とても重要なポイントである。ライブドア事件後、刑期を終えた彼は2013年3月に出所し、今度は未来の宇宙旅行ビジネスを視野に入れてか、液体燃料ロケット開発を手がける新会社を設立する。この途方もないことなど、Ｏ型経営者なら、まずもって考えない。2004年当時、パ・リーグ楽天球団が新球団として設立される切っ掛けを作ったのは、新案を出した堀江氏である。利に敏いＯ型の楽天・三木谷社長が後から割り込み、いいとこどりをしたと言うのが実情だ。この三木谷のように、学習経験を積んだＯ型経営者ほど、新案にはすぐ乗らずに様子見をする。相当な算段での思考後にゴーサインを出す。

　やはり、堀江氏の功績となれば、2005年2月のニッポン放送買収劇である。

　この彼の行為は、敵対的買収防衛作なるものを多くの上場会社に強く意識させるだけでなく、各企業が個人株主を大切なお客様と認識させる動機付けになったことも否定はできない。「ニッポン放送株を誰がどれだけ多く買おうが、周囲からとやかく言われる筋合いはない。それを問題と言うのなら、株式市場に上場しなければよい」という彼の発言に対し、多くの知識人は、「ニッポン放送に勤務する社員のことを考慮するならば、道義的にしてはならないことだ」と、その当時は賛成派と否定

派に大きく分かれていた。いずれにしろ、世間体や常識の殻を打ち破るのは、Ａ型の中から出てくるとなれば、ニッポン放送に対する彼の行動は、まさに常識の殻を打ち破った時のＡ型特有の居直りが元となっていたのだ。結果、この殻を打ち破った行為に対して、世間からは一時的であれ、拍手喝采をもらっていたと言えただろう。この件に関して私は堀江氏を支持する。ある意味、上場している多くの経営陣に緊張感を植え付けたと言える。世間から証券市場に注目が集まり、個人投資家を増やす要因にもなったと筆者は見る。

3. 格闘家とくノ一

　格闘家のみならず、サッカー等スポーツ界でも注目される反射神経。金メダリストからプロボクサーへ転身した村田諒太。瞬時の動きでシュートする本田圭佑と引退前の澤穂希がＡＢ型であることは妙に納得させられる。やはり、ジャッキーチェンのような鋭い反射神経を生かした独特の動きは、やはりＡＢ型特有のものか？

　この種の動きを感じさせるレスラーとしては、アントニオ猪木、伝説的レスラーの力道山、そしてボブサップが上げられる。ちなみに、大仁田厚は、Ａ型である。一時、彼がＯ型である情報が流れたが、結果Ａ型であることが判明した。あれだけの有刺鉄線デスマッチという割の合わないことをＯ型がするわけがない、と思っていただけに、筆者は彼のことを初めからＡ型と睨んでいた。あれだけの危険性に耐え続け、エネルギーとして出し続けることは、常識の殻を打ち破るべく計算を度外視したものなのであろう。それに、昔から格闘会は全般的にＡ型が多い世界なのだ。まずは、忍耐強く打たれ強くなければ、上には行けないだけに、単調な継続的努力も要求される。となれば、素質的にはＡ型か？　ちなみに、故ジャイアント馬場や、相撲界の朝青龍と貴乃花（花島親方）のような豪快さをアピールするＯ型の格闘家も出現するものの、わが国・格闘会の歴史は、伝統的にもＡ型の感性が主流と見て問

題なさそうだ。

　むろん、A型なら誰しも大仁田のようなデスマッチに望める、ということではなく、再三再四申すようだが、彼のようなプロレスラーは、A型の中からでないと出現しない、ということだ。これが、数学の部分集合の考え方でもある。

　一方、プリンセス・テンコウ（A型）とは、彼女のフィギュアが販売されるほど、世界的にも有名な方である。私は、彼女を曲芸師やマジシャンと見るよりも、クノイチ（女忍者）と見るのが妥当である、と考えている。2007年夏季に彼女は、イベントで瀕死の重傷を負いながら、30分も大観衆の前で、無意識に芸を続行していたあたりは、とても人間技とは思えないだけに、これぞ真の奇術と言えよう。上記の大仁田の例を見てもわかるように、彼のしていた格闘技と彼女の曲芸や奇術も基本的には、己を苛め抜く忍の一字が要求される世界と言えよう。となれば、普段の努力たるものは、B型特有の楽しみながら実践していく精神よりも、自らをもってして己を戒める継続的な努力が優先されよう。筆者が思うに、忍術は、多くのA型の努力なくして、編み出されることはなかったであろう。ついでに申すなら、SMなるものも、忍術の延長線上で完成されたものなのか、という仮説も成立する。つまり、苦痛を少しでも緩やかにすべく、開発されたものというのは、暴論であろうか？　いずれにしろ、格闘技と曲芸の世界は、A型の参戦なくして、成立しないのは確かなところであろう。

4. 調子の良い時ほど慎重に対処せよ！

　高橋尚子をO型と確信できたのは、2000年のシドニーオリンピックで金メダルのゴールを切った数分後であった。お立ち台で意気揚々とインタビューに答えた後、彼女は、突然に金メダルをまるで御煎餅を食べるように口へあてがりだしたことだ。これを観た私は、O型と確信し

たわけである。
　その理由であるが、彼女の上の行為は半分無意識だったかもしれないが、この人間臭い行為は、O型特有のパフォーマンス効果とも言えるのだ。いい意味で、世界中に受けを狙ったわけである。故能見正がこのシーンを観ていたなら、「これだから、O型はどこか憎めないなあ」という声が筆者へも届いたことであろう。もっとも、筆者に言わせれば、O型でもいやな奴は、少なからずいるのだが、この件は伏せて先へ進もう。
　このO型特有のパフォーマンス効果とは、いい意味での宣伝効果とも言える。彼女にしてみれば、世界中のメディアに対し受けを狙っただけではなく、機転も利かしたかったであろう。「日本のギャルにも、面白いチャーミングな女性も多いんだぞー」「金メダルとは、こんなにもおいしい味がするものだとは、思わなかった。皆さん、今後も益々、女子マラソンに注目してねえー」という意味合いをこめてのO型特有のパフォーマンス効果だったと筆者は思った。このパフォーマンス効果と宣伝効果なるものは、何を世に問うているのか？という具体性とわかりやすさなるものが要求されるのである。時には、計算や段取りのよさも必要になってくる。この素養なるものは、素質的にはO型にあると見ている。できれば、多くの学習経験を積んでいるO型なら尚更いい。
　このセンスは、A型特有のサービス精神やAB型特有の奉仕の精神からは、とても出てくる行為ではない。ましてや、ここでB型特有の照れ性が出るようでは、パフォーマンスをする上での障害にもなりかねない。
　私が特に意識する、ＡＢＯ式の性格学の問題は、何型か明るく、何型が暗い、という問題ではなく、明るさ暗さの種類が違うのだ、ということも少しずつでも理解されよう。むろん、何型が社交的などと言う、一つの形容詞でかたづけられる問題でもない、ということである。さて、この宣伝効果のアピール度を最高に高め、農民から太閤まで上り詰めた戦国の英雄・豊臣秀吉は、その効果の重要性を早くからきづいていた男

でもあった。人は、黙々と努力していれば、必ずいつか誰かが認めてくれる、などと言うことを秀吉は、真に受けなかったのだ。したがって、「俺は、信長様のために戦場でいつも悪戦苦闘している」ということを無理にでも、主君・織田信長へアピールしていたともいえる。また、「俺の味方になれば、何かと得だ」ということも、あらゆる方策を使い各諸大名へアピールしていたともいえる。

　さて、話を女子マラソンに戻す。2004年アテネオリンピックの女子マラソン日本代表の野口、土佐、坂本の3選手は、すべてO型だ。

　20年以上も前のことであれば、考えられない数字である。昔は、単調な継続的努力を要するマラソンなら、A型向き。もしくは、マラソンとは、ペース配分を要求されるだけに、宗兄弟や有森裕子のようなAB型向きと評されていたこともあった。しかし、男子マラソンのO型・瀬古利彦が登場してから、「これからは、O型特有の集中力と勝負強さがマラソンにも要求されてくる」ことを能見・正は予兆していたのは確かである。特に女子マラソンの注目度は、男子マラソンに比べ、人気度は花形だ。このプレッシャーを跳ね除け、目標に向かって勝ち抜く勝負魂も不可欠になってきた。それには、「世間から注目されて、目立つこととは、なんて楽しいことなのでしょう！」というメンタル面がなければ、本番で充分に力を発揮しにくくもなっている、と言えよう。プロ野球選手も「ここで打てば、たちまち翌日の一面は、俺で決まりだ」ということを考えながら、バッターボックスに立つ選手も多いと聞く。どうも、日本では、無欲の勝利なるものがお好きなようで、「目立ちたい」という精神には、かなり否定的といえよう。つまり、「目立ちたい」という気持ちも含め、自己主張といえる。特にO型の場合、この自己主張なるものが、根底になければ、女子マラソンを制することは不可能である。ましてや、とっさに金メダルを嚙むというパフォーマンス効果など出せようはずもない。余談だが、自己主張を強く意識したがるO型が、当然、司会業などを楽しく全うできるわけはないのである。司会とは、出演者をいかにして盛り上げるかが基本にある以上、司会者が目

立ちすぎるのは駄目といえよう。テレビに出ているO型の司会者を見るにつけ、「さぞや、ストレスが溜まっていることだろう。お気の毒に……」とつぶやきたくもなる。また、O型の女子アナは、どうも早期に転職している場合も決して珍しくはないようだ。「己に正直になれ」とは、多くのO型の方にとって、永遠のテーマともなろう。

　さて、高橋尚子の話に戻す。彼女が金メダルを取った2000年9月24日シドニー五輪女子マラソンで、私が気になる点に注目した。彼女は26kmあたりからルーマニアのリディア・シモンと激しくデットヒートを演じるが、34km過ぎで、かけていたサングラスを沿道の父親に投げ飛ばしたと同時に、スパートをかけてシモンを突き放した。スタジアムのトラックでシモンに追い上げを受けるも、そのまま逃げ切り日本陸上界悲願の優勝ゴールテープをきった。問題は、この投げ飛ばしたサングラスである。このサングラスが通過した位置と軌道に私は注目した。丁度、彼女がシモンより、頭2つ出た所で、それを右手ではらうように投げただけに、丁度シモンの胸から50cm前方にサングラスが通過することとなった。そのため、後程シモンは、「あれで驚き、少し集中力が切れた」と、関係者に漏らしている。幸いに大きな問題にはならなかったが、私はしばらく気になっていた。数年後、私は陸連に問い合わせ、以下のことを質問した。「もしも、高橋尚子選手のサングラスがシモン選手に当たっていたらどうなっていたんですか？」すると、その電話口の男性関係者は、5秒間の沈黙後、「おそらく、当たった時点で走行妨害と見なされて、彼女は失格になっていたかもしれない」と、言う回答を得た。「やはりそうか」と、筆者の感は的中した。この確認から、私は何を読者に伝えたいかと言えば、何も彼女の金メダルにケチをつけたい訳ではない。彼女の金メダル取得は認められたものの、「人間、調子がいい時ほど慎重になれ！」と、筆者は言いたい。あるいは、「行けると思った時こそ、調子に乗りすぎるな！」と、言いたい。あの時、彼女は沿道の父親に記念のサングラスを確保してもらいたいがため、あのような行動に至ったのだろうが、それをするなら、シモン選手

を3m以上突き放してから実施すべき行為である。あるいは、サングラスのことは諦めて、シモン選手の走行コースでない右側沿道へ放るべきであったろう。下手をすると幻の金メダルで終えていたケースも考慮できるなら、彼女の判断はまずかったと言える。どうも、O型に限らずに、とっさの判断は、時として悪い結果を生むことも少なからずにある。プロ野球の打者が、余りにも打ちごろな得意なボールが来たために、返ってその打者は力みすぎての凡打になるケースとも似ている。やはり特にO型の方は、予想外のフェイントには弱すぎる。フェイントには、予想外のチャンスとピンチの両方がある。この両者の機会を事前に想定しておく配慮こそ大切だ。でないと、せっかく来たチャンスも取り逃すこととなろう。当然、人生の大舞台でも最後の全開フィニッシュまで想定してのシミュレーションまで念入りにしておくべきであろう。結果オーライで忘れてはならないエピソードと言える。

5. 破壊者と破天荒な明るさ

　ここでは、アドルフ・ヒトラーとサダム・フセインがA型であることを読者諸君は納得していただきたい。さて、サダム・フセイン政権は1990年、クウェートに侵攻し、これを占領、併合を宣言する。しかし、アメリカをはじめとする国際社会の猛反発を受け、翌1991年の湾岸戦争でアメリカを主力とする多国籍軍に敗退した。この一連の流れをみても、クウェートに侵攻すれば、アメリカ軍が必ずイラクの前に立ち塞がることは、読めるはずである。ましてや、アメリカを敵に回すこと自体、無謀と考慮すべきものであろう。それでも、湾岸戦争へと進んでいく。結果、2003年のイラク戦争で彼は墓穴を掘ることとなる。
　O型の指導者であれば、なんとかアメリカとの妥協点を探り、勝てぬ戦は極力避けるであろう。民主主義社会からかけ離れた一国の指導者がA型の場合、どうも時として、自殺行為とも言える無謀な行為が見られることである。ヒトラーやフセインにしても、根底には、破壊者と

しての資質があったのは確かなところであろう。このＡ型の内に秘めた激しさや列しさが、格闘会とか、計算を度外視したギャグや明るさへと向けられている場合なら、多くの大衆からも支持されよう。しかしながら、Ａ型特有の計算を度外視したような常識の殻を打ち破るようなエネルギーなるものが、戦争や大量虐殺へと向けられた場合、とても始末に負えなくなるようだ。

　また、我が国日本では、オウム真理教による地下鉄サリン事件というテロが、1995年3月20日に勃発した。このサリン事件の報道を察知した私は、真っ先にその教祖の麻原彰晃をＡ型と確信した。サリンで大量虐殺を決行し、政府転覆を企むことなど、常識はずれの行為であり、現実離れもはなはだしい限りである。規模としてみれば、ヒトラーやフセインが決行したものに比べれば小さいかもしれないが、上記で解説したように、Ａ型特有の破壊者としての資質なるものが彼の根底にあったはずである。このＡ型特有の居直りともとれる破壊者としての資質が良い方向へ行けばいいのである。例えば、賛否両輪はあるものの、戦国の英雄Ａ型・織田信長は、中世権威を打破し近世への扉を開いた破壊者的英雄として評価している歴史学者や作家も少なからずいる。「坊主を殺すと祟に合う」と思われていたこの迷信の時代、彼の決行した比叡山焼き討ちは、当時としては考えられない。しかも、僧侶たちの武装集団で構成され、伊勢長島等近畿一体に一大勢力を張っていた石山本願寺を倒すのに信長は10年の歳月を要している。信長を短気な性格で片付けられない一例となる。この10年の間で、信長は門徒宗数万人の武装集団を殺戮している。むろん、ここまで徹底的にやれる武将は当時から見ても彼以外には有り得ない。後に継ぐ、秀吉と家康も、「正直、信長公があそこまでやってくれて助かった。天下平定もしやすくなった」と思ったはずと、考察する歴史学者の見方は多い。これによって、日本史では、門徒宗による宗教戦争は起きなかったと解く知識人の見解もあり、日本では多神教が主流になったとする向きもあろう。

あのA型・小泉純一郎は、「自民党をぶち壊す」とまで言って、郵政民営化の礎を築いた。郵政選挙と称して、自民党を二分してまで、断行した行為は、A型特有の破壊者的資質が彼の心の中に激しく宿っていたからに他ならない。要は、社会の慣習や秩序をかたくなまでに守ろうとするのは、A型の中から多く出現し、逆に良いか悪いかは別にして、旧体制を破壊したがるのも、A型の中から出現するわけである。もっとも、本音の部分で旧体制を破壊したがっているA型が多くいたとしても、それを実際に実行するA型となれば皆無に少なくなるのだ。やはり、常識の殻を打ち破りたくとも、なかなか破れずに苦しんでいるA型は多いということでもある。せいぜい、大多数のA型は車の暴走行為や滅茶苦茶な衝動買いなどをすることにより、その鬱憤を晴らすところか？　最後に、あのA型・新庄剛志の明るさは、あまりにも暴走しすぎた明るさといえる。計算を度外視した明るさは、多くのファンを感動させるだけに、この明るさはA型の中からでしか出ない色でもある。私などは、「笑顔や明るさは、もう少し抑えた方がよい、でないと、いつか反動が出ちまうぞ……」と、つい言いたくもなるものだ。

6. 究極的ずるさへの対抗

孫正義（O型）を語る時、どうしても豊臣秀吉（O型）と重ね合わせてしまう。平たく言えば、両者とも平民から頂点へ駆け上って来た成り上がり者というイメージがつきまとう。むろん、成り上がり者が駄目ということではない。大きなハンデを克服しての出世街道こそ、大きなドラマとなる。今も日の出の勢いと言えるソフトバンクグループ創業者の彼を語る前に、2002年～2004年のソフトバング（株）の株主総会での話をしよう。一般庶民でも、株主である限り、気軽に参加できる質問時間と言えば、株主総会である。

株主総会は、原則的に新たな取締役の承認や株主配当金増減額等の会社議案に関する決議に対し、株主からの質問を受け付けるが、実際は議

案以外の事でも、業績アップや経営姿勢に対する質問も受け付けて、議事録に記録していくのが株主総会である。記録するだけに、株主にはマイクを使用させ、録音させることになる。係の者がワイヤレスマイクを回す場合もあるが、会場の中に発言用のマイクを何カ所か設置している場合もある。いずれにしろ、マイクで発言させ、記録されるだけに、主張を意識する読者諸君なら、度胸試しのつもりで、株主総会の通知が来たら、積極的に参加し、経営陣に質問なり提案をしてみるべきである。

　昨今では、通常2時間くらいかけて実施するものである。何か不祥事等がある会社の総会であれば、3時間から4時間も要すことがある。

　その際は、途中トイレ休憩を入れているのかと疑視するものの、株主総会とは、平日午前10時から開始されるだけに、何かと面倒だ。幾分、満員電車には引っかかるだけに、仕事のつもりで現地へ向かうことになる。しかも、夜型の筆者は午後からでないと調子が出ない。それだけに、総会で発言するだけで面倒だ。これらの問題は、午後1時から開催されれば、すべて解決する。

　そうしないのは、会社サイドが株主総会を2時間以内に終わらせたいからに他ならない。これは、どう見ても言い訳できぬことだ。

　それでも、2時間の開催をしてくれれば、まだましだ。株主総会とは、経営陣が年に1回、株主からお叱りを受ける会合ともとれるだけに、経営サイドからすれば面倒な事ともいえる。それを余所に、株主総会を1時間以内に切り上げようとする者に出くわした。

　その者とは、孫正義である。彼はソフトバンクグループの創業者として知られ、ソフトバンク株式会社代表取締役社長である。

　丁度、ヤフーＢＢ等のブロードバンドが出始めたころで、私は2002年から2004年にかけ、3期連続、このソフトバンク株式会社の株主総会に出席した。当然、総会の議長を務めるのは、商法上、社長の孫正義になるのだが、とにかく、彼の議事進行のやり方はひどいものだ。

　「議案に関する質問にして下さい。それ以外のことは、株主総会後の意見聴衆会でお願いいたします」と言う。

むろん、総会では議案を軸に審議していくのが原則だが、議案に類すること、日頃、経営方針で疑問に思うことを経営陣に問うのが、年1回のみ開催されるのが定例株主総会である。
　それなので、総会後の意見聴衆会なるものは、会社議事録に記録されるわけでもなく、会社経営陣から見れば、緊張感のないものである。現に、その会合で大勢の挙手があるにも関わらず、そこでも1時間くらいで、ばっさりと打ち切ってしまう。
　どうせ、そこでも打ち切られるのだから、総会で発言すべきなのだ。
　どうみても、孫社長は面倒な総会を早々と終えるべく、理不尽な策を弄し続けているのだ。ここまでくれば、もはやこれは、O型特有のずるさと言える。彼は、3名ほどの挙手があるにも関わらず、総会を40分ほどで切り上げようとしているのが定番なのだ。
　私は、出席の2年目から、議事進行の継続を求める動議を出すことで、彼のずるさに対抗した。3千人収容の有楽町フォーラムでの開催だけに会場が広すぎることもあり、肉声で「動議だ！動議！」と、叫ばなければならない。前列から中段前に位置する私は、思いっきり声を張り上げ、「動議」の文言を2度張り上げた。
　フェイントに弱いO型・孫正義は、「まさか、ここで、動議を出してくるとは？」と、意表を突かれたように、渋々、30分ほどの延長に応じることになる。
　水を得た何とかではないが、係のもってきたマイクを片手に得た僕のトークは俄然張り切る。「社長は、株主の挙手が見えないほど、目が悪いのか？」「失礼しました」と、とぼける孫正義。
　とにかく、学習経験を積んだO型ほど、おとぼけ戦術とずるさを駆使してくるものだ。それにしても、彼は道理をわきまえぬ奴だ。株主の挙手を無視し、無造作に総会を早々と切り上げる手口なるものこそ、言語道断である！　この当時の彼も、下を見ず、上ばかり見ている奴だ。特にO型は、立場や社会的地位が変われば、それに合わせるがごとく、付き合う相手も変えていく傾向が強いようだ。

彼は、この当時、設立したソフトバンクを強大にすべく、著名な社外取締役を取り入れている。経済界の雄・大前研一、日本マクドナルド創設者の故・藤田田、そしてユニクロ・柳井正である。

これは、かつてO型・豊臣秀吉が用いた手法そのものだ。彼は、当時、徳川家康や北条氏政等の東日本有力大名に対抗すべく、西日本有力大名の毛利と島津をいち早く取り込んだ後は、関白の位欲しさに、金に物を言わせ、朝廷懐柔に成功。使える名前は、すべて使い切ろうとするしたたかさは、学習経験をかなり積んだO型の中から出現する。他人の力関係には、敏感に反応するO型ならではの戦略と言えよう。

その後、買収劇を繰り返し、2006年にプロ野球球団のソフトバンクホークスのオーナーに就任。続けて、ボーダフォンを買収し、2011年には、東日本大震災復興支援財団を設立したのは周知の通りである。

しかし、僕としては、幾多の戦略により巨大化したソフトバンクだろうが、株主の挙手を毎回のように無視するような株はこちらから願い下げだ。結果、この私に二期連続の総会で、議事進行の継続を求める動議を出させた実態を見ても、所詮ここは成り上がり者の会社である。

かつて、ソニーが、13時間もかけ、株主総会を開催した経緯がある。そこまでいかずとも、まともにやれば、株主総会とは、3、4時間は要するものだ。なので、株主総会で発言を意識する者は、事前に勉強することも必要だが、議事進行の継続を求める動議を出す覚悟で臨むべきである。でないと、主張の場は理不尽にもカットされることになる。

株主総会において、動議こそ、主張をサポートする最良の武器である。

さて、豊臣秀吉も孫正義も、目的達成のため、前準備なる段取りの重要性を強く意識したはずである。

秀吉の天下統一の総仕上げと言われる小田原城総攻めは、O型特有の段取り性を最大限に発揮したものである。秀吉は一説によれば、ワタリ

と言われる木こりの環境で育てられた幼年時代から、職を変えること17回。寺の小僧から針売りの行商等、幾多の職場経験は数知れず。彼はこれら数多くの学習経験を積むことにより、どの職場でも重要な共通項は、前準備という段取り性にあることを強く実感したはずである。

この前準備という段取り性の価値を強く認識した秀吉なればこそ、一夜城の実現を可能にしたのだ。距離にして、小田原城本丸から数キロ先に、突如として城が出現すること自体、北条氏政でなくとも、度肝を抜かれたであろう。秀吉は、小田原山中奥深く、木こり衆と大工集に壁や柱等、各パーツの部分製造を命じたであろう。そして数週間後、各パーツを一夜にして、部分ごとの組み立てを遂行させる。今で言うパネル工法であろう。この前準備という段取り性の感性は、商人的発想とも言えるが、特により多くの学習経験を重ねたO型こそ、このセンスは芽生えやすい。

また、前準備という段取り性に必要な感性は、プラス思考よりもマイナス思考の感性が求められる。物事の計画を練る際、何手先を読む想像力だけではなく、常に悪い状況を想定しえる想像力の感性が求められる。その想定しえるマイナスの部分を如何にして、事前に一掃するかにより、効率的な前準備という段取り性へ結びつけるのだ。むろん、そのプロセスが周囲に感知されるようでは、一夜城には見せられない。

更に、忍びの者を現地に近づけさせぬ包囲網や木こり衆と大工集を工期中は現場に隔離する等の守秘義務も徹底させることも、不可欠である。

これら条件が揃ってこそ、一夜城という曲芸が実現するのだ。

しかし、この一夜城の例は良いとして、前項でも触れた孫正義のように、株主総会をより早く終わらせるべき、株主総会とは別の「株主意見聴衆会」なるものを総会後設置することにより、株主の気持ちを少しでもそこへそらすことにより、彼も総会議長として、「議案以外の案件は、午後からの株主意見聴衆会でお願いします」と、言えることになり、議事録の必要性も出てくる重みのある株主総会をより早く終わらせ

る効果へと結びつく。これも、株主総会をマイナスイメージで捕らえるO型経営者ならではの段取り的発想である。

　こういうずるがしこさや狡辛さを持ち味にし、首長の座や経営者の地位を守らんとするO型が多いのも確かなところである。

　特に世知辛い近年においては、己のずるがしこさや狡辛さを発揮せんがため、段取り性を発揮しようとするO型も少なからずいるのが実態である。これでは、O型本来の持ち味である英雄性からは、益々遠のくばかりである。

　例えば、筆者の場合、ガールフレンドとディナーを共にし、酒を酌み交わす時、宴会集結後の帰りを考慮する。都心での平日満員電車ともなれば、大変である。せっかく良い気持ちで酔ったところで、帰りの満員電車で興醒めとなるのは必然。なれば、そのマイナスの要素から逆算して、彼女の自宅から近い隣町最寄りの駅に近い飲食店を事前に調査した上、店を選別するであろう。己は、満員電車で帰ろうが、カプセルに泊まろうが良しとする。もっとも、彼女と食事後、ラブホテルに行くとか、タクシー使用を意識しているのであれば、話は別だが、前準備の段取り性とは、狡辛さで発揮するのではなく、相手の立場を考慮した想像力により発揮すべきものであろう。

　この前準備の段取り性を強く意識してこそ、一夜城とは行かずとも、より良い演出効果へと開花するのであろう。それこそが、より多くの人に受け入れられる成功へと結びつくのかもしれない。

7. 事業仕分けでの恐怖

　蓮舫さんと言えば、いつぞや貴重な体験をさせていただいた。

　市ヶ谷にある総合体育館で実施した事業仕分を傍聴しに行った時である。同じ屋根の下で10名ずつの3班に分かれ、選別された国の各事業に対して、継続か廃止か見直しかの決定を下していくイベントである。2009年11月10日から1週間かけて開催された民主党政権時代の目

玉政策である事業仕分けの詳細は、ネットで確認していただきたい。さて、第4日目の11月13日、私は予定通り、仕分け人メンバーとして手腕を振るう蓮舫さんがいるグループを傍聴していた。この当時は前面の席に座れば、至近距離2mから3mくらいの所に各仕分け人たちは在籍しているだけに、迫力たるや申し分ない。蓮舫さんが入る1班では、1日で国の8事業を廃止か見直しかの視点で裁くこととなる。

　1事業の討論審議に使用されるのは1時間である。昼休みと休憩時間は適度にある。

　蓮舫さん等を観察していると妙な事に気づかされる。休憩時、メンバーである他の国会議員の席へ有権者が挨拶しに行くシーンはよく見かけた。しかし、蓮舫さんの所へは意外にそれほど休憩時にすり寄ってきている感じはない。マスコミの囲み取材は、本日夕刻の終了時となっているため、マスコミ関係者が来ることはないが、彼女の有権者たちがサインや写真撮影のおねだりに来てもよさそうなものと思っていただけに、私から見れば不可解だった。特に彼女は、この時かなり没頭していただけに、周囲もこのあたりを気遣ってなのか？　考えすぎてもしょうがないと思いつつ、丁度6事業目が終わり休憩時間に入った。「よし、ここで仕掛けてみるか？　著名人と直に遭遇することで、新たな視点も生まれよう」たまたま、この1班の議長が私の知り合いの方だった。以前、私の住む和光市でも2日間の和光市事業仕分けを実施した折、私は公募委員の一人として、2日間この方と同じ班でメンバーを共にした。面識あるその方に、休憩時に近寄り、「しばらくでした。ご無沙汰しております。いやあ、さすが見事な議事運びですね。感服しております」等の麗句を並べた後、「ところで、蓮舫さんに、この私発刊のこの書籍を贈呈したいのですが、今お口添えいただけないでしょうか」と、御頼みしてみた。すると間髪入れずに、その方は、2mも離れていない席に座る蓮舫さんに、「蓮舫さん、この方が何か話があるそうです」

　それを聞いた私は、すぐ腰をかがめ、片膝を床に付けて、蓮舫さんに謁見した。初対面の私が立ったままで、在席中の彼女に数10cmの距離

第4章　93

に近づくとなれば、彼女は警戒するであろう、と思う私の配慮である。武家社会に例えれば、一庶民の私が大名と謁見するような者である。

しかし、面倒くさそうに「なんでしょうか？」と言う彼女の言動を聞いた次の瞬間、私の心は凍り付いてしまった。タレント時代の蓮舫さんとは感じが異なり、まるで織田信長から言われたかのような錯覚を覚えた。信長公との面会となれば、下手をすれば己の首が飛ぶかの緊張を強いられると聞く。やはり、選挙中に有権者に見せる顔と私に見せる顔は違うのだ。こういう凍りつくような緊張感を与える者が時折Ａ型指導者の中から出てくるようだ。これは、ある種のカリスマ性ということになるのであろう。教祖にＡ型が多いのも納得できる。この種の極度の緊張感を相手に与えるカリスマ性をもつ者は、Ａ型の中から出てくるようだ。Ａ型誰しもが、このカリスマ性をもてるわけではない。これが部分集合の考え方である。能見正の論をここで借りるなら、社会性がまだあまり身につかない小学校６年生あたりまでは、Ａ型児童が男女問わずにクラスのリーダーやボスになりやすい。Ｏ型の場合、経験豊富にならぬ限り、個性が発揮しづらいのか、この小６あたりまでの段階では、リーダーにはなりにくい。この彼の理論は大旨正しいので、教育関係者は注視してみることである。

話を蓮舫さんとの面会に戻す。とにかくこの緊張を解きたいと考えた私は、すぐさま用意していた私発刊の『血液型で失恋せよ！』を彼女に見せた。「蓮舫さん、この僕の書いた本をお読みになりますか？」

彼女は突如、目をまん丸くし、この書籍の表紙を観た。信長公も当時珍しい世界地図等を観た時は、同じように目を真ん丸くしたのであろうか。彼女は、若干の笑みを浮かべ、３秒間ほど書籍表面を凝視したまま、「読みます！」と、強い口調で言った。今までも、この書籍『血液型で失恋せよ！』を何名か行きずりで知り合った初面識の女性に手渡したことはあるが、どういうわけか、このタイトルに関心をもつのか、迷うことなく貰って行く。それにしても、蓮舫さんからは、手渡した書籍の感想をはがきでいいから送っていただきたかったのだが……。いずれ

にしろ、身が凍りつくような経験は懲り懲りなので、蓮舫さんとの遭遇は二度と御免被りたい。むろん、私が戦国時代にタイプスリップした際、織田信長との遭遇からは絶対に回避したい。

8. 橋下徹は平成の坂本龍馬か？

あれほどさわやかな方で大衆を魅了する政治家も珍しいB型・橋下徹である。その彼も一時は騒動に巻き込まれた。騒動というのは、2015年5月17日の大阪市を二分した史上最大の住民投票のことではない。

時は2013年5月13日、彼が発した慰安婦問題発言の一件である。この発言をした直後の2013年5月16日、午前8時10分頃からオンエアーされるフジテレビワイドショー「とくダネ！」の番組に橋下大阪市長は慰安婦問題発言を巡ってのことで生出演した。スタジオは関西と関東で別れたものの、40分間ほどの生中継であった。キャスターは、B型・小倉智昭とAB型・菊川怜です。

このオンエアー3日前の5月13日に橋下氏は、「慰安婦制度は世界各国の軍は持っていた。精神的に高ぶっている猛者集団の軍を維持するとなれば、当時の戦時下では必要だった。でないと、占領しに行った現地でレイプが多発し、軍の統制も取りにくくなる」旨を発言。この数日前には、普天間基地の米軍司令官に対して、「合法的に認められている風俗をもっと活用すべきだ」と言う旨を語っている。

筆者から見て、実は彼の言う上記2点のことは正しいのだ。前者は、慰安婦制度の無い戦国時代、各領主たちは、戦の際に起きる足軽等兵隊たちのレイプには頭を痛めていた。この当時、戦最中のドサクサに紛れての兵隊が起こすレイプのことを乱捕りと言った。「この乱捕りを厳罰に処す」と、領主が沙汰を下しても、実体はそうならずにいたため、戦地にいる大将たちは、その乱捕りを見て見ぬふりをせざるを得ないのが現状であった。それだけ、殺るか殺られるかの戦争行為者の兵隊ともな

れば、正常な状態ではない。いつ死ぬかわからない恐怖との戦いを強いられて、正常ではいられなくなるだけに、つかの間の快楽を欲しがるのが人というものである。戦地での精神状態は古今東西に渡り同じである。

　後者の風俗を活用する件でも、米軍を管理するには、兵士たちの性処理の問題はやはり付き物だ。太平洋戦争・沖縄地上戦での米軍によるレイプ事件は、ほとんど無かったにしても、その後のベトナム戦争での米軍によるレイプ事件は、少なからずに起きている。

　さて、現在の沖縄米軍基地の兵士の件ですが、好きな彼女に頻繁に会える米軍兵士ならともかく、全く彼女とは縁のない兵士ならどうなるのか。風俗の活用を否定されるなら、現地の沖縄の娘たちがより多く被害に会うのは明らかである。以上の視点をもって、本音で議論しなければ、慰安婦問題と沖縄県でのレイプ事件は改善されないことを彼は主張しているだけである。我が国の無知なるフェミニズム系論者や海外マスコミ等も彼の言葉尻を捕まえての批判をしているだけである。本音の議論の必要性を全く考えない批判の方が問題と言える。この実体を無視して、マスメディア等は、橋下氏を避難すべきではない。

　但し、橋下氏は下記内容を特に強調すべきだった。「進軍先でのレイプと慰安婦制度が付いて回るのが戦争だ。だから、戦争は悲惨なのだ。戦争は絶対に回避しなければいけないものなのだ」と、強く明言すれば、非難を緩和する主張は可能だったかもしれない。まあ、彼は少し言葉が不足していただけか、あるいは肝心なところをカットされた編集部分をオンエアーされたのかもしれない。いずれにしろ、本筋は正しい。

　以上の本筋説明は長くなったが、この本筋を知らない小倉智昭は、「僕は当時の戦時下でも、慰安婦制度は必要なかったと思いますよ」と、思慮の浅い発言を展開する。いや、小倉はわざとこの発言をしたとも取れる。世間の風潮が橋下氏を粉砕しにかかっていると見るや、それに引きずられた方が今後も司会の楽しさを維持できると考えるＢ型司会者なら、周囲の環境に引きずられるのもＢ型である。この白々しい

小倉の発言に対し、橋下氏は、「当時は必要だったから、慰安婦制度はあったんでしょう。必要なかったらあるわけないでしょう」と、橋下氏は持論を展開する。その後、菊川怜は、「橋下さんは、そんな波紋を投げかけないで、橋下さんは戦争を無くす方向にもってたらどうですか」と、支離滅裂な発言をフェミニストのような顔立ちに豹変しながら主張しだした。彼女の脳内で話がまとまらない内に発したAB型特有の論理すり替えの手法と筆者は見た。これに困惑した橋下氏は、「むろん戦争は駄目なんですよ。でも、戦時でなくとも、沖縄米軍はあるわけじゃないですか。建前論だけで議論しちゃだめですよって言うことなんですよ」と、切り返した。それにしても、こういう夢想家の虚構発言とも言える菊川怜は、司会者失格と言える。危うくば、「この日本から米軍は出てってもらいましょうよ。橋下さんもそう言えばいいじゃないですか」の発言へと進展しかねない状況でもあった。そのくらい、菊川怜はかなり冷静さに欠けていた。

その後、ゲストの田崎史郎が、「橋下さんは、女性は男の慰み者になるべきだと思って、あの発言をしたんでしょう」と、橋下氏を侮辱する発言をした。この時は、小倉と菊川の両司会者は、田崎のことを静止すべきであった。しかし、橋下氏は、この名誉毀損発言に対して、全く切れる素振りも見せず、淡々と発言した。このあたりは、さすがと筆者は驚嘆した。本音の議論無くして、薩長同盟が無かったとすれば、この橋下氏の発した今回の意見は後世のためにも、価値ある一投と言える。それにしても、あー言えばこう言う、の発言を得意とするのは、やはりB型の中から出現する。かつて、「あー言えば、じょうゆう」、で有名になった上祐史浩もB型である。もっとも、この時の上祐は、オーム真理教団を守るべくの嘘つき理論が根底を占めていただけに、橋下氏と対比すること自体ナンセンスである。しかし、橋下氏のように、「大阪市役所正規職員の既得権益を守るのではなく、大阪市民を守る」と言う大義名分を掲げるB型・市長の言動を聞いた私は非常に強く歓喜した。

彼のようなB型特有の天邪鬼性も手伝ってか、捻りの発言を楽しむ

B型の方が多く出現するのも、時としてこの世を面白くする起爆剤にもなり得よう。なので、良いに付け悪いに付け、橋下氏の発言は退屈することが無い。B型・坂本龍馬の話術も西郷ドン等をも魅了させるものがあったと筆者は見る。

さて、何かと注目される彼は周知の通り、大阪都構想を掲げ、一時は国会をも強く脅かすであろう脅威の存在として、マスコミからも注目された。

さて、話は前後するが、以前から彼が党首となって立ち上げた日本維新の会は、石原慎太郎党首の太陽の党と組んでからというもの、引き始める大衆と有権者が続出し、2012年12月の衆議院選では、野党の票も割る等、投票率を大幅に下げ、自民党の独走を許す結果となった。平たく言えば、橋下さんは好きだが、石原慎太郎は嫌いという有権者が相当多かったということだ。

結果、維新の会分党となる。要は事実上の分裂だ。

彼、慎太郎氏はAB型だけに、案の定物別れすると私は読んでいた。

ほとんど時期同じくし、みんなの党で渡辺喜美（O型）と江田憲司（AB型）が物別れとなり、党が分裂した。前項でも記載するように、何か事業を共同でする際、AB型とはやはり距離を置くべきなのだ。特にAB型は一定の距離を置きたがるだけに、仲間内の理論のみで、修羅場と化す諸問題に真剣にぶつかり合おうとすればするほど、AB型の感情は些細なことでも切れやすくなるのだ。この点を当初から理解しておれば、合併や共同運営ではなく、一定の距離を置く業務提携くらいに留めておくべきなのだ。

さて、この時期の日本維新の会はブレーンのアドバイスも悪く、ぶれ始めた橋下さんだったが、大阪府知事時代から現在まで、血税で潤う外郭団体の補助金を数多くストップし、高額な役人の給与削減までにも着手し続ける手腕は鮮やかである。

さて、彼はB型であるが、あのさわやかさは、かつてのミスタープロ野球のB型・長嶋茂雄や明治維新の人望者であったB型・西郷隆盛

にも匹敵するさわやかな魅力と言える。特に橋下さんは、あのＢ型・坂本龍馬にも近いタイプの著名人と言える。逆に言えば、坂本龍馬は大阪市長・橋下徹さんのような方と言う見方も成立する。龍馬は長州の雄・桂小五郎だろうが薩摩の雄・西郷ドンだろうが言いたいことをズケズケと意見する。あの「とんでもないっすよ！」をやたら連発し、日教組や天下り団体に対しても、橋下節を連発させていた。このあたりは、龍馬と橋下氏を重ねられる。しかも、読売ドンのナベツネ（ネット情報でＡ型）や石原慎太郎のように相手を威嚇するような言動と違って、Ｂ型特有の気さくざっくばらんな雰囲気を全面に押し出してのしゃべり方だけに、私などは彼がまじめにしゃべればしゃべるほどつい笑ってしまう。

　しかし、再三記載するように、Ｂ型特有の気さくざっくばらんな雰囲気を全開する者となれば、全体的には少数派である。あくまでもＢ型のメインは見かけ無愛想でとっつきの悪いタイプの者たちなのだ。

　メインということに絞れば、己の力の無さを常日頃自覚し、人間関係に気づかれし続ける極端に平凡な者がＯ型のメインだ。Ａ型のメインとなれば、ホリエモンやレディ・ガガ等のように、常識の殻を打ち破ることもできずに、衝動買いやパチンコ症候に依存する者たちだ。また、Ｂ型のメインとなれば、家事の楽しさや競馬等のギャンブルに強い凝り性ぶりを発揮する者たちであり、イチローや山中教授のように、良い金づるにもなり得る興味の対象に凝り性ぶりを発揮するＢ型となれば、極めて少数派となる。そして、ＡＢ型のメインとなれば、ペットやハイキング等に強い趣味性を発揮する者、もしくはディズニーやベルバラ等のメルヘンの世界に酔いしれる者たちだ。セックスを趣味と割り切るドライさを発揮するプレイボーイ、プレイガールのＡＢ型となれば、やや少数派となるかもしれない。

　以上のように、幅のあるＡＢＯ式人間学の分析が不可欠となる。

　さて、話を橋下さんに戻す。私としては、橋下さんには、政界引退ではなく、地方政治の雄に固執していただきたい。特に地方議会の改革

だ。もっと絞れば、地方議員の報酬を大幅に引き下げることだ。これをしないことには、仮に大阪都構想と道州制が実現したとしても、行政改革の効果も期待薄だ。ここをよく理解しているのは、名古屋の河村たかし市長と元・鹿児島県阿久根市市長の竹原信一氏である。特に前者のO型・河村たかし名古屋市長の場合、彼は議会対立に怯むことなく、現在も、名古屋市議報酬大幅削減等の議会改革に執念を燃やす。(2011年12月議会で、名古屋市議年額報酬の半減となる800万円に成功するものの、今年3月の本会議で、自・公・民3会派からの逆襲を受け、1454万円までの年額報酬へ戻されただけに、彼の悪戦苦闘は今後も続くだろう!)。

さて、上記の河村氏と竹原氏2名の書籍を読むと、オランダ、デンマーク、ドイツ、フランス、スウェーデン、スイス等の欧州(北欧と西欧を参考重視でイタリアやギリシャ等の南欧州はいいかげんで駄目)の地方議会を例にし、比較検証の解説をしている。地方議会着任の役職によって、報酬は異なるものの、年間報酬は50万円から60万円ほどが一般的となり、中には原則無報酬の地方議員も珍しいことではない。

その代わり、日本よりも、地方議員数の数はかなり多くいる。限りなく、ボランティア感覚に近い報酬で組まれる地方議会なので、いくら地方議員数の数が多くとも問題無いわけだ。

日本の地方議会は近年、兵庫県議会議員の政務調査費用の使い方が問題となり、地方議員報酬も注目されるようになった。

この政務調査費用を除いても、都議会議員の年間報酬は、1,500万円にはなる。東京23区の区議会議員とて、1,000万円余りの年間報酬になる。日本の地方議員は世界的に見ても、破格の報酬を貰っている。

ちなみに、大手商社等に勤務する正社員と比較すれば、市役所や県庁勤務の役人給与を安いとする馬鹿な論客をたまに目にするが、鹿児島県阿久根市の正規職員で平均年収は、600万円である。筆者地元の埼玉県和光市正規職員の平均給与で、650万円である。これは、零細企業は元より、大手流通正規社員の年収と比較しても、破格の数値である。

この状況を踏まえて、地方議員報酬が高すぎるとどういうことがおきるか。役所と地方議会の馴れ合いが生じる。各地方議員は高額報酬の魅力から、地方議員の職により長くしがみつこうとする。そのため、役所正規職員の高額の給与を大幅に下げようとする議員提案もやらない方が無難と考える。当然にある行政事業の大幅予算カットするための予算チェック等も手を抜くこととなる。

　つまり、「地方議会でうっかりしたことを言うと次の選挙に影響する」として、役所と癒着しての台本通りの議会進行がメインとなる。本来、地方議員の職務とは、志でやるものだ。役人たちが嫌がる、役人給与の大幅削減や予算カットにも積極的にやりぬく覚悟が必要だ。「俺はいつやめても悔いは無い」くらいの精神も不可欠となる。日本の地方議会では、敵を作らずに役人と仲良くするタイプの者ばかりが議員となるシステムだ。この報酬が上の欧州並になれば、選挙立候補の顔ぶれは当然変わるのだ。予算チェックと議員提案を最優先に考える志をもった者たちばかりが立候補することとなる。つまり、本来、地方議員とは、弁護士でもある橋下徹氏や作家でもあるO型・田中康夫氏のように、いつやめても他で飯が食える者がやるべきなのだ。あるいは、日本の生活保護費が最低でも月12万円とすれば、年間150万円の報酬を渡せば問題ない。副業の無い地方議員なら、他でアルバイトしながらでも任務を遂行すべきである。この年間150万円程の報酬でも上の欧州よりも好条

問答パート４

△この著名人は何型か？

①林修は何型か？　　　　　②恵俊彰は何型か？

③池上彰は何型か？　　　　④森永卓郎は何型か？

⑤宮根誠司は何型か？　　　⑥枝野幸男は何型か？

⑦古舘伊知郎は何型か？　　⑧黒鉄ヒロシは何型か？

（しばらくお考え下さい）

件であり、志で立候補する者は少なからず出よう。その代わり、各県議会議員の数を今の3倍以上にしても良いだろう。職業として議員になる、と言う職業議員の発想を捨てない限り、大阪都構想や道州制を実現しても効力は半減するだろう。今後、B型・橋下徹氏は上の欧州地方議会システムを検証しつつの地方議会改革の雄として、日本史上の平成の坂本龍馬（B型）として、光輝いていただきたいところだった。ところが、既に周知の通り、2015年5月17日午後11時頃に「大阪都構想の是非を問う住民投票」の僅差結果（反対票が僅かに上回る）を受けて、彼は予告通りに任期切れである2015年12月18日付けで、大阪市長を退任した。更に、維新の党共同代表の江田憲司も責任を取り党代表を辞職した。

　2014年、AB型・江田憲司と手を組んだ橋下氏だったが、全国の地方行政改革は橋下徹、省庁改革は江田憲司とする維新の党での役割分担を明確にすることで、AB型・江田代表との衝突を避けつつの行政改革断行を期待できただけに、残念な住民投票結果となった。こんなことでは、道州制の実現など永遠に不可能である。

　この道州制を視野に入れてのことか、昨年7月6日、橋下氏は今年7月の参議院選挙の国政に打って出るのでは？の報道が囁かれ出した。更に橋下氏は、民主党寄りの議員を一掃しての「おおさか維新の会」で刷新をするとの報道が流れた。この報道を契機にし、維新の党は事実上の分裂となった。しかしながら、あの歴史的住民投票の熱も冷めない半年後に、そのおおさか維新の会は、昨年11月22日の大阪府知事選と大阪市長選のダブル選挙に圧勝した。橋下氏の激しい応援演説が功を奏したのと、大阪の自民党が提案していた話し合いで2重行政を解消せんとする戦略会議では、全く成果が出ないことに気づいた大阪市民が増

問答パート4　答

①O型　②O型　③A型　④A型　⑤B型　⑥B型　⑦AB型　⑧AB型。

えたことも要因となった。その橋下氏だが、おおさか維新の会には、法律政策顧問（相談役としての顧問弁護士か？）になっての院政を引きつつ、昨年５月の住民投票で否定された大阪都構想に再挑戦する。大阪都構想実現のために、安倍総理の協力を仰ぐことも視野にする橋下氏の発言に対し、江田憲司（AB型）は批判的である。このあたりは、壊し屋と言われた剛腕・小沢一郎（B型）との共通項を橋下氏にも見られよう。このB型特有のアマノジャク性とは、特定の組織や派閥性に固執しない精神へと向かわせるのであろうか。

　あのB型・坂本龍馬も橋下氏同様のアマノジャクとも言えよう。徳川幕府に反旗を翻す土佐勤王等に属しながら、幕閣の勝海舟の弟子になるところは、一見けじめのないB型流である。また、敵対関係のあった薩摩藩と長州藩の両雄面々の所へ頻繁に入り浸るなど、O型やA型の者から見れば、一貫性に欠ける奴と見られかねないところであろう。しかし、このB型特有な無原則性の発想があればこそ、薩長同盟が成立したとも言える。むろん、橋下徹氏や坂本龍馬のような気さくざっくばらんな天邪鬼の雰囲気を発散するB型となれば少数派なれど、彼らのような者は、B型の中からでないと出現しないのだ。この部分集合の理論がABO式細胞型人間学を支えているからこそ、能見正比古氏は、坂本龍馬がB型であることを30年以上前から予見できたのだ。

　さて、橋下氏は政界引退を表向き表明しているものの、大阪市正規職員による杜撰な役人天国が復活しようものならば、その時は大阪市長への復帰を公言している彼だけに、政界復帰の大義名分を作ることは特に難しいことではない。しかし、法律政策顧問に専念する傍ら、一方で執筆業をやりつつのタレント活動にも乗り気で、今年３月から、羽鳥慎一（A型）と、橋本氏がタッグを組むレギュラー新番組が始動した。しかし、この彼のタレント活動も一時的なことで、そう遠くない日に政界へ復帰するのではなかろうか。

　いずれ、彼が国政へ参加するにせよ、B型特有の好奇心と凝り性ぶりを大いに生かしていただきたい。彼はこれまで、弁護士業とタレント業

を得ての今日の政界がある。Ｂ型人生のパターンに有り勝ちな、興味の対象が移行してきたとも言える。となれば、弁護士業に対する興味は既に皆無であろう。弁護士とは、調査活動や準備書面等の作成が特にメインなものだけに、どちらかと言えば地味な仕事である。己の戦いぶりを世に注目させることで燃えるタイプの彼からすれば、政界は水を得た魚なのであろう。彼は政治の世界と言う奥の深さを実感しただけに、タレント活動や政治評論家で満足する彼ではなかろう。

　いずれにしろ、Ｂ型特有の興味の拡散から来る国政進出の可能性も依然として残るだろう。やはり、彼の元気な威勢が消えない限り、今後も目が離せそうにない。政界引退と言う言葉に縛られること自体、Ｂ型らしくないとなれば、今後も政界に強く固執すべきだろう。Ｂ型特有の天邪鬼性をもって、今後も彼には益々マスコミを賑わしてもらいたい。

　さて、Ｏ型特有の政治色固執もあってか、筆者としても少しムキになって、やや本題からずれたかもしれないが、近年、坂本龍馬がＢ型と解明された嬉しさもあり、以前から橋本徹氏と坂本龍馬を重ねていたことも、筆者を熱くした要因である。しかも、能見正比古氏37年前の文献で、坂本龍馬はＢ型であるとする自信に満ちた内容が彼の文献に記載されていたこともあり、その嬉しさもあったのだろう。いずれにしろ、今後の新たな橋下徹氏のご活躍を期待したい。

　さて、橋下氏同様に大阪にも何かと縁の深い清原和博（Ｂ型）が今年２月２日、覚醒剤所持の容疑で逮捕された。逮捕前でも、清原ブログ更新回数の極度の多さから見て、Ｂ型特有の寂しさから来るひがみも要因にあったと思われる。今後、彼は日常的にむくれることなく、まずは野球関係の書籍からでもよいから、読書習慣をつけていただきたい。それにより、彼の教養は磨かれて、新たな社会貢献となり得る凝り性事を見出せよう。今後の彼のすばらしい人生の復活を期待する。

第5章

ＡＢＯ式細胞型から分析する
スピーチ能力の違い

ＡＢＯ式しゃべり方の違いを意識することで、
人とのコミュニケーションを楽しく開花させる！

◎ABO式著名人から見たスピーチ能力とトークセンス

　さて、一般人にとって講演でのスピーチには縁がないとなれば、大方の一般人にとってスピーチとは、結婚式や会社でのプレゼンテーション等の場で、不特定多数の前でしゃべるものを思い浮かぶのでしょうか。むろん、そこでは視聴者にわかりやすく話すことが必要となる。状況しだいによるが、場合によっては視聴者から笑いと受けを取れれば、よりよいものとなろう。より大勢の前で話すということは、適度な緊張感と集中力は要求されるのは言うまでもない。そして、その回数を場数として多く踏むことにより、スピーチの面白さというものに、今度は酔いしれるはずである。それは調度、投手がマウンドから投げている時の感覚にも似ている。投手が投げるボールにより、その試合が大きく左右されるのと同様に、どういうスピーチをするかにより、室内や会場の雰囲気が明るくもなるし、暗くもなる。むろん、投手なら観戦者の入り具合によって、ゲームが左右されるのと同様、スピーチ者にとっては、視聴者は男性なのか女性なのか、あるいは、会場の雰囲気やマイクの感度良好によっても、スピーチの内容が左右されることも生じよう。

　しかし、いずれにしろスピーチに自信を深めれば、仕事以外のこととしても、己に対し大いなる自信を深められるはずだ。

　タレントや著名人にしてみれば、講演やテレビでのトーク番組に出演し、スピーチするのは、むろん大きな緊張感を実感する。しかし、彼らにしてみれば、その緊張感がたまらないのである。口では、社交辞令的に「人前でしゃべるのは、苦手です」などと言うものの、本心はより多くのオファーをとり、ギャラもより多くもらいながら、己のスピーチに酔いしれたい人種である。たしかに、自分の気に入らない著名人がテレビでのトーク番組に楽しそうにスピーチしているのを見て、私などは腹の立つこともあるが、ここでは下記リストを見ながら、ABO式ごとのしゃべり方の違いを冷静に観察してみよう。

ＡＢＯ式別のしゃべり方というかトーク術なるものを下記著名人リストを参照しつつ、鋭く分析してみよう。

　特にこの章では、Ｏ型雄弁家とＡ型雄弁家の違いなるものに注目していただきたい。すっかり、お茶の間の顔となった林修（Ｏ型）と恵俊彰（Ｏ型）の口調は、多くの例え話を多様に使い分けることで、説明も具体的でわかりやすい。尚かつ、間の取り方と声のトーンの高さも手伝ってか、話も聞きやすい。今後の林修の人気は、一向に衰えることを知らない不動の気配である。また、将来、恵俊彰が政界に名乗りを上げた際、参院戦の当確となろう。一方、池上彰（Ａ型）の場合、順序丁寧さを基軸とする話の巧さはあるものの、その分、彼の説明時間はどうしても長くなりすぎる。その回りくどさの要因による長さからか、カット編集のできない生放送でオンエアーする番組を彼に担当させた際、予定放送時間枠では消化し切れないのが定番となる。結果、番組終盤では、彼は視聴者に謝罪しつつも、急遽説明を省略しての雑な説明で終始する。すっかりと、生放送に弱い池上彰のイメージは定着した。以上の要因等もこの章では固執したい。

　さて、ＡＢＯ式別の中でも、下記著名人等は、テレビ画面でのスピーチを意識し、トークセンスで名を馳せてきた者たちに限定される。然るに、単なる著名人というだけでは、下記リストから外される。トークセンスの著名人限定となれば、多少なりともインテリ系のお笑いタレント、ニュースキャスター、コメンテーター、評論家、政治家等のＡＢＯ式別リストということになる。

　この重要データは、読者の見やすさを配慮し、次ページからの表示となります。

O型的トークの傾向
　素質的に言葉論理明快も断定的で押しつけ気味。一部にお恍け調トークも。

O型
林修、ビートたけし、太田光、武田鉄矢、タモリ、
伊東四朗、西川きよし、福澤朗、やしきたかじん、
恵俊彰、上田晋也、テリー伊藤、丹波哲郎、所ジョージ、
笑福亭鶴瓶、笑福亭仁鶴、桂三枝（桂文枝）、東野幸治、
山城新伍、板東英二、大島渚、堺屋太一、渡辺淳一、
宮崎哲弥（評論家）、孫正義、秋元康、今井雅之、ヒロシ、
えなりかずき、デーブ・スペクター、角川春樹、児玉清、
国分太一、陣内智則、春風亭小朝、ヨネスケ、桂吉弥、
石井正則、泉谷しげる、内藤剛志、島田洋七、峰竜太、
加藤浩次、杉村太蔵、ふかわりょう、綾小路きみまろ、
設楽統、村上龍、東貴博、片岡鶴太郎、木梨憲武、
島田秀平（占い師）、カンニング竹山、中島忠幸、永井豪、
細川茂樹、高田明（ジャパネット）、ゲッターズ飯田、
ビビる大木、大竹一樹、伊集院光、淀川長治、古市憲寿、
美木良介、松山千春、若林正恭、野坂昭如、村本大輔、
パトリック・ハーラン、岡田圭右、木下ほうか、堀内恒夫、
王貞治、星野仙一、江川卓、達川光男、青田昇、張本勲、
中山雅史、川崎敬三、茂木健一郎（脳科学者）、中尾彬、
佐々木則夫、高田純次、木内参造（記者・筆者の祖父）、
阿川佐和子、山瀬まみ、中山千夏、長野智子、町亞聖、
戸田恵子、大久保佳代子、馬渕晴子、若林亜紀（ジャーナリスト）、YOU、春香クリスティーン、倉田真由美、
上沼恵美子、和田アキ子、櫻井よしこ、岡野あつこ

△政界系は以下14名
鳩山由紀夫、菅直人、舛添要一、田中康夫、山本一太、大塚耕平、志井和夫、渡辺喜美、谷垣禎一、森田健作、河野太郎、河村たかし、片山さつき、植松恵美子

A型的トークの傾向
　素質的に順序丁寧だが、回りくどさも、沈黙の間には神経質。

A型
池上彰、久米宏、みのもんた、大竹まこと、筑紫哲也、鳥越俊太郎、立花隆、萩本欽一、浜田雅功、さだまさし、石橋貴明、松村邦洋、堺正章、小堺一機、辻本茂雄、中居正広、西川のりお、立川志の輔、有吉弘行、関根勤、乙武洋匡、石原良純、矢部浩之、石田衣良、福留功男、草野仁、関口宏、尾木直樹、堀尾正明、森永卓郎、トシ、風見しんご、藤井隆、崔洋一、赤塚不二夫、井筒和幸、長渕剛、山田洋次、三谷幸喜、山寺宏一、小松政夫、イッセー尾形、八嶋智人、オール阪神、水道橋博士、美輪明宏、渡部陽一、水野晴郎、森朗（天気予報）、つかこうへい、劇団ひとり、伊丹十三、堀江貴文、うじきつよし、愛川欽也、村上春樹、パンチ佐藤、栗山英樹、中畑清、岩本勉、江本孟紀、野口健（登山家）、岡田武史、原田雅彦、井ノ原快彦、糸井重里、川平慈英、久本雅美、エド・はるみ、高木美保、うつみ宮土理、デヴィ夫人、黒柳徹子、瀬戸内寂聴、田丸美寿々、安藤優子、住吉美紀、飯島愛、小宮悦子、楠田枝里子、牛窪恵、麻木久仁子、松本明子、高畑淳子、飯星景子、佐野美和、伊藤聡子、中江有里、中野信子（脳科学者）、高嶋ちさ子、ホラン千秋、大渕愛子（弁護士）、遙洋子

△政界系は以下18名
小泉純一郎、福田康夫、麻生太郎、原口一博、前原誠司、山口なつお、平沢勝栄、寺田学、山本太郎、甘利明、中田宏（元横浜市長）、亀井静香、渡邉美樹（ワタミ）、丸山和也、福島みずほ、菊田真紀子、蓮舫、小池百合子

B型的トークの傾向
　素質的にひねった表現が好き。感覚的に喋るも、説明やや言葉不足。

B型
橋下徹、東国原英夫、明石家さんま、宮根誠司、大泉洋、徳光和夫、岡村隆史、松本人志、西田敏行、五木寛之、逸見政孝、大橋巨泉、矢沢永吉、中山秀征、三宅裕司、井上聡、出川哲朗、小倉智昭、松平定知、後藤輝基、梅沢富美男、原田泰造、佐々木正洋、宮迫博之、タカ、オール巨人、ガダルカナルタカ、田中裕二、春日俊彰、スギちゃん、横山やすし、桂枝雀、山田太一、竹村健一、田中義剛、渥美清、DaiGo（メンタリスト）、反町理、田中耕一、山中伸弥、田中卓志、利根川祐、長嶋茂雄、長嶋一茂、掛布雅之、野村克也、古田敦也、金田正一、大野豊、Mr.マリック、浅香光代、泉ピン子、柴田理恵、山田邦子、田嶋陽子、細木数子、江川紹子、川田悦子、西川史子、室井佑月、清水ミチコ、太田光代、友近、杉田かおる、小島慶子、松居一代、野村沙知代

△政界系は以下13名
小沢一郎、安倍晋三、石破茂、枝野幸男、中川秀直、鈴木宗男、田中角栄、川田龍平、扇千景（元国交大臣）、

佐藤ゆかり、三原じゅん子、丸川珠代、辻元清美

AB型的トークの傾向
　素質的にイヤミがらみの冗談は巧い。しかし、トークアクセントは低く、淡々と批評調に話す。

AB型
島田紳助、古舘伊知郎、黒鉄ヒロシ、石原慎太郎、
南原清隆、内村光良、立川談志、ケーシー高峰、
猪瀬直樹、青島幸男、山本晋也、坂上忍、大和田漠、
松岡修造、上岡龍太郎、三宅久之、河本準一、名倉潤、
土田晃之、柳沢慎吾、肥後克広、川島明、藤田まこと、
黒沢年雄、谷村新司、香川照之、佐々木信也、宮本和知、
安住紳一郎、鈴木浩介、假屋崎省吾、辛坊治郎、
南こうせつ、大沢啓二、東ちづる、アグネスチャン、
芳村真理、大江麻理子、佐々木久子、いとうあさこ

△政界系は以下９名
長妻昭、江田憲司、上田清司、細野豪志、海江田万里、
小泉進次郎、松あきら、田中眞紀子、
太田房江（元大阪府知事）

　まず、Ｏ型のしゃべり方は、一言で申せば、ストレート系のしゃべり方と言えよう。ストレートと言っても、伸びのある速球もあれば、ハエがとまりそうな超スローボールもある。しゃべり方の講義なのに、ピッチングセンスの話をするようで恐縮だが、実は、トーク術も投球術も何かと共通点が多いのだ。ストレート系のしゃべりとは、内容的にも単純明快さが求められるのは当然としても、特に重要なのは、ボールの切れと言うか、口調に切れがあるか否かの点である。

つまり、同じ内容を話していても、声の大きさ、トーンの高さ、そして語尾語調アクセントがあるか否かによって、相手への伝わり方にも多大な影響が出るものなのだ。
　各投手の投げる直球によっては、打ちやすい直球と打ちにくい直球があるのと同様である。大雑把に申せば、O型のしゃべりは、林修、菅直人、テリー伊藤、太田光のような、語尾語調アクセントのはっきりした者も少なからず、O型の中から出現しよう。「そうですね」の語感も好きで、言葉のはしはしに、「ね」「さ」「よ」等のイントネーションが散りばめられている。身振り手振りも大小の差はあるものの、それを手動しながらトークするのが好きなようだ。
　具体性やわかりやすさのトークをしていくセンスは、素質的に多少なりとも、O型に分がありそうだ。しかし、これは、あくまでも素質的な問題であり、己の持ち玉であるストレートに磨きをかけなければ、切れ味あるトークも錆れる一方だ。なので、もごもごしゃべるO型も少なからず存在する。もごもごと言っても、切れはないものの、球速の無いストレート系口調なのだ。その良い例は、ビートたけしのモゴモゴ口調だ。
　彼はデビュー当時から見れば、断定的な言い回しを避けるようになってきたのか、モゴモゴ口調に年々拍車がかかっている。私としても、彼の言動を視聴しようにも、内容が聞き取りにくい。周囲が大御所ということで気を使い、適当に笑っているだけのようだ。
　実は、O型は本音の部分で極論好きだけに、言い回しも、ストレート主体のしゃべりが軸となる。この極論を抑制すれば、O型の持ち味も減退する。極端な例は、大島渚の言動と口調であろう。彼の出ないテレ朝の朝生なら、討論番組も仲良しクラブの相互発言にも成りかねないだけに、彼の存在は貴重であった。やはり、彼のような極論と歯切れ好い語尾語調アクセントの言動が飛び出すようなトーク番組でなければ、楽しみも半減である。
　また、林修や河村たかしのように、歯切れ良い口調だけではなく、聞

いてる方も、ハーブ音を連想させるメロディー調で聞きやすく、内容も頭に入りやすい。

　では、O型の筆者は、どうかと言えば、コミュニケーションをとることと、マイク使用のスピーチが好きなだけに、客観的に見ても、トークは下手ではないと思う。但し、向きになった時や「久々にマイク使用で大勢の前でしゃべれるなあ〜！」と、いう喜びと興奮のあまり、見事に己のトークは暴投する。極論を連発しすぎて失敗する、という言い方が妥当かもしれない。調子の良い時は、ストレートを軸にぎりぎりのストライクゾーンへ冴えるコーナーワークと言う口調になるのだが、特に大事なのは、早い口調になりすぎぬよう留意することである。何かと興奮しすぎると口調は、早口になりやすく、相手へ正確に表現しにくくもなるものだ。伸びのあるなめらかな口調を意識するのなら、力むことなく、少し気持ちは、ゆったりとトークすべきであろう。

　松坂投手とかつての江川卓投手はO型投手有りがちのピッチングで、むきになりすぎた際、ストレートに固執しすぎて打ち込まれるシーンも、多く見かけた。どうも、O型の投手は、変化球よりもストレート主体でのピッチングの組み立てを好むようだ。

　いずれにしろ、O型が究極の投球術とトーク術なるものを目指すなら、ぎりぎりのコーナーワークを意識したストレート主体の思考を基本にすべきであろう。

　A型のトークで気になる点は、池上彰のように順序丁寧さに固執し過ぎてか、まわりくどさが、やたらと目に付く。

　これは仮説ですが、古来よりA型は、建前と本音の使い分けに苦慮してきただけに、回りくどい言い回しを意識するのも当然かもしれない。

　投球術で見ても、A型投手のカーブ好きとスライダー好きは、目に付く。すばらしいストレートをもつメジャーリーグのダルビッシュ投手は、己のカーブ好きを認めている。2009年10月末の日本シリーズ第二戦での故障を押してのピッチングは見事であった。縦に大きく曲がる

ドロップ調のカーブに読売G打線は、翻弄された。試合後、彼は、「僕はストレートより、カーブやスライダーが好きです」と、答えている。メジャーリーグの田中将大とて、ストレートよりもスライダーを軸にピッチングの組み立てを思案しているようにも見受けられる。仮説ですが、もしやA型特有の思考形態がトーク術や投球術にも現れるのでしょうか？　A型の方で上手いトークをする者は、さだまさし、久米宏、小泉純一郎、そしてヒトラーのように、一つの内容を長々としゃべらず、短く内容を簡潔にまとめていけるかに勝因がありそうだ。A型の波長をハーモニック調とするならば、やはり長すぎるハーモニカの演奏など、あまり聞きたくはないであろう。

　投球術に例えれば、鋭く曲がるスライダーを投げ続けられか否かにかかっている、と言えよう。このスライダーの切れが無ければ、どろんと曲がるカーブ系のトークとなり、話す内容も回りくどくなる。つまり、より小さな曲がりにすることで、適度な順序丁寧さのトークに抑えられて、回りくどさは目立たなくなろう。

　例えば、2009年11月、国の事業仕分けで注目された参議院議員・蓮舫（A型）のトーク口調は、ストレート系のしゃべりにも見えるものの、それは見方が甘いのだ。打者対投手の駆け引きにもあるように、直球だと思って振りに行ったところ、結果、鋭く変化する変化球だった、ということは日常茶飯事のことだ。

　蓮舫の口調は、ツンケン調の雰囲気もあるだけに、さしずめ、彼女のトーク口調は、鋭く小さく曲がる強烈なスライダーと言うことになろう。

　また、A型の口調で気になるのは、黒柳徹子、瀬戸内寂聴、久米宏等のように、会話の間を嫌うような早口気味の口調をスタンスにしている傾向がA型に目立つことだ。早とちり、早合点は意外にもA型に見受けられる傾向を私は実感する。また、会話の間を作ることで、周囲の空気が悪化しかねない恐怖と焦りの戦いをA型は、会話中にも強く意識して

いるのだろうか？　空気を読むとは、会話の間を空けぬことも必要条件の一つなのか。世間を強く意識し過ぎるＡ型特有の哲学からすれば、それも大切な要素になるのかもしれない。しかし、渡部陽一のように、スローテンポ口調のＡ型もいるものの、話し内容はやはり回りぐどい。口調がゆっくりなＡ型ほど、話しの回りぐどさは目立つ。

　しかし、トーク以外のことでは、間なるものを大切にしているＡ型が多い点を念のため補足させていただくことにする。

　さて、ここで司会者のトーク調に注目してみよう。

　まず、司会者の資質は、各出演者やゲストよりも、目立っては駄目なのだ。あくまでも、各出演者の良さを引き出しつつ、番組進行を予定通りにこなしていくことがメインの業務である。しかし、ここ数年来から、司会者やキャスターが何かと注目されるようになり、旧来の視点と変わってきたのも確かだ。

　とは言うものの、司会者自身が己の感性や主張を出しすぎたり、灰汁（あく）の強さを出しすぎるのは、番組内容にもよるが、何かと番組内容に支障をもたらす。となれば、何かと主張なるものにこだわるＯ型にとって、司会業なるものは、ストレスを貯めやすい。その継続を維持するには、テレビ画面に映しだされる己を見ることで妥協できるかにかかっている。あるいは、Ｏ型のタカジンのように、己の考え方を番組に反映させる許容範囲を局側から、貰えればよい。彼の場合のように、深夜番組やローカル局なら主張型の司会者も出やすいものの、地上波では、久米宏曰く、「言いたいことを言えば、番組を降ろされる」の例えのように、キャスターや司会業とは何かと制約は多い。

　さて、お茶の間司会で行けば、久米宏、草野仁、みのもんた等のように、明るさをお茶の間にお届けすることに、Ａ型の司会は主眼を起きたがる。時には、その担当番組へ枠決めの堅苦しさを出し過ぎたり、ワンパターン化のマンネリ化を呼び込むこともある。

　そこへ行けば、Ｂ型の司会は、Ｏ型特有の灰汁の強さも無く、Ｂ型特

有の照れ性も功を奏し、幅のある司会も期待しやすい。出演者に対し、自然に突っ込み司会を実施しつつ、聞きづらいこともドンドン質問してくれる。田原総一郎、明石家さんま、宮根誠司等は、つっこみ司会の代表格であろう。

徳光和夫や中山秀征等の出演者いじりも、視聴者の笑いを取りたがるＢ型的発想の司会からか？　特に宮根誠司は、今後の注目株であろう。田原総一郎の後継者になり得るのは案外、宮根誠司かもしれない。

むろん、Ｂ型イコール名司会者になるということではなく、大橋巨泉や故・逸見政孝等のような伝説的な司会者は、Ｂ型の中から出現するようだ。

また、上の彼等を見ても、Ｂ型の口調は、どうもリズム的だ。三三七拍子にしろ、各Ｂ型によって、拍子の違いはあるにせよ、話し方のリズムが一定している。これも、司会をやる上で、大きなメリットとなる。

リズミカルな口調で目を引く政治家の代表各は、枝野幸男と橋下徹であろう。この２名は、司会業もそつなくこなすであろう。

さて、ＡＢ型の口調となれば、ストレート系に見える者でも、決してストレート系の口調ではない。元々、ＡＢ型は一点集中の見方ではなく、多角的な見方を好む傾向からか、コーディネートのセンスは高い。

ＡＢ型投手のピッチングを見ても、山本昌、岩隈、成瀬、桑田、西本聖等のように、多種の変化球を織り交ぜてのコンビネーションを意識する。このセンスで司会もそつなくこなしたがる。これを意識するとなれば、口調もあらゆるセンスを意識したがるのであろうか？

それにしても、島田紳助、立川談志、上岡龍太郎等がやたらと発していたイヤミは気になるところだ。イヤミと言う球種を使わないまでも、話の内容を上手く散りばめたいのか。

長妻昭、細野豪志、江田憲司、上田清司、石原慎太郎、青島幸男のように、むきになるようでいて、むきにならないような口調で話しているようにも見える。故・能見（正）の見解で、「ＡＢ型は見た目ホットに見

える者でも、中身は冷めている」。

　この仮説が正しいとするならば、AB型の口調を冷静に見定める必要性は出てこよう。

　以上のように、ＡＢＯ式別のトーク口調を意識することで、よりよいスピーチ等の研究も興味深くなろう。
　当然、スピーチともなれば、わかりやすさと面白さが必要要件ともなれば、ストレート主体の口調でスピーチ内容を組み立てていくべきであろう。
　ましてや、主張や極論を意識するとなれば、O型の口調は一番の注目点である。しかし、先ほども解説したように、超スローボールのように、相当ゆっくり話すO型もいれば、ぼそぼそ、モゴモゴ口調らしき切れ味無いストレートのしゃべりを展開するO型も少なからずいることも意識していただきたい。伸びのあるストレート口調を発するO型となれば、決して多くはないということだ。
　やはり、ABO式雄弁家リストを検証することで、ABO式何型ごとによって、話し方や声の質にも微妙な影響をABO式糖鎖物質は与えているものと思われる。声の質で見れば、O型のネ、サ、ヨのイントネーションであるトーンの高い者、B型の演歌調とも言えるガラガラ声の者がやや目立つ。また、容姿に関係なく鈴のように綺麗な声帯を発する者がA型女性の中に目立つ。この声の質においては、話し方とは別に今後の大きな研究課題となろう。
　そして、この話し方の違いは、ABO式別の思考形態の違いによる影響も特に受けている可能性も強いと見る。このABO式における思考形態の違いを示す科学的根拠においては、この後の第6章であるABO式統計学のコーナーで特に解説いたします。

☆ ABO式人間学から見る「金銭感覚」

O型　　金銭の回転運用は上手く財産形成の素質あり。重要視する人間関係のために気前いい。裏に回ればケチだが、時として欲に転ぶ。

A型　　流行品やブランド物には弱い。金は使うためにあるとする金銭哲学。ミスを許さぬ管理の几帳面さもあるが消費性つよく、金は残さぬほう。

B型　　予算計画好むが管理は大まか。合理的すぎてケチに見られることも。己の凝り性事には、惜しげもなく出費。

AB型　家計金銭管理のバランス感覚は良いものの、でかい投資話には尻込み。時として己の趣味に固執する不可解な出費やバーゲンセールでまとめ買い。

◇まだまだ紹介仕切れない野球界の血液型コーナー
　（OBも故人も含む）

①投手部門→黒田博樹（B型）、上原浩治（B型）、菅野智之（O型）、松井祐樹（A型）、江夏豊（A型）、鈴木啓示（O型）、山田久志（O型）、佐々木主浩（O型）、長谷川滋利（A型）、伊良部秀輝（A型）
②打者部門→青木宣親（A型）、山田哲人（O型）、筒香嘉智（A型）、中田翔（O型）、福留孝介（B型）、オコエ瑠偉（O型）、田淵幸一（A型）、衣笠祥雄（O型）、内川聖一（B型）、金本知憲（O型）、吉村禎章（O型）
③その他スポーツ→亀田興毅（拳闘・O型）、中田英寿（O型）、武豊（騎手・O型）、舞の海（B型）、逸の城（A型）、宇良（B型）、田児賢一（O型）、桃田賢人（A型）、クルム伊達公子（B型）

第6章

ＡＢＯ式統計学によって科学的に実証される血液型人間学（ＡＢＯ式細胞型人間学）

各スポーツジャンル等特定群衆データの
分析をすることで、統計学の面白さを実感しよう！

◎ＡＢＯ式データの不自然なバラツキから分析する統計学とは何か？

　昨今、統計学の必要性を解いた書籍が昔に比べて、目立つようになってきた。筆者も大学で統計学を専攻した手前上、興味深そうな本を購読するものの、肝心なものが記載されていないことに驚く。統計学の中で、特に実用的に使用する計算方法は、大きく見て二つある。
　その一つがカイ２乗検定であり、もう一つが二項検定だ。いずれも、ある特定の集団に対し、不自然なバラ付きがあるか否かを判定する数学の世界と言える。ある集団とある集団を比較検証する際には、不可欠なものである。比較対象が２つの時は二項検定が採用され、比較対象が３つ以上の際はカイ２乗検定が採用される。つまり、比較対象が４つとなるＡＢＯ式細胞型人間学を分析するのにもってこいの数式と言える。
　まずは習うより慣れろの論法から、複数ケースを事例にしつつ、ＡＢＯ式統計学を実践してみよう。

　χ二乗（かいにじょう）検定と二項検定により、本来の血液型人間学の存在価値は統計学上既に実証されております。その計算方式を下記に示します。
　まず、あるスポーツチームのメンバー構成の血液型分布率のヘンサチ（不自然なばらつき）が、理由や意味があってのことか、それとも、この程度では、偶然そうなったのか、カンだけで決めるわけにはいかない。
　そのために、統計学、正確には、その一分野の推計学の有意差検定という方法を用いる。
　自然科学の実験や観測、社会統計や教育調査の結果の確認に用いられ、ことに医学を含めて人間に関する科学の実証は、ほとんどが、この有意差検定にオンブしている。
　その中で、χ二乗（かいにじょう）検定という計算が、よく使われ

る。
(注)以下、カイ２乗検定と表示することもある。

　昔、筆者が理数系の大学で学んだ時は、カイ自乗検定という言い方をした。(能見正比古氏は東大工学部で学んでいる)
　この計算方式は、特に難しく考えることはなく、まずは危険率というパーセンテージをはじき出す。偶然の入り込む危険率というほどに、とっていただいていい。それが５％以下だと、偶然の余地は小さく、有意差ありと判定するのが研究常識となっている。
　つまり、５％以下なら科学的に実証されたものとされる。

　念のため、この件は、2010年11月25日に総務省統計局へ筆者が出向き、統計学の専門家でもある教官の先生にＡＢＯ式統計データの確認をしていただいた。
　そこで、その先生から、「血液型人間学が、統計学上実証される以上、科学的に実証されている」という言い方をしても特に問題ない旨のご意見を頂戴した。それでは、その時の統計資料や新たな統計検証データを下記に提示しつつ、説明させていただく。
　まずは、$\chi 2$（かいに）分布表をネットサイト等から印刷して用意する。それが面倒な方は、下記記載、自由度１の有意確率と自由度３の有意確率の一部をご参照下さい。本件で実際に使用するのは、自由度１と自由度３のみである。下記数値データのみを押さえれば充分である。
　ちなみに、このカイ２分布表とは、確率論と高度な数式を元に算出されたものである。この優位確立がゼロに近ければ近いほど、限りなく科学に近い科学的な世界となる。むろん、完全なゼロとなれば、それこそ誤差の無い科学の領域となる。ある意味、統計学とは、採取されたデータがどれだけゼロに近いかを見極める学問とも言える。本件の場合、下記自由度が0.05（５％）以下なら、科学的に実証されたデータとなる。
　これは、科学界の通例である。

χ２分布表の一部数値データ

　　　　　　　　　　　　有意確率
　　　　　　0.06　0.05　0.04　0.03　0.02　0.01　0.005　0.001
自由度1　　3.53　3.84　4.21　4.70　5.41　6.63　7.87　10.83
自由度3　　7.40　7.81　8.31　8.94　9.84　11.34　12.83　16.27

　さて、サンプル数とは、実際に調査され、出ている数値人数のことです。期待値とは、特に不自然な偏りにならなければ算出されるであろう予測し得る数値人数のことです。

　その期待値は、日本人平均血液型分布率（O型30.7％、A型38.1％、B型21.8％、AB型9.4％）を使用し、算出します。

　それでは、以前にABOFANサイトで紹介されていた2010年ワールドカップサッカー南アフリカ大会での日本代表メンバー23名のサンプル数でカイ2乗検定の分析をします。（下記ＡＢＯ式血液型データは、ABOFANサイトとスポニチ選手名鑑を参照）

```
監督　岡田　武史　A
ＧＫ　楢崎　正剛　AB、川島　永嗣　O、川口　能活　A
ＤＦ　中澤　佑二　AB、闘莉王　　　B、今野　泰幸　A、
　　　岩政　大樹　O、駒野　友一　O、長友　佑都　O、
　　　内田　篤人　O
ＭＦ　中村　俊輔　O、遠藤　保仁　AB、中村　憲剛　O、
　　　稲本　潤一　O、阿部　勇　　B、長谷部　誠　O、
　　　本田　圭佑　AB、松井　大輔　O
ＦＷ　岡崎　慎司　O、玉田　圭司　AB、大久保嘉人　A、
　　　矢野　貴章　O、森本　貴幸　B
```

そして、上記記載岡田日本代表選手のサンプル数をＡＢＯ式の４つに表示します。

日本代表の血液型Ｏ型12人、Ａ型3人、Ｂ型3人、AB型5人

計算式は下記要領になります。（注）実際、7.1名とか8.7名のような小数点以下表示は不可解なれど、より正確な計算を目的とし、小数点1位までの期待値表示といたします。

Ｏ型期待値は、23名×30.7%＝7.1名
Ａ型期待値は、23名×38.1%＝8.7名
Ｂ型期待値は、23名×21.8%＝5.0名
AB型期待値は、23名×9.4%＝2.2名

算出した上記数値をカイ２乗検定の下記公式に当てはめます。
（Ｏ型サンプル数－Ｏ型期待値）の２乗÷Ｏ型期待値＋
（Ａ型サンプル数－Ａ型期待値）の２乗÷Ａ型期待値＋
（Ｂ型サンプル数－Ｂ型期待値）の２乗÷Ｂ型期待値＋
（AB型サンプル数－AB型期待値）の２乗÷AB型期待値＝χ^2値
　3.38＋3.73＋0.8＋3.56＝11.47

この算出した11.47の数値をχ^2分布表の自由度３に当てはめてみる。この場合、ＡＢＯ式血液型の分析視点となれば、比較対象は当然に４ということになる。しかし、この内、何型のどれかを基準にした場合、当然に１対３の視点が基本となるために、このχ^2分布表の縦軸ともなる自由度は、３となる。ちなみに、男女比較の統計的視点となれば、１対１の比較対象となるために、自由度は、１となる。つまり、比較対象数から１を引いた数を自由度と覚えよう。結果、４つの比較は自由度３で２つの比較は自由度１となる。つまり、ＡＢＯ式の統計分析で不可欠となるのは、自由度３となる。しかし、自由度１の必要性も強いので、この件は後ほど説明する。

今回は、χ２分布表の縦軸としての自由度３に注目しつつ、横軸0.01（有意確立１％の箇所）に着眼する。
　すると、その合致する表の数値は、11.34である。次に上記に算出した11.47と比較すれば、11.47>11.34となるために、この統計的分析から得られた結論は、１％水準で有意差があると判断します。

　つまり、日本人ＡＢＯ式血液型分布率で見れば、１％以下の確立でないと、このバラつきは通常起こり得ないということです。
　となれば、この統計的分析手法で見れば、99％以上の信頼性高いデータということになります。この検定を行うと、岡田ジャパンチーム構成の血液型分布のズレは、５％どころではない。危険率１％以下。偶然の入り込む余地がゼロに近いという、極めて高い有意性を得るのだ。
　つまり、上の統計学の分析から推論すると、岡田監督の戦術面が日本代表人選において、特にＯ型選手とAB型選手を呼び込んだとも言える。あるいは、AB型特有の反射神経の鋭いプレー、そして代表入りアピールの上手さで、目的集中力の高いＯ型選手に分があった選手選考ということか。

　今度は、血液型全体を調べるのではなく、特定の血液型だけの多さ・少なさが偶然によるものかどうかをみたいときには、二項検定が利用できます。特に二項検定は有意差検定の中でも基本的な計算方式です。
　つまり、分析する比較対象を１対１へと絞り込むかたちをとる。
　例えば、Ｏ型の多さ・少なさが偶然によるものかどうかをみたいときには、
　Ｏ型のサンプル数対（A型＋B型＋AB型の合計サンプル数）の視点で分析することになる。別紙のχ２分布表の自由度は、１となる。
　この計算方式は、特に難しく考えることはなく、上記で説明済みのχ２乗検定の計算式とほぼ同じです。やはりここでも危険率というパーセンテージをはじき出す。偶然の入り込む危険率というほどに、とってい

ただいていい。それが5％以下だと、偶然の余地は小さく、有意差ありと判定するのが研究常識となっている。

つまり、この二項検定でも5％以下なら科学的に実証されたものとされる。本書は、あくまでも統計学の教科書ではありません。然るにここは、習うより慣れろの論法で、大局的に統計学とはこういうものであることを認識して下さい。

さて、この岡田ジャパンのO型選手の不自然な多さのみを対象とした二項検定を実施します。問題の、O型サンプル数は、12名です。

O型以外のその他の型の合計サンプル数は、11名です。
期待値は、やはり日本人平均の血液型分布を元に算出します。
O型期待値は、7.1名、その他のA型、B型、AB型をトータルした期待値は、15.9名。以上の数値を下記公式に当てはめます。

（O型サンプル数－O型期待値）の2乗÷O型期待値＋
（O型以外のＡＢＯ式トータルサンプル数－O型以外のＡＢＯ式トータル期待値）の2乗÷O型以外のＡＢＯ式トータル期待値＝χ2値
計算式は、（12－7.1）の2乗÷7.1＋（11－15.9）の2乗÷15.9＝4.89

この算出した4.89の数値をχ2分布表に当てはめてみる。
今回は、χ2分布表の縦軸としての自由度1に注目しつつ、横軸0.03（有意確立3％の箇所）に着眼する。
すると、その合致する表の数値は、4.70である。

次に上記に算出した4.89と比較すれば、4.89＞4.70となるために、この統計的分析から得られた結論は、3％水準で有意差があると判断します。

つまり、日本人ＡＢＯ式血液型分布率で見れば、3％以下の確立でないと、このＯ型選手への多き偏りは通常起こり得ないということです。

　となれば、この統計的分析手法で見れば、97％以上の信頼性高いデータということになります。つまり、この南アフリカ大会においてのＯ型メンバーの多さは単なる偶然性によるものでないことも統計学上実証されたことになります。
　ちなみに、2014年のブラジル大会ザックジャパンの構成代表メンバーは、Ｂ型選手がやや少ないほどで、全体的にＡＢＯ式の不自然なばらつきの無いメンバーでした。逆に言えば、守りながら攻めるという中途半端な監督ビジョンが呼び込んだ代表メンバーだったのかもしれません。このあたりの分析はサッカー通の読者にお任せいたします。

1．Ａ型優勢の大相撲

　次に、歴代の横綱・大関力士の血液型に注目して下さい。大相撲界での成功者と言えば、横綱と大関が大きな目安となる。そこで、能見正比古氏も固執していた横綱大関陣の歴代データを基にし、有意差検定を実施する。この重要データは、読者の見やすさを配慮し、次ページからの表示となります。

χ^2分布表一部

	有意確率							
	0.06	0.05	0.04	0.03	0.02	0.01	0.005	0.001
自由度1	3.53	3.84	4.21	4.70	5.41	6.63	7.87	10.83
自由度3	7.40	7.81	8.31	8.94	9.84	11.34	12.83	16.27

（注）計算の結果、有意確率0.05以下（5％水準）であれば、そのデータは科学的に実証されたものとされる

横綱・大関力士の血液型（1939年以降のデータ）（○印は横綱）

O型
○千代の山、○鏡里、○北の富士、○隆の里、○曙、
○貴乃花（二代目）、三根山、松登、豊山（先代）、清國、
大受、増位山（二代目）、北天佑、貴ノ浪、雅山、
○朝青龍、○日馬富士、琴奨菊、琴欧州、照ノ富士

A型
○常ノ花、○玉錦、○双葉山、○照国、○栃錦、○朝潮、
○栃ノ海、○佐田の山、○輪島、○若乃花（二代目）、
○三重ノ海、○千代の富士、○双羽黒、○北勝海、
○大乃国、名寄岩、佐賀ノ花、増位山（先代）、汐ノ海、
大内山、栃光（先代）、北葉山、大麒麟、前の山、魁傑、
琴風、若嶋津、霧島、○武蔵丸、出島、武双山、魁皇、
栃東、○白鵬、琴光喜、把瑠都、○鶴竜

B型
○前田山、○羽黒山、○若乃花（先代）、○柏戸、○大鵬、
○琴櫻、○旭富士、清水川、貴ノ花（先代）、旭國、
朝潮（二代目）、○若乃花（三代目）、千代大海、
稀勢の里、豪栄道

AB型
○玉の海、○北の湖、五ツ嶋、琴ヶ濱、小錦

不明（玉錦以後）　　横綱5人　　大関3人

上記77人サンプル集計の結果、下記の数値になります。
O型　20人、　A型　37人、　B型　15人、　AB型　5人

上記、横綱・大関力士77名の血液型を元にA型の多さに着目し、二項検定を実施した場合、以前の期待値は、日本人平均血液型分布率A型38.1％を使用した。但し、20年以上前までは、それでよかった。実際、昭和54年7月に能見正比古氏がこの当時の関脇以上の力士79人を調査し、カイ二乗検定を実施したところ、危険率P2.5％以下というレベルで有意差を示し、O型の少なさ、A型の多さに関しては大きく有意とする報告が彼の文献に記載されている。しかし、ここ近年の相撲界は、外国人力士の活躍なくして相撲界の発展も望めない現状と言える。現に上記77名力士中、10名の外国人力士が名を連ねている。この分、上に上がれなかった有望な日本人A型力士は、過去にもいたことだろう。しかし、2002年から外国人力士枠を各部屋1人までとする強硬措置をとった相撲協会の対応はいただけない。私は国際的視点から見て、何型の力士が特に実力を発揮するかの分析に固執していただけに残念である。それでも今後、大関以上の力士に占める外国人力士の率が増えることはあっても減ることはないだろう。近年は11か国の出身力士から成る相撲界でも、特にモンゴル勢の活躍が目覚ましい。然るに私としては、モンゴル血液型比率（O型37％、A型22％、B型34％、AB型7％）を有意差検定の期待値に採用したいところである。しかし、ここは100歩譲って、より客観性を高めるため、血液型割合の世界平均（各ネットサイトで紹介する各国別血液型比率の平均値は概ね下記比率の数値となる）となる、O型44％、A型34％、B型17％、AB型5％を有意差検定の期待値に採用し、全体のバラツキを見るカイ二乗検定とA型の多さに着目する二項検定を実施する。この有意差検定に参加したい読者は、前頁説明済の通り、有意差検定の公式に則り、算出した数値を本書P126記載のχ^2分布表一部を参照しつつ、有意確率を確認してみて下さい。私が算出した限り、カイ二乗検定は、危険率P2％以下というレベルで有意差を示したことで、上記の能見氏見解と一致し、二項検定の方は、危険率P1％以下というレベルで有意差を示した。

この結果、1％水準でA型の多さに有意差あり。つまり上記データは、99％レベルで信頼性の高いデータとなり、相撲界におけるA型力士の優位性が統計学上実証されたことになります。

　格闘会の中でも相撲とは受け身と基本の型が優先されるだけに、単調な練習を普段から積み重ねる訓練が主流となる。この忍耐強さが求められる稽古に耐えつつ、大関以上の地位を獲得する力士は、A型力士の中から比較的出やすいということが上の統計数字に現れている。この忍耐強さとは、ここでへばれば世間に対し顔向けができないとする、A型特有の世間なるものを必要以上に強く意識する姿勢こそが、反復継続の単調な稽古にも耐えうるエネルギーを生むのである。これは農耕民族の精神に置き換えることもできる。まずは、負けない相撲を意識するA型力士のスタイルと言える。むろん、これが逆に転べば、世間に対する反発心が芽生え、A型特有の飽きっぽさが突っ張り行動へと拍車をかけることもある。このA型特有の世間に対する協調精神と反発心の特徴は既に本書で解説済みです。ちなみに、O型力士は、朝青龍と貴乃花（二代目）の両横綱を筆頭に、力に任せた豪快な相撲が主流となる。また、相撲の奥の深さと面白さを実感するB型力士が凝り性ぶりを発揮すれば、大鵬のような大横綱が誕生する。つまり、この大相撲の統計データから、ABO式の人間行動と性格学も科学的に実証されたことになります。

2．ホームラン王はO型とB型が優勢

　それでは、ホームラン王に絞り、今度は統計的分析を試みてみましょう。

プロ野球ホームラン王の2回以上獲得回数別血液型

　（注）元々、能見正比古氏がスポーツ界の中でも特に固執していたの

が、ホームラン王と血液型の固執である。また、特に21世紀になるまでは、両翼90ｍも無い狭い球場が多かっただけに、ホームラン王1回だけの獲得ではまぐれもありと筆者が判断し、2回以上に固執した。ちなみに、のべ人数試算をした場合、王貞治（15回）のダントツが影響し、O型圧倒的優勢となる。

O型
中島始康2回、大下弘3回、青田昇5回、
藤村富美男3回、王貞治15回、大杉勝男2回、
落合博満5回、デストラーデ3回、T・ローズ4回、
松井秀喜3回、村田修一2回、中村剛也6回、
バレンティン3回

A型
川上哲治2回、山内和弘2回、江藤智2回、山崎武司2回

B型
中西太5回、野村克也9回、長嶋茂雄2回、
長池徳二3回、山本浩二4回、掛布雅之3回、
門田博光3回、松中信彦2回

AB型
バース2回

　以上26名の集計から、O型13名、A型4名、B型8名、AB型1名となります。(但し、2回以上獲得選手で、ラミレス、ペタジーニ、T・ウッズ等の血液型は不明)

このデータからχ二乗検定を実施すると、5％水準で有意差が出ます。つまり、ＡＢＯ式血液型とホームラン王争いの戦いには何らかの因果関係のあることが統計学上実証されたのです。

　それでは、プロ野球ホームラン王の獲得回数を3回以上の条件に変更した場合、上記リストからもわかるように、Ｏ型10名、Ａ型0名、Ｂ型6名、AB型0名となります。

　以上データを基にし、χ二乗検定（かいにじょうけんてい）を実施すると、危険率1％で有意差がでます。この分析から、Ｏ型打者がホームラン王獲得に対して、より多く名のりを上げるのは、先ほどの結果からも予測しえることです。

　これは、ボールをバットに捉える打法やボールをバットに乗せて運ぶ打法に比べて比較的、Ｏ型打者は、ボールにヤマを張り、一点集中式にボールを叩く意識が特に強いことも要因としてあげられる。しかし、その意識づけだけで、ボールをより遠くへ飛ばせるものではない。その要因プラス速球を瞬時に見定める動体視力なり、デットボールからの恐怖に打ち勝つ強靭な精神力があればこその問題だ。つまり、Ｏ型遺伝子に加え、抜群の動体視力の遺伝子とデットボール恐怖心の対応力遺伝子が備わってこその長距離砲打者出現ということになるのでしょう。

　興味深い話として、上記Ｏ型欄に名を連ねる中村剛也と落合博満は、いずれもインタビュー時、「僕は全打席ホームランを狙っている、ホームランのうち損ないがミスショットとして、ヒットか凡打のどちらかになるだけです」と、答えている。つまり、彼らにしてみれば、ヒットの延長がホームランではなく、ホームランのうち損ないがヒットなのだ。

　また、ホームランを打つことに特別な興味を抱きつつ凝り性となったＢ型打者の中から、時に大衆を魅了するＢ型ホームランバッターが少なからず誕生するのでしょう。

　つまり、ホームラン王獲得の目的を強く抱いたＯ型打者の勝負強い集中力とある分野で凝り性になった時の天才肌Ｂ型打者の巧さなるも

のが、この統計的分析からも考察できます。

やはり、意識するライバルと競っての場面では、目的達成の集中力を発揮しやすいO型打者に比較的に分があると言えます。また、分散エネルギーよりもエネルギーをボールの一点のみに集中して叩き返す打法がO型打者には、はまるのでしょう。つまり、このデータの分析からもＡＢＯ式細胞型人間学（ＡＢＯ式細胞型と人間行動及び思考形態の分析を試みる学問）理論性の正しさが科学的に実証されたことになります。

3. 推理小説家のO型、歴史小説家のA型

それでは、小説家を各分野別にＡＢＯ式統計学から分析します。
推理小説家、歴史小説家、SF作家の順で見ていきます。
今回は、歴史評論物の作家等は除外し、いずれも小説家に固執した。
（注）下記ＡＢＯ式作家リストデータは能見正の文献を参照。これに筆者がネット検索で調査した新たなデータを追記したものです。

推理小説家ＡＢＯ式リスト

O型
井口泰子、江戸川乱歩、加納一郎、樹下太郎、笹沢佐保、島田一男、草野唯雄、高木彬光、戸川昌子、三好徹、森村誠一、横溝正史、清水一行、西村京太郎、綾辻行人、小野不由美、吉野まほろ、北山猛邦、樹林伸、今野敏、道尾秀介、高村薫、有栖川有栖

A型
生島治朗、菊村到、佐野洋、高原弘吉、多岐川恭、仁木悦子、松本清張、結城昌治、赤川次郎、宮部みゆき

B型
斎藤栄、夏樹静子

AB型
無し

（注）東野圭吾等の血液型不明者は上記リストから除く。

歴史小説家ＡＢＯ式リスト

O型
井出孫六、永井路子、南条範夫、村上元三、堺屋太一

A型
池波正太郎、尾崎士郎、海音寺潮五郎、五味康祐、
沙羅双樹、司馬遼太郎、柴田錬三郎、陳舜臣、
戸部新十郎、平岩弓枝、山岡荘八、吉川英治、
沢田黒蔵、浅田次郎、北方謙三、児島襄、山江まろん、
舟橋聖一、川口松太郎、阿川弘之

B型
井口朝生、杉本苑子、藤沢周平、新田次郎、丹波文雄

AB型
長谷川伸、山田風太郎

SF作家ＡＢＯ式リスト

Ｏ型
荒巻義雄、海野十三、高斎正、田中光二、豊田有恒、半村良、広瀬正、星新一、横田順彌

Ａ型 　　小松左京

Ｂ型
石川喬司、鏡明、かんべむさし、筒井康隆、都筑道夫、眉村卓

AB型
石原藤夫、平井和正、光瀬龍、山野浩一

　まず、上記推理小説家のＯ型の多さに照準を絞っての二項検定を実施します。期待値は、やはり日本人平均の血液型分布を元に算出します。

　上記の推理小説家リストで見ると、Ｏ型サンプル数は、23名と特に多く、Ｏ型以外のその他の型の合計サンプル数12名の内訳は見ての通り、Ａ型の10名、Ｂ型の２名、AB型のゼロです。

　期待値は、やはり日本人平均の血液型分布を元に算出します。

　ここから先は、上記事例の要領で計算して下さい。

　すると、二項検定の統計的分析から得られた結論は、0.1%水準で有意差があると判断します。

　つまり、日本人ＡＢＯ式血液型分布率で見れば、0.1%以下の確立でないと、このバラつきは通常起こり得ないということです。

　となれば、この統計的分析手法で見れば、99.9%以上の信頼性高いデータということになります。

ゆえに、特にO型が多いこの売れっ子推理小説家リスト（ある程度の売れ行き推理小説家も含む）のデータとＡＢＯ式血液型（ＡＢＯ式細胞型）とは、何らかの因果関係がある、と結論付けられます。
　ついでに、ＡＢＯ式全体の不自然なばらつきを検査するカイ２乗検定で算出すると、0.5％水準で有意差があると判断します。結果、99.5％以上の信頼性高いデータということになります。この場合、AB型の皆無さも、推理小説家データでの不自然なバラつきを呼び込んでいます。

　つまり、推理小説とは、人間本来の欲と嫉妬に焦点を当てることによって、ドロドロした人間の醜さなるものを表現する要素が求められる。
　やはり、人間の欲と嫉妬なるものに敏感にならなければ、推理作家の持ち味は出にくくなろう。ある意味、人間臭さなるものも要求される。「美しい女性とは知らず知らずに多くの男性に罪を作っているものなのです」と言う文言が名探偵・明智小五郎から発信された江戸川乱歩（O型）の小説があるだけに、O型は失恋のショックだけでなく、痛い目にあったことを決して忘れない遺伝子なるものがO型人類発祥時から刷り込まれてきたと言える。そうなれば、怨恨を基軸とした最も人間臭いヒューマンタッチなO型作家の出番となろう。この点、人間臭さから多少なりともかけ離れるばかりか、欲と嫉妬なるドロドロ感を正面から受け入れることに不得手なAB型となれば、このＡＢＯ式統計データから見たAB型の皆無さは当然の結果と言えよう。ちなみに、A型推理小説家の作風は、怨念や怨恨作風というより、むしろ社会派推理小説と言えよう。
　また、推理小説の組み立てとしては、容疑者数名の中から、最終的に如何にして一人の犯人探しへと照準を絞り込む所がポイントとなる。この発想は、一点に集中して絞り込まんとするO型特有の一点集中主義とも言える目的志向性の表れとも言える。
　この感性がO型作家を推理小説家へ向かわせんとする１つの動機と

なっているのではなかろうか。逆に多角的視点が交錯しがちなAB型作家であれば、O型的な一点集中主義をもっての犯人絞り込みの思考は、難儀となるのでしょう。この推理小説家のところでは、O型気質とAB型気質の違いが対照的に表現されました。この結果から、特にO型とAB型の思考形態の違いなるものが、統計学上からも実証されたことになります。

　一方、上記の歴史小説家リストで見ると、A型サンプル数は、20名と特に多く、A型以外のその他の型の合計サンプル数12名の内訳は見ての通り、O型の5名、B型の5名、AB型の2名です。

　期待値は、やはり日本人平均の血液型分布を元に算出します。

　カイ二乗検定で算出すると、科学的実証のボーダーラインである5％水準で有意差があると判断します。結果、95％以上の信頼性高いデータということになります。更にA型の多さに照準を絞っての二項検定なら、1％水準での有意差となります。ゆえに、日本人ＡＢＯ式血液型分布率で見れば、1％以下の確立でないと、特にA型に集中するこのバラつきは通常起こり得ないということです。となれば、この統計的分析手法で見れば、99％以上の信頼性高いデータということになります。つまり、比較的A型が多いこの売れっ子歴史小説家リスト（ある程度の売れ行き歴史小説家も含む）のデータとＡＢＯ式血液型（ＡＢＯ式細胞型）とは、何らかの因果関係がある、と結論付けられます。

　しかし、ＳＦ作家では、上記の要領で二項検定を実施すると、A型の少なさにおいてのみ、1％水準で有意差があると判断できます。SF分野でのO型の多さも、O型特有のメロディー調から来る独創性が生かされる分野でしょう。元来、架空のフィクションを語るのが好きなO型だけに納得します。関連で、ロマンとは異にするメルヘンの空想壁をしたがるのは、AB型だけに、銀河鉄道の夜で有名な宮沢賢治（AB型）や翻訳家で名を挙げた児童文学者の村岡花子（AB型）の作風にはメルヘンを実感する。ちなみに、漫画家なれど、ベルサイユのバラと言うメ

ルヘンの金字塔を築いた池田理代子がAB型であることは妙に納得させられる。

さて、B型因子の少ない白色系人種の国においては、O型とA型が拮抗しているだけに、A型特有の緻密さを生かしたメカニック系のSF作家は、それなりにいると思われます。B型が21.8%とそれなりにいる我が国では、B型特有の未来志向とアイデアを生かしやすいSF分野へより多くの作家が参入したがるのでしょうか。その分、A型のシェアがB型によって、食われてしまったのでしょうか。

あるいは、この分析データから、未来よりも過去への執着を優先するA型と見るのは、いささか短絡的ではありますが、ある程度のポイントにはなる、と言う能見正比古氏の指摘もあります。

一方、歴史研究とは、古来の文献を収集して、資料や記録を丹念に調べる地道な作業が第一に求められる。この能力は、やはりA型が他をリードする旨の指摘も彼はする。

ましてや、巨匠と言われる歴史小説家となれば、司馬遼太郎、山岡荘八、吉川英治、池波正太郎、柴田錬三郎、海音寺潮五郎等、代表的な歴史作家は、圧倒的にA型優勢である。今回、このリストには並べていないが、「キングダム」と言う中国秋冬戦国時代の超大作を描き続けている漫画家の原泰久もA型である。

むろん、O型の中にも、南条範夫、永井路子、堺屋太一等の歴史作家も出たものの、歴史物と言うよりも、ヒューマンタッチの作風を強く実感する。更に、B型とAB型の歴史作家は歴史小説と言うよりも、時代小説の傾向を実感します。

ベストセラー上位ランキングを元に統計的手法を実施すれば、歴史作家におけるA型の優位性は更に高まるでしょう。例えば、売れ行き部数100万部以上をもっての歴史作家リストに絞りこむ手法を採用すれば、当然にそうなるでしょう。むろん、この売れ行き手法で検定すれば、推理小説家におけるO型の有意性も更に高まるでしょう。

現代は、自ら進んで何型かを発信しない著名人も少なからずいるだけに、作家のＡＢＯ式血液型リストを今後も追加していくのは極めて難儀でしょう。ましてや、調査能力抜群だった元祖血液型人間学研究家の作家・能見正比古氏が他界してるだけに尚更です。それだけに、このリストは貴重なのです。

　さて、ここでの見方で大切なのは、Ａ型誰もが歴史好きとなり、歴史小説家のセンスを持つということではない。山岡荘八や司馬遼太郎のような巨匠と言われる歴史小説家は、Ａ型の中から出るも、他のＡＢＯ式何型からは出ないということである。これは、数学で言う部分集合の理論である。おそらく、Ａ型遺伝子以外の他の遺伝子や環境面の微妙な絡みにより、過去の歴史的文献資料の収集能力や文体構成能力の整ったＡ型特有の歴史小説家が誕生するのであろう。

　この考察を可能にするのも、ＡＢＯ式の統計的分析があればこその賜である。

　いずれにしろ、上記の資料からもわかるように、ホームランバッターでのＯ型打者優位性、推理小説家のセンスで見たＯ型推理小説家優位性、大相撲Ａ型力士成功者の優位性等は、30年以上前から、故・能見正比古氏により、既に統計学上からも実証されています。つまり、血液型と人間行動の差、血液型と思考形態の違いまでも実証されたと言える。やはり、ＡＢＯ式血液型と性格の関連性はある、と結論付けられます。

　更に下記内容データからも、本来の血液型人間学が学術的なものであると同時に科学的なものであることが、統計学上からも更に実証されています。一般的には、何か一つの統計的事例で実証すれば、科学的に実証された、としてもよいのですが、好奇心ついでに下記の事例もご参照下さい。

4．ＡＢＯ式血液型と紅白出場歌手

次に下記リストに表示する昭和45年・昭和59年紅白出場歌手の血液型リストで分析する。この内、昭和59年紅白出場歌手のＡ型の多さに照準を絞っての二項検定なら、２％水準で有意差がでる。

昭和45年紅白時は、Ｏ型優勢だったのが昭和59年は、一転してＡ型優勢となりました。

Ｏ型の歌唱力から、Ａ型のフィーリングが求められる時代へと移行したのが、昭和48年以降からで、特に昭和59年紅白にＡ型優勢の傾向が現れたと言う、能見正比古氏の分析があります。

つまり、下記データによって、ＡＢＯ式細胞型ごとに色気及び雰囲気が微妙に違うことによって、紅白選別に大きな影響を大衆に与えていたことが科学的に実証されていたのです。

もっとも、歌謡曲全盛時代と違う近年の傾向はわかりません。不自然なばらつきはあるかもしれないし、ないかもしれない。興味のある方は調べてみて下さい。

1970年（昭和45年）紅白出場歌手ＡＢＯ式リスト

Ｏ型17人
北島三郎、西郷輝彦、佐川満男、千昌夫、森進一、喜早哲（ダークダックス）、内山田洋（内山田洋とクール・ファイブ）、前川清（内山田洋とクールファイブ）、出門英（ヒデとロザンナ）、ロザンナ（ヒデとロザンナ）、佐良直美、水前寺清子、日吉ミミ、辺見マリ、黛ジュン、美空ひばり、和田アキ子

A型15人
アイジョージ、坂本九、にしきのあきら、橋幸夫、布施明、
佐々木行(ダークダックス)、美川憲一、青江三奈、島倉千代子、
弘田三枝子、今陽子(ピンキーとキラーズ)、藤圭子、
由紀さおり、青山孝史(フォーリーブス)、野村将希

B型11人
菅原洋一、フランク永井、三波春夫、高見澤宏(ダークダックス)、
遠山一(ダークダックス)、江木俊夫(フォーリーブス)、
おりも政夫(フォーリーブス)、北公次(フォーリーブス)、
西田佐知子、森山良子、小川知子、いしだあゆみ

AB型5人
舟木一夫、村田英雄、伊藤ゆかり、森山加代子、都はるみ

1984年(昭和59年)紅白出場歌手ＡＢＯ式リスト

O型7人
千昌夫、近藤真彦、北島三郎、森進一、河合奈保子、
水前寺清子、小泉今日子

A型24人
舘ひろし、新沼謙治、郷ひろみ、細川たかし、沢田研二、
芦屋雁之助、大川栄策、五木ひろし、藤井フミヤ(チェッカーズ)、
高杢禎彦(チェッカーズ)、鶴久政治(チェッカーズ)、
本木雅弘(シブがき隊)、早見優、高田みずえ、研ナオコ、
中森明菜、松田聖子、牧村三枝子、高橋真梨子、小柳ルミ子、
石川さゆり、森昌子、島倉千代子、小林幸子

B型9人
田原俊彦、菅原洋一、三波春夫、薬丸裕英（シブがき隊）、布川敏和（シブがき隊）、堀ちえみ、川中美幸、岩崎宏美、八代亜紀

AB型3人
村田英雄、西城秀樹、都はるみ
（注）チェッカーズ等のグループシンガーは、ボーカルメンバーかリーダーのみを優先。血液型不明者は削除。

5. 時代が動かす内閣ＡＢＯ式血液型リスト

一転して、話を政治の世界へ。
　下記リストは、昭和55年7月の鈴木善幸内閣の血液型リストです。

第一次鈴木内閣の血液型リスト
内閣総理大臣－鈴木善幸（Ｏ型）　法務大臣－奥野誠亮（Ｂ型）
外務大臣－伊東正義（不明）　大蔵大臣－渡辺美智雄（Ａ型）
文部大臣－田中龍夫（AB）　厚生大臣－斎藤邦吉（AB）
農林水産大臣－亀岡高夫(B型)　通商産業大臣－田中六助（O型）
運輸大臣－塩川正十郎（AB型）　郵政大臣－山内一郎（Ｏ型）
労働大臣－藤尾正行（Ｏ型）　建設大臣－斉藤滋与史（Ｏ型）
自治大臣－石破二朗(O型)　内閣官房長官－宮澤喜一(AB型)
総理府総務長官－中山太郎(AB型)　環境庁長官－鯨岡兵輔(O型)
行政管理庁長官－中曽根康弘(O型)　北海道開発庁長官－原健三郎(O型)
防衛庁長官－大村襄治(O型)　経済企画庁長官－河本敏夫(O型)
科学技術庁長官－中川一郎（AB型）
　この当時の衆議院議員は比較的にＯ型とAB型が優勢であった結果を受けたかのように、このリストでのχ二乗検定・危険率Ｐは3％以下というレベルで有意差を示しています。

時代は変わり、平成13年の小泉内閣リストを下記に表示します。（下記ＡＢＯ式血液型データは、ABOFANサイト等を参照）

小泉純一郎総裁（Ａ型）　幹事長－山崎拓（Ａ型）
政調会長－麻生太郎（Ａ型）　総務会長－堀内光雄（AB型）
総務－片山虎之助（Ａ型）　法務－森山眞弓（Ｂ型）
外務－田中眞紀子（AB型）　財務－塩川正十郎（AB型）
厚生労働－坂口力（Ａ型）　農林水産－武部勤（AB型）
経済産業－平沼赳夫（Ａ型）　国土交通－扇千景（Ｂ型）
環境－川口順子（Ｂ型）　官房－福田康夫（Ａ型）
国家公安－村井仁（Ｏ型）　防衛－中谷元（Ａ型）
金融－柳沢伯夫（Ａ型）　行政改革－石原伸晃（Ａ型）
沖縄北方・科技－尾身幸次（Ｏ型）　経済財政政策－竹中平蔵（Ｏ型）

　ご覧の通り、以前とは一転して、Ｏ型が極度に少ない結果になっています。カイ二乗検定も、危険率Ｐは２％以下というレベルで有意差を示しています。特に衆参両議院の数で特にＯ型が減少しているわけでもないのです。
　この当時から、自民党にＯ型がやや少なく、民主党に比較的Ｏ型が多い影響も出たと思いますが、あえて言えば、この時代がＯ型政治家特有の派閥政治からの脱却を多くの国民が小泉内閣に求めたものとも言えるでしょう。このように、ＡＢＯ式血液型が時代の流れによって、紅白歌謡界選別のみならず、内閣選別リストにまで影響することも起こりえることが統計学上実証されたことになります。
　また、この結果から、派閥という力に固執するＯ型政治家、力よりも世間の風潮を意識するＡ型議員、福祉やセーフティーネット等の公平性に固執するAB型議員の違いなるものも上の数値は物語っています。つまり、このデータの分析からもＡＢＯ式細胞型人間学理論性の正しさが科学的に実証されたことになります。

6. 東大工学部の一調査例

　下記は、能見正比古氏と彼の後輩の学生協力によって算出されたもので、昭和56年卒業の東大工学部、金属工学科と金属材料学科の学生の血液型判明数です。

まず、金属工学科26名中
　O型　11名、　A型　6名、　B型　3名、　AB型　6名
　その期待値は、日本人平均血液型分布率（O型30.7％、A型38.1％、B型21.8％、AB型9.4％）を使用し、カイ2乗検定で算出します。
　すると、危険率3％水準で有意差があると判断します。

次に、金属材料学科30名中
　O型　2名、　A型　13名、　B型　12名、　AB型　3名
　その期待値は、日本人平均血液型分布率を使用し、算出します。
　すると、危険率2％水準で有意差があると判断します。

　この両学科の血液型分布の結果を見る限り、興味深い結果となった。後者の金属材料学科は、材質自体の研究に固執するためか、興味追及派のB型が集まりやすい。
　一方、前者の金属工学科は、工業技術への応用が主流となるためか、大企業への就職も有利となる。然るに、目先の利益を優先しやすい現実的なO型には人気を呼ぶ。更に、ビジネス活動も社会参加として意識するAB型もこれに続く。A型の場合、緻密さを生かしやすい精密機械工学や電気工学等の学科へ向かうものと見られる。このA型の件は私の仮説であるため、今後の調査を期待したい。

7．B型不在のシンクロナイズドスイミング日本代表五輪選手？

　ABOFANサイトで、2012年ロンドンオリンピック出場選手女子シンクロのマーメイドジャパンの下記9名の血液型が掲載されていたのを見て、私はひらめいた。

◯乾友紀子 O型、◯小林千紗 A型、酒井麻里子 AB型、
足立夢実 O型、箱山愛香 A型、中村麻衣 AB型、
三井梨紗子 AB型、糸山真与 A型、吉田胡桃 AB型
（◯印はデュエットチーム）

　ご覧の通り、B型が皆無なのです。果たして、ロンドン五輪のことだけなのか？　不審に思った私は、過去のマーメイドジャパンの五輪代表選手の血液型を調べることにした。調べると言っても、ネット検索だが、不思議なことに、上記9名はいずれもネットでヒットし、血液型が確認されるものの、これ以外のものとなれば、ほとんどヒットしない。結果、ヒットしたのは、下記8名の元五輪代表選手たちだ。

青木愛（北京）A型、鈴木絵美子（北京）O型、
武田美保（アテネ）O型、藤丸真世（アテネ）A型、
立花美哉（アテネ）O型、神保れい（アトランタ）A型、
奥野史子（バルセロナ）O型、小谷実可子（ソウル）A型
（注）五輪複数回出場選手も一都市のみの記載。

　これでも、B型はいない。ようやくB型がヒットしたと思ったら、荒井美帆選手である。しかし、彼女はアジア大会や他の世界大会での出場経験はあるものの、五輪出場経験は無い。これでは、彼女一人を今回の統計調査に追加するわけにはいかない。やはり、シンクロの最高峰は

五輪大会である。この大舞台に向けての厳しい練習とプレッシャーに耐えうるＡＢＯ式の素材を見たいのだ。それなので、上記判明者数17名（ロンドン五輪出場者9名プラスOB五輪出場経験者8名）でのＡＢＯ式統計分析を実施する。この場合、Ｂ型の皆無さに対して注目し、Ｂ型の少なさに対する二項検定を実施する。

まず、五輪出場経験者17名中
Ｏ型　6名、　Ａ型　7名、　Ｂ型　0名、　AB型　4名

　上記サンプルデータの期待値は、日本人平均血液型分布率（Ｏ型30.7％、Ａ型38.1％、Ｂ型21.8％、AB型9.4％）を使用し、二項検定（Ｂ型対その他トータルのＡＢＯ式型）で算出します。
　すると、危険率3％水準で有意差があると判断します。

　つまり、上記シンクロナイズドスイミング選手の五輪経験者にＢ型が皆無なのは、ＡＢＯ式細胞型が何らかの影響を与えていることが統計学上実証されたのです。もしも、単独出場のソロが主流となるシンクロ五輪なら、Ｂ型選手も上記に名を連ねていたかもしれません。しかし、五輪のメインは、1996年のアトランタ五輪からペアのデュエットと8名体制のチーム方式を主流としているため、比較的単独行動を得意とするＢ型には荷が重い。しかも、シンクロは水の中では、ばたばたともがき苦しむ側らに、笑顔までも激しく強要される競技だけに、本質的に見かけ不愛想なＢ型には尚更きついものとなろう。日本よりも、比較的Ｂ型が多い中国と韓国のことを考慮するなら、中国チームと韓国チームのＡＢＯ式データも欲しいところだが、おそらく世界的に見ても、Ｂ型シンクロナイズドスイミング選手の五輪での活躍は今後も期待薄と筆者は見る。
　以上の視点から、Ｂ型選手は単独プレイが好みで、集団競技が苦手と結論付けるのはやや短絡的ですが、比較的に自由を束縛しやすい競技に

は不向きな傾向があると考察できます。やはり、B型気質が影響した選考結果と言えるでしょう。つまり、B型気質から来る行動性と思考形態の存在性が科学的に実証されたのです。（ちなみに、今夏開催予定リオ五輪日本代表内定選手の中でも、五輪初出場となる丸茂圭衣はA型で、中牧佳南はＡＢ型となり、依然B型選手は皆無である）

さて、この統計的手法で分析する血液型人間学（ＡＢＯ式細胞型人間学）も、各心理学者からは、疑似科学扱いになるのでしょうか。もしそうなら、統計学自体を否定することでもあり、知識人にあるまじき行為となる。また、より多くの学生がこの統計事実を知れば、人類の発展と未来にとってもメリットは大である。

8．ＡＢＯ式統計学で更なる実証へ

シドニーオリンピックで高橋尚子（O型）が脚光を浴びて以来、アテネ、北京と下記代表者は、すべてO型選手になっています。近代マラソンは、ペース配分よりもスピード重視の集中性が求められる戦い方になったことから、O型の出番となった旨の能見正からの指摘もあります。近年益々、O型優勢のアフリカ勢の選手からマラソンランナーが多く出るのも納得させられます。

また、サッカーワールドカップと女子マラソンオリンピックから検証する限り、比較的、マスコミから注目されやすいスポーツ競技に己の存在感を強く意識しすぎる有能なO型選手が集中しやすい傾向にある、という見方もできるでしょう。

土佐礼子（O型）アテネと北京、野口みずき（O型）アテネと北京、坂本直子（O型）アテネ、中村友梨香（O型）北京

ロンドン五輪3選手は、いずれも不明。

また、長野五輪のスキージャンプ競技で脚光を浴びた日の丸飛行隊4

名の血液型は、下記の通りに皆A型です。

スキージャンプ団体（船木和喜A、原田雅彦A、岡部孝信A、斉藤浩哉A）

　ソチ五輪で大活躍した葛西紀明はAB型であるが、女子スキージャンプで善戦した高梨沙羅と伊藤有希はA型である。
　おそらく古今東西に渡り、大活躍してきたスキージャンパーは、A型選手主流と私は見ている。
　高所恐怖症と戦いつつ、暴走族のようなスピード感酔心の境地に最も近いと見られるA型気質がポイントになろう。
　故人・能見正比古氏の文献によれば、A型民族は、B型民族と遭遇する昔から、見通しの悪い密林の山岳地域に多く生息していた。更に低地のローランドゴリラがB型主流に対し、マウンテンゴリラはA型優勢とするネット情報等が正しければこの仮説を強固なものとする。
　つまり、進化論が正しいものと仮定した場合、A型は人類進化以前の太古の類人猿時代から高所恐怖症に打ち勝つだけでなく、高所から下界を見下ろす景観にも酔いしれて来たと言える。
　ジェットコースター好きに、A型がかなり多いことと何か関係がありそうだ。今後の検証によって、更に何かわかるであろう。
　そこで、比較的ジェットコースター好きは、特にA型が多いとする私の仮説を統計学上から実証するための調査を中高大等の各教育機関は、大勢の生徒たちを対象にした調査をしてみてはどうでしょうか。
　むろん、任意ではありますが、上記仮説テーマに強い関心がお持ちの方なら、ボランティア精神でこのテーマに対しての統計的分析を希望します。おそらく、各大学の学生等を対象にしての下記要領アンケートをより多く収集すれば、興味深いデータが得られるであろう。複数大学になるのは問題ないが、一学年に絞るのが妥当となる。
　一例で、下記方式の質問形式がベターと思います。

「この調査は、ジェットコースターに対する好みの思考形態がＡＢＯ式血液型別によって、何か関連性があるか否かの調査です。あくまでもこの調査から上記テーマが統計学上実証されるか否かを確認するものです。そこでまずは、あなたのＡＢＯ式血液型を表記して下さい」

「次にあなたは、これまでジェットコースターに何回くらい乗ったことがありますか？ その乗車回数を表記して下さい」

そして、回収したデータ乗車回数のランキング数と血液型をプロ野球歴代ホームランランキング数のようにデータ化する。そして、回答者が500名だったとした場合、上位50名以上で線引きし、その中の血液型構成比率を分析する。逆に、下位50名以下のものも、参考までに算出する。この場合の期待値は、日本人平均血液型分布率（O型30.7％、A型38.1％、B型21.8％、AB型9.4％）を元にとりあえず算出する方法もあるが、このケースの場合は、調査回答者の血液型構成（％）で期待値人数を算出すべきであろう。例えば、この本件調査にA型の回答者が全体の35％くらいなら、この数値を元にA型の期待値を算出することとなる。

そして、このサンプルデータを元に、二項検定ないしχ^2乗検定を実施すれば、A型優勢の結果が得られると思います。違う結果になれば、私のこの仮説は棄却ということになります。

このように、科学の基本は仮説の集積です。試行錯誤の調査価値はあるでしょう。

それ以外に筆者の気になるものとして、保育士を養成する子供学科等の短期大学で、特にAB型の多い報告を知り合いから受けた。AB型特有の極度の幼児好き（ロリコン趣味ということではなく、純粋にの意味）と福祉関連のボランティア好き傾向とも関係がありそうだ。

また、金融機関と裁判所の協力により、カード破産者のブラックリストデータや破産宣告者のデータをＡＢＯ式別に入手できるなら、何らか

の傾向を見いだせるかもしれない。おそらく、上記データの筆頭格は、Ａ型と見ている。金は使うためにあるとする金銭哲学をもつＡ型ならではの最有力の一押しとなる。しかし、突然興味を抱いた対象に対しては、凝り性となって、惜しげもなく出費するＢ型も要注意となる。

　本来、裏に回ればケチのＯ型も欲に転ぶ傾向があるだけに、この分野の有力候補となろう。一説にバーゲンセールに弱い程度のAB型であれば、家計破綻のリスクからは解放されがちなものの、程度の過ぎたるメルヘン世界の陶酔となれば、油断は禁物となる。

　更にＡＢＯ式別の離婚データとなれば、各役所の協力が不可欠となる。あくまでも筆者の推測だが、流行品やブランド物の衝動買いを気安くしがちなＡ型同志の夫婦なら家計破綻のリスク度は当然に高まるために、離婚リスクは高まろう。逆に節約の才に長けたケチなＯ型同士の夫婦の場合、家計は安定するために自然と離婚リスクは低くなる。一説に、恋愛結婚の組み合わせとしては特に多いとされるＡ型夫とＯ型妻の組み合わせご夫婦の場合、世界レベルで見ても離婚率もそれなりに高くなろう。将来的にこの種のデータが入手可能となれば、統計学上の傾向は得られるであろう。

　さて、2003年当時、フジテレビ番組の「あるある大事典」で紹介されたアンテナ細胞の検証から、ＡＢＯ式血液型による身体の弱点が紹介された。育種のウイルス等を粉砕する細胞バリアの役目を担っていると思われるＡＢＯ式アンテナ細胞も、ＡＢＯ式何型によって弱点があるらしい。アメリカの最新研究によれば、Ｏ型は胃腸のアンテナ細胞が過剰反応しやすく、消化器系で、胃ガンや大腸ガンに要注意、Ａ型の人は心臓にあるアンテナ細胞が過剰反応しやすく、心筋梗塞・狭心症に要注意、Ｂ型の人は血管壁にあるアンテナ細胞が固まりやすく、動脈硬化・脳出血に要注意、AB型の人は以上の点を均等に注意すべきとなる。

　アメリカでの実証であることを世界中に認知させるなら、具体的に統計学上の実証を当局は認知し、具体的数値を公表すべきである。

　また、2003年フジテレビとテレビ東京の番組で当時、聖マリアンナ

医科大学の浅尾哲朗教授が「ＡＢＯ式血液型によって異なる脳の働き場所」の解説をしていた。Ａ型が何か絵画を鑑賞する時の思考時に大脳の側頭葉が刺激され、Ｂ型が大脳の前頭葉が刺激されやすいこと等がＭＲＩ検査の応用である機能的磁気共鳴画像技術の測定でわかった、と言う。一般的に側頭葉が記憶を確保する場所で、前頭葉は過去よりも先々の未来を意識する大脳の箇所らしい。この結果から、Ａ型は過去に固執し、Ｂ型は未来志向と言う解説を浅尾氏は当番組でしていた。詳細は、「血液型と大脳」等の文言でウェブ入力すれば、ネットからこれに関する複数の情報を得られるでしょう。当然に脳細胞表面上にＡＢＯ式糖鎖物質がある以上、大脳の刺激される箇所がＡＢＯ式何型ごとに違ってくることは、理論上起こり得ることである。だとすれば、この種の実験をする科学者は、何型ごとに何名の測定をしたかのデータ表示をし、尚且つ、この測定結果のサンプル数を基準にした二項検定ないし、カイ２乗検定を実施するところまで追求すべきである。それによって、５％以下の危険率であれば、ＡＢＯ式血液型によって異なる脳の働き場所の違いが科学的に実証されたものとされる。今後、この種の科学者は、このＡＢＯ式統計学の視点から、とことん追求していただきたい。

　今後、より多くの大学や企業の協力により、多くの統計的データの調査を可能とする。しかし、各大学の心理学会等がこの調査に待ったをかけるとなれば、それは期待薄となる。

　なぜなら、その調査を実施すること自体が人を血液型で差別するものだ、とする偏見をいだく者が少なからずいることから、データ収集の調査も今後益々困難になるからです。本書を熟読する者ならば、彼ら心理学者こそ人間科学の進展を阻む首謀者の既得権益者であることを認識するであろう。

　しかし、その苦境打開の突破口として、ＡＢＯ式血液型のデータ収集ではなく、ＡＢＯ式細胞型のデータ収集として、世間にアピールしていただきたい。この視点から少しずつ状況を変えていくべきである。流れている血液成分に固執するのではなく、細胞自体に固執する感性とな

る。ＡＢＯ式血液型と言う言い方よりも、ＡＢＯ式細胞型と言う言い方を世に広く定着させることこそ、世間からの非難を回避しやすくなろう。

　以上のように、統計学の視点から見ても、ABO式細胞型人間学は科学的に実証されていることを理解しよう。

　さて、ここで改めてABO式糖鎖物質のことを考察してみよう。

　まず、細胞同士を連携させる糖鎖の世界とは、ABO式糖鎖物質以外にも、幾種の糖鎖物質がおそらく何種以上も各細胞膜表面上に存在しよう。一説に400種以上あると言われる血液型物質（糖鎖物質）だが、そうすると、一人の人間が赤血球表面膜上に抱える糖鎖物質とは、果たして何種ほどに及ぶのか。上記の一割としても40種ほどになるが、当然に赤血球表面のみならず、各細胞膜表面上にも数種類の糖鎖物質が存在しても何ら不思議ではない。ABO式糖鎖物質以外の幾種糖鎖物質のゲノム解読も将来的には期待したい。

　さて、ミクロな世界の話だが、一つの細胞膜表面上にアンテナのような糖鎖物質がヒゲだらけのように、最低でも数百単位で存在するとなれば、ABO式糖鎖物質以外の糖鎖物質も当然に存在しよう。既にABO式以外の血液型として認知されているRH式やMN式等、これら幾種の血液型物質も糖鎖物質として、細胞膜上にも君臨しているものと筆者は考える。RH式においては、RHプラスとRHマイナスの2種類ということではなく、最低でも18種類以上あることは確認されている。おそらく、ABO式糖鎖物質以外の他の複数数種類の糖鎖物質の内、どの糖鎖物質が各個人の細胞膜表面上に存在するかにより、更なる雄弁家になるための制度アップを決定付けるのかもしれない。具体例として、O型のストレート系口調を伸びのあるものにするか、切れの無いもごもご口調にするかを決定する更なる糖鎖物質が細胞膜表面上に存在するということです。おそらく、反射神経や動体視力のみならず、音感やデザインセンスを決める糖鎖物質があっても、何ら不思議ではない。人の性格や感性は、脳が決めるものと言う知識人はいるが、この脳細胞とて、各

個人に60兆個もあると言われる細胞の集合体である。だとすれば、脳神経細胞同士を連携させ、上手くコントロールするのは、細胞膜表面上に存在する糖鎖物質である。ならば、その糖鎖物質の種別が異なれば、各細胞同士の連携や情報伝達が異なるのも当然の理屈となろう。つまり、各人が体内に保持する糖鎖物質の違いによっては、思考形態は元より、話し方、運動神経、音感、美的センスのみならず、各人の色気や容姿の雰囲気にまで、微妙な影響を与えていくことは、理論的に成立しよう。

　ところで、ABO式糖鎖物質を筆頭にこれら数種の糖鎖物質を作り出す遺伝子は、細胞核に在る染色体（ABO式糖鎖物質を作る遺伝子は9番目染色体、RH式糖鎖物質を作る遺伝子は1番目染色体）の中に存在するとなれば、人の気質や素質は、間接的になるかもしれないが、遺伝子が決めると言う言い方はある意味正しいと言える。しかし、これをもっと具体的に表現するなら、人の気質や素質は、ABO式糖鎖物質を筆頭にした数種類の糖鎖物質（アンテナ細胞）が直接的に決めていく、と申しても過言ではないだろう。これを極論と言うのであれば、人の気質や素質等の根幹をなす重要な要素に強く絡むのがアンテナ細胞と言う言い方になろう。このあたりは、この章のABO式統計学のところで、科学的根拠の裏付けを各読者諸君が認識済であれば問題ないであろう。

　いずれにしろ、ABO式糖鎖物質以外である数種の糖鎖物質（アンテナ細胞）の存在が今後発見され、尚且つ、これらすべてのゲノム解読完遂によって、数種アンテナ細胞のメカニズムが解明された時こそ、科学的なＡＢＯ式細胞型人間学が、更なる進化を遂げるであろう。

【お知らせ】　本書P144～P146の内容記載に関する調査終結後に、あるＢ型選手1名の五輪出場記録が判明するも、Ｂ型以外の3選手五輪出場記録も新たに入手できたため、本件調査の検証と考察に関する大筋の見方においては、特に支障なしと判断いたします。以上

第7章

血液型裁判とは何か？

本来の血液型人間学とは、統計学も駆使したもので、占い系やお遊びな4つの性格式のものと同列に論じられない学術的なものであることが高裁で立証された！

◎敵はBPO、弁護士無しで筆者ただ一人で戦えり！

　血液型裁判とは、BPO血液型慰謝料請求事件の略である。学術的サイトとしては有名なABOFANでは、通称「血液型裁判」と、命名された。この事件の判決文内容等は、このサイトから入って、閲覧可能である。あるいは、血液型法廷闘争ないし血液型岡野誠とウェブ入力すれば、これに関する情報は見いだせます。

　さて、事件の発端は、テレビCMでも時折放映されるBPOと言う機関が2004年12月に放送各局に対し、事実上の勧告として要請された要望内容が大問題と強く認識した筆者の私が、この数年後の2011年8月8日にBPOを提訴した事件である。

　さて、BPOとは、放送倫理・番組向上機構の略であり、NHKと民放連で出資した任意団体である。放送各局は、放送番組において、倫理上問題無い番組か否かの監視を受け、ある種の番組が問題有りと判断された場合、BPOは放送各局に対して要請すべく、BPO作成の要望を出すこととなる。その問題の要望が「血液型を扱う番組」に対する要望である。BPOの配下であるBPO青少年委員会が当時作成した本件要望の詳細は、BPOサイトでご参照下さい。上記委員会は7名の学識経験者で構成されている。当時、あのA型・見城美枝子まで名を連ねていた。

　この内容の概略は、下記記載の新聞記事を参照下されば理解しよう。

　とにかく、この本件要望は、血液型人間学に関する番組放送の事実上の廃止要請であると同時に能見正比古氏と筆者のような研究家を「血液型で人を分類する差別主義者である」ことを間接的に批判する要望でもある。この内容に激怒した私は、まずは、私こそ真の血液型人間学研究家であることを認知させるべく、5年間で血液型人間学に関する2冊の書籍を発刊し、その後1年以上の猶予期間をもって、訴訟のテクニカル技術を独学で学ぶべく、裁判所書籍をより多く読破しつつ研究した。ある意味、7年越しの怨念訴訟である。むろん、それだけでなく故人の能

見正比古氏の名誉回復のためでもある。訴訟前に相手方のBPOと交渉しようにも、BPO事務局は、この私の面談を拒むだけに話にならない。これは、迷うことなく提訴の道しかないと私は判断した。2冊書籍発刊後の訴訟時期に固執したのは、血液型人間学研究家（ＡＢＯ式細胞型人間学研究家）と名乗る以上、学術的な2冊書籍くらいの発刊に固執すべきと考えた。それによって前代未聞事件を裁判所と言う土俵にも上げやすくなり、マスコミにも周知しやすいとふんだ。

そして、私は2011年夏季の8月8日に東京地裁記者クラブへ記者会見を申し込んだ。この記者会見当日午前中に苦労して作成した訴状を東京地裁民事部に提出した。そして、この日の午後に事前申し込みしていた記者クラブの記者会見に応じた。某局幹事の女性記者は、珍しい事件ということもあり、記者会見の開催権を私に出してくれた。過去、弁護士無しの原告単独裁判を2度経験していた私だが、当記者クラブの記者会見は初である。結果、2011年8月8日、たった一人の記者会見を開催した。

東京地裁記者クラブでの記者会見場には、20名ほどの記者が集まり、私は下記資料を元に、マイクを使用しての説明を20分間ほどした。

BPO血液型慰謝料請求事件（弁護士付けずの筆者一人の単独訴訟です）の記者会見資料

原告の訴訟動機（本来の血液型人間学とは、占いの世界でもなく、4つの性格の話でもない学術的なものである。そして背景には三つ巴の戦いか？）

原告は、近年、「血液型で失恋せよ！」と「負け組のＯ型こそタレント嫌いで主張せよ！」なる分厚い複数本をアマゾン等のネットサイト等で通販する血液型人間学研究家である。そして、本来の血液型人間学とは、占いの世界でもなく、4つの性格の話でもないことをより多くの国

民に対し、より広く認知させることこそが原告永年の夢となる。然るに、血液型と性格の関係を占いや４つの性格式で出版する輩と同列に原告を論じないでいただきたい。

しかし、2004年12月8日付け、BPO青少年委員会が各放送局に要請した要望書のため、原告の夢は半永久的に潰えたようなものである。

1．その要望書の内容を大ざっぱに分析すると、「血液型と性格の関連性は全くない」、「血液型と性格の問題を論じることは、人を差別するいいかげんな非科学的なもの」と、受け取れる内容である。

　つまり、本来の血液型人間学の何たるかも知らないBPO青少年委員会の無知から来る勝手な偏見と理不尽な決めつけになっている。これは明らかに、元祖血液型人間学研究家のパイオニア・故能見正比古氏と原告のような血液型人間学研究家を侮辱する内容である。然るに、原告への名誉棄損に当たるか否か。そして、本来の血液型人間学を放送することは、民放連が定める放送基準の「第8章表現上の配慮」54条には抵触しないことを確認できるか否かの問題点を本件要望書の中から掘り下げることが本件の争点となる。

2．古くから、血液型人間学を侮辱する心理学系の学識経験者が2004年当時、本件要望書作成に関わったBPO青少年委員会の委員7人のメンバー中に、なんと3人も占めていた、と聞く。ならば、過半数の同意を得ることは簡単だ。

　心理学会の既得権益なる私利私欲の絡む本件要望書と言えなくもない。この件も、本件の中で追求したい。

3．今後、このまま本件要望書を放置し続けることは、各メディアに対し、血液型人間学の放送を永久的に自粛させる事実上の勧告である。これにより今後、各メディアは益々この放送を採用しないだろう。現に、たまに放送されるのは、流れる血液の赤血球自体を問題にす

る番組であり、血液型と性格の関連性を肯定的に扱う番組は、本件要望書が2004年に出されて以来、私が知る限り放送されていない。

4．原告は、血液型人間学の豊富な知識を買われ、2001年4月5日オンエアー「TBSの番組、回復スパスパ人間学・血液型と性格のコーナー」に順レギュラーゲストとしてテレビ出演をしている。これを契機に分厚い二冊の書物を苦労しつつも、近年出版するまでとなった。

　しかし、2004年12月8日付け、本件要望書がBPO青少年委員会から出されて以来、原告メディア出演機会は完全に消失した以上、当然に心理学会の既得権益を優先する各大学からの講師採用など夢と散る。この精神的苦痛は図り知れない。この要望書が出なければ、原告の状況が少しはよりよい方向へ行っていたのは明白である以上、原告は、BPOに対し、金20万円の慰謝料を請求すると同時に、故能見正比古氏と原告のような真の血液型人間学研究家の名誉回復を図るべく、本件要望書を即刻、取り下げさせるべく、本訴で争う。

（事実経過）2011年6月23日、7月5日、7月20日に原告がBPO事務局へ連絡し、BPOの組織編成やシステムについて確認をする。また、本件要望の問題点を指摘すべく、BPO事務局との面談を求めるも無視される。その結果、訴訟に至る。以上

結果、産経新聞だけが下記内容の記事を掲載してくれた。私が5年間で苦労して発刊した二冊の書籍をマイクの前に提示しつつ、記者会見を実施したことも功を奏したと言える。その記事は下記内容になります。

血液型人間学は学術とBPOを提訴
血液型で"法廷闘争"
「番組は社会的差別」ＢＰＯ指摘に研究家反論、提訴

（産経新聞）2011年08月09日08時00分

　血液型をテーマにしたテレビ番組をめぐり、放送倫理・番組向上機構（ＢＰＯ）の青少年委員会が各放送局に行った「配慮」を求める要望で名誉を傷つけられたとして、血液型人間学研究家の岡野誠氏（52）が8日、同委員会を相手取り、要望の取り下げと慰謝料20万円などを求める訴えを東京地裁に起こした。

　訴状などによると、同委員会は平成16年、各放送局に向けた「『血液型を扱う番組』に対する要望」を発表。科学的な根拠が証明されていない血液型に対する「考え方や見方」で人を分類するのは、社会的差別に通じる危険があると指摘。血液型で性格が決まるといった見方を助長しないよう求めた。この要望で各局が放送を自粛し、岡野氏はメディアへの出演機会を失ったほか、「血液型人間学はいいかげんなもの」というレッテルを貼られ、精神的苦痛を受けたとしている。岡野氏は「血液型人間学は占いまがいのものではなく、学術的なものだ」と話した。

（新聞掲載分は以上）

　（注）当初はBPO青少年委員会を被告として争うつもりでしたが、提訴後、訴状審査が実施され、裁判所からの指摘があり、BPO青少年委員会を被告にするのは、当事者能力としての疑問が上がりました。

　つまり、当委員会は、2004年当時、BPO本体から諮問された立場であり、最終的な責任統治機構は、当委員会を維持運営するBPO本体であると原告の私が判断しました。

　然るに、被告は、BPOとなり、被告の代表者は当時の理事長ということになります。被告を誰にするかも、時としてやっかいな問題となるのも訴訟です。ましてや、古今東西に渡り、皆無な事件だけに、一つ一つ手さぐりの状況で日々奮闘した。

その後、原告である私、岡野誠は、被告である放送倫理番組向上機構（BPO）と法廷で争うべく、一審は下記日程の通り、4回法廷へ出向くこととなる。20席ほどある傍聴席は、極めて空席だ。よほど、テレビで取上げられなければ、こんなものだ。

　相手方のBPOは予想通り弁護士を付けてきた。それも、若手女性弁護士を見習い助手として同行したため、二名の弁護士が私と対峙した。公判と言っても、通常15分以内に終わるケースが大半だ。通常、公判では口頭弁論の機会はほとんどなく、事前に提出する準備書面を元に裁判所で審議される。法廷ドラマでよく観られるのは、証拠調べの証人尋問だ。この証人尋問は、裁判官が許可しない限り実施されない。本件においては、私が申請した証人尋問申請は担当裁判官からは認められず、結果的に今回は証人尋問無しの公判で終始した。つまり、公判前に提出する準備書面と証拠書類のみを軸にした審議が中心となった。

提訴日2011年8月8日、第1回公判10月3日、第2回公判11月21日、最終公判2012年1月16日、判決日2月27日

私が訴状に記載した請求の趣旨の主な内容は下記二点である。

1. 被告は、原告に対し、金20万円および2004（平成16）年12月8日から完済まで年5分の割合による金員を支払え。
2. 2004（平成16）年12月8日付け、被告から放送各局へ要請した「血液型を扱う番組」に対する要望を即刻取り下げろ。

　この内、重要なのは、2の方である。1の方は、元々金銭目当て目的の訴訟ではないだけに特に固執しないのだが、法廷と言う土俵の上に乗っけるためにも、テクニカル上から必要な処置なのだ。あくまでも、本人である血液型人間学研究家の私、本人自身が本件要望によって被害を被っていることを客観的に立証する必要性が優先される。故人・能見

正比古氏のために提起した看板のみをアピールするだけでは、この土俵には乗りにくいということです。

　しかし、一審公判初日、がっくりきた。担当裁判官がはずれだった。
　彼は、「血液型人間学の学術的資料があるなら、早く出せ！」と、せかすばかりか、本件事件を馬鹿馬鹿しい事件とハナから決めつけ、早く終結したがっていたのは明らかに明白だった。それでも私は粘り、公判３回分は確保した。それでも、一審判決内容は下記のようにひどいものであった。
　本件要望が本来の血液型人間学を誹謗中傷する内容になっている以上、この種の研究家を侮辱していることと同様であった。しかし、一審での水野正則裁判官の出した判決は、極めていいかげんなものです。
　この判決の一部要約を下記に紹介します。

　「本件要望は、単に原告の考え方とは異なる内容が含まれているだけで、特段、原告の名誉を棄損したり、原告の表現の自由を阻害するものではない」

　しかし、この原告の考え方とは異なる内容にこそ重要な問題があるため、私は本件提訴に及んだのだ。

　一審は敗訴し、請求の趣旨はすべて棄却された！

　本件要望は、占いまがいの４つの性格式に出版する輩の視点と故人能見正比古氏や原告のような研究家が出版する学術的な視点をごっちゃにし、本来の血液型人間学までもお遊びなものと誹謗中傷する内容となっている。そのため、原告のような研究家を侮辱するものとなり、場合によっては、世間からも「血液型で人を差別する者」と言うレッテルまで貼られることとなる。この事実認定をするため、当裁判所は本来、本件

要望内容を検証する責務を負う。それには、本来の血液型人間学（ＡＢＯ式細胞型の人間学）とは、4つの性格の話でもなく、占いの世界でもない学術的なものであることを確認する必要性が生じる。

　（注）本書から理解できるように、本来の血液型人間学は科学的に実証されているのは明らかですが、少なくとも裁判所では、最低ノルマとして、それが学術的なものであることを立証させることが不可欠となる。

　そのために私は本件で、膨大な学術的準備書面と本書でも紹介済のＡＢＯ式比較データ等の統計学立証資料を証拠として、本件で提出した。
　それにも係らず、水野正則裁判官は、本件要望問題点の検証から逃げての判決を一審で下したのだ。

　被告BPOは担当弁護士を２名付けながら、まともに答弁したのは、答弁書提出の第１回公判時のみだ。後の２回目と３回目の公判では、私からの質問に被告は答えない。唯一返答したのは、「本件要望議事録は当初から作成しなかった」点のみであった。然るに私は関係者３名の証人尋問申請手続きを申請した。
　しかし、水野正則裁判官は本件事件を早く終結させたがる態度が当初からありありで、関係者３名の証人尋問申請を却下した。
　当初から本件事件に興味を示さない彼は、事実上沈黙を続ける被告を擁護するがごとく、始めから結論ありきのいいかげんな判決を下したと言える。
　裁判官としての事実認定の職務義務を放棄した以上、彼は即刻、裁判官職を辞任すべきである。
　本件は、当初から裁判官と被告がつるんでいる、と言われても止む無しの不可解な一審の裁判事件であった。

　怒りの収まらない私は、東京高裁で２ヶ月後くらいに開催されるであ

ろう二審の控訴審手続きに向かった。

2012年4月18日付けに控訴審受理、1回のみの公判日2012年6月12日、判決言渡し日2012年7月19日。

ここでは、担当裁判官が3名になるため、少しは状況は変わることを期待した。通常、高裁の場合、公判は1回のみ開催される。しかし、判決日までの審議期間は受理から3ヶ月間くらいのため、三名裁判官からの証拠書類等の吟味期間は長めとなる。しかし、ここでも、証人尋問申請は却下されたものの、公判前に提出する準備書面には、気合を相当に入れて作成した。

二審判決の結果は下記の通りです。

控訴審も敗訴（慰謝料20万円請求と本件要望取り下げは棄却）
しかし、試合には負けても、勝負には勝った控訴審判決内容か？

控訴審も敗訴しましたが、当然に当判決内容に不満は残るものの、血液型人間学のパイオニアである故・能見正比古氏の面目もある程度は立ったと思われる。その理由として、二審の控訴審では担当裁判官が3名になることから、少しは客観性も出たのか、一審の原審判決内容から比較して、少しはまともな判決内容になっていた。となれば、もしも仮に本件事件を3名裁判官に一般市民6名の裁判員を加えてのあのトータル9名での裁判員制度で本件事件の裁定をしていただければ、おそらく私は勝訴できたであろう。

さて、控訴審では、控訴人である私の主張により、事実上の沈黙ばかりを継続する被控訴人のBPOは、下記の点を新たに認めた。

「本件要望は、たとえば血液型占いなど明らかに科学的でない事柄をあたかも科学的であるかのように扱うことに対する見直し、改善を求めているのであって、科学的根拠が実証された事柄を放送することについて問題視したり、排除したりしているものでもない」旨の準備書面を控

訴審公判1週間前に提出してきた。

　これに対し、控訴人の私は、「だったら、誰が読んでも理解できるように、この文言をこのまま本件要望に追記しろ」とする私の更なる準備書面の主張に対し、BPOは、またしても沈黙だ。明らかにこれは、BPOによる後付けの言い訳だ。

　しかし、ここでのポイントは、学術的な本来の血液型人間学と4つの性格式に論じる血液型占いなどを区分しよう、という変化がBPOに見られたことだ。私の一審からの陳述と多数の証拠資料をBPOが見た限り、「どうも、本来の血液型人間学とは、まんざらお遊びの世界とも言えないようだ」と、BPOも後付けで認めざるをえなくなったというのが本質のようだ。

　つまり、「本件要望の攻撃対象は、あくまでも本件54条に抵触する血液型占いのものを対象にするもので、統計学を駆使する本来の血液型人間学を批判するものではない」と、いうことをBPOが陳述したともとれる。むろん、本件要望の実態が血液型占いのものだけを攻撃してくれる内容になっておれば、私も本件要望内容に賛同していた。この点は、控訴審でも私は陳述している。

　となれば、BPOが一審の答弁書でも記載される陳述内容の「そもそも本件要望においては、本来の血液型人間学ないし血液型人間学について何ら触れていないのであるから、原告が被告を相手取る理由は見当たらない」とする主張の意図も一見理論性を感じるものの、本件要望の実態は、明らかに本来の血液型人間学までも侮辱する内容と化しているため、私は激怒し、本件事件が起こったのだ。言わゆる本来の血液型人間学までも、味噌と何とかを一緒にされる扱いを受けていた本件要望内容となっていたがため、放送各局は無条件で定期的な特番まで放送自粛としてきたのだ。

　現に、私が「本来の血液型人間学とは何かをBPOに答えろ」と一審から陳述するものの、BPOサイドは沈黙のままである。この問に返答できないとなれば、本件要望のどこに本来の血液型人間学が触れている

か否かの分析など、BPOに当然できるわけもない。この点を一審から私が追求すのものの、BPOは沈黙のままであった。

ここで、高等裁判所の判断で、当判決内容のポイントとなる見解を下記に明示する。

「本件要望が、(中略) 血液型と人間の性格、行動パターン、病気等との関係を学術的に研究する学問自体の存在自体を否定したり、これについても占いの類と同列であるとして否定的な評価をしたりするものではないし、学術的に裏付けられた内容で、しかも、青少年にも配慮して番組を制作することを否定する趣旨を含むものとは解されない。したがって、本件要望が、統計学を駆使し、学術的に血液型人間学を研究しているという控訴人を侮辱したり、控訴人の名誉を毀損するものと解することはできないし、控訴人の表現の自由や幸福追求権を侵害するということもできない」

ここで言う解されないとは、逆に言えば、本来の血液型人間学もしょせんは、占いでくだらないお遊びなものと解される要望内容ならば、本件要望の取り下げないし、修正の必要性が生じると言うことだ。

しかし、実態として、放送各局は、本件要望公表後、「本来の血液型人間学までも、お遊びなもので本件54条に抵触する」と、解したがため、定期的な血液型と性格に関する特番は皆無となった。

当時のBPOとBPO青少年委員会は、こうなることを期待するつもりで、味噌と何とかを一緒にする論法で本件要望を作成したのは明らかである。この点を高裁にも認めてくれなかったのは誠に残念である。ここを鮮明にするために、関係者3名の証人尋問は不可欠だったのだ。その申請を一審同様に控訴審でも棄却された。

解する解せないの問題ではなく、誰が読んでも、誤解を与えない一目

瞭然に具体的にわかりやすい本件要望内容になっていなければならない。誤解も何も、明らかに本来の血液型人間学までも、血液型占いのものと同列に考える味噌と何とかを一緒にする内容と化した本件要望になっているのは、大方の者が見ても明らかである。然るに私は、一度は本件要望を取り下げての再構築化を視野に入れ、本件要望取り下げを主張してきたのだ。

　この点を高裁も一審同様に無視し、解する解せないの論法で、BPOを擁護せんとする苦しい言い訳の判決を下したと言える。

　しかし、「統計学を駆使する学術的な本来の血液型人間学は、占いの類と同列に論じられない（本件54条にも抵触しない）」と、言う見解を高裁が示したとも言える。それを高裁に認めさせるだけの具体的な学術的資料と統計学上立証されている複数のデータを証拠資料として、私は一審から提出し、尚且つ理論的に控訴人の見解を粘り強く主張したことも功を奏したと言える。

　本件控訴審判決の解釈から言えることは、故人・能見正比古氏発案の血液型人間学とは、占い系やお遊びな4つの性格式のものと同列に論じられないものであり、統計学を駆使する学術的な本来の血液型人間学の存在性を認知せんとするお墨付きをある意味において、高裁から頂戴したようなものだ。

　つまり、本来の血液型人間学とは、統計学も駆使したもので、占い系やお遊びな4つの性格式のものと同列に論じられない学術的なものであることが高裁で立証されたのです！

　また、ABOFANサイトでも解説されているとおり、統計学を駆使する本来の血液型人間学を広めることは、差別を助長するものではないことも高裁で認知されたと言える。

　これにより、占いとしての血液型関連はダメだが、ABO式の統計データを使用しての放送形態には何ら問題もなく、放送法にも抵触しな

いことも高裁で認知されたと言える。

　そうできたのは、私が苦心して構築した複数の興味深い多くの資料を証拠書類として、裁判所へ提出していたからである。それでは、具体的にどういう内容の証拠書類を提出したのかは、読者のご想像にお任せしよう。本書を熟読すれば、ある程度の想像はできるはずです。

　さて、この判決を契機にして、本件54条に抵触しない本来の血液型人間学に関する本格的な放送番組の実現がいつになるのかの課題は残るものの、「試合に負けて、勝負には勝った！」と、するのは正にこういうことを言うのだ。これは、今後の私の戦いにとっても、大きな意味をもつ。本件事件に類する件で合法的に戦ってみたい敵は、BPO以外にも少なからず存在するだけに尚更今回の努力は報われる。むろん、偉大な先人でもある故・能見正比古氏の功績も当然に報われよう。

　つまり、本件事件は終結したが、本件事件に類する戦いは、まだまだ、これからである。むろん、私だけでなく、真の性格学の研究者でもある能見正比古氏によるかつての研究書籍と研究資料（ついでに私の発刊3冊の書籍）に対して、真摯に向き合おうとする未来の血液型人間学研究家にとっても、大きな礎になった本件事件とも言える。

　しかし、血液型裁判で原告となり、球際で戦った筆者だから言えることだが、血液型人間学に関する放送番組を実施する際、統計学上の裏付けあるデータ放送を軸にした分析番組なら問題ないでしょう。問題は、それ以外の内容だ。再三、筆者が申すように、一つの形容詞で処理しようとする横着な番組内容となった場合だ。こうなれば元の木阿弥だ。たちまち、BPOや各心理学会の餌食になるだろう。やはり、放送各局は、球際で戦った筆者の監修を受けてからのオンエアーにすべきである。

　また、本書が世にほとんど受け入れられない状況となれば、血液型人間学に関する放送番組のオンエアーの道はまだまだ遠いと見るべきかもしれない。やはり、血液型と性格に関する批判的な新聞記事や血液型人間学を批判する学者が現在でも少なからず存在するとなれば、一つ一つ地道に切り崩して行くしかないのでしょう。しかし、この点において上

記判決文内容を楯に取れば、切り崩しの戦いは筆者のみならずに、本来の血液型人間学を愛好する方たちにとっても、以前よりは心理学者等とも戦いやすくなったのは確かであろう。東京高裁判決文は、永遠に残るのですから……。判決内容が一審よりもまともになり、裁判所からのお墨付きをいただけたのは、占い系のものと本来の血液型人間学は全く別物であることに、筆者が徹底的に固執したからである。「B型自分の説明書と言う漫画系占いものもいいではないか」と、筆者が裁判所で陳述しようものならば、高裁は混乱し、まともな判決など得られなかったであろう。学術系のものと占い系のものを一緒にされては困るのだ。むろん、占い系盗作書籍を発刊するヤカラと筆者を同じグループの仲間と思われるのは侵害である。彼らとは敵であっても、仲間ではありません。筆者が何故、本書で参考文献の無い盗作本と4つの性格式の短絡的占い系本を問題視するかの固執要因は、世間や各心理学会のみならず、高裁と裁判所を意識してのことである。読者諸君も、本件裁判事件から得られた高裁からのお墨付きとは何かを改めて意識しつつ、この本書を何度でも熟読していただきたい。

◎ BPO 血液型裁判からの教訓

そもそも、人の性格は、教育等の環境面ともって生まれた素質と言う遺伝的な要素（ＡＢＯ式遺伝子やRH方式遺伝子等も含む）で決まる。これは、大方の者が認めるところだ。

ここから考えても、ＡＢＯ式血液型（ＡＢＯ式遺伝子型かＡＢＯ式細胞型と言う言い方でも良い）が各人の性格形成に与える影響度となれば、マックスで20％くらいであろう。

例えば、ＡＢＯ式遺伝子が性格遺伝子の親分の役目を果たしているとしても、各人の雰囲気や印象（色気）、そして、話し方にしても、ＡＢＯ式血液型から受けるのは、他の遺伝子や育った環境面の絡み等の影響もあり、やはりマックスで20％までの影響となろう。

むろん、仮に20%としても、世界的にも大幅な遅れをとる性格学から見れば大きな前進である。
　つまり、Ａ型の人間イコールＡ型の人間の話ではなく、全体の一部ではあるが、ＡＢＯ式細胞型の比較検証から何らかの共通する傾向を分析するのが、本来の血液型人間学であり、真の性格学と言える。従って、BPOが血液型と言う用語だけで、本件要望を記載したのは、益々抽象度と曖昧さを増す内容となる。
　血液型（遺伝子型か細胞型と言う意味でも良い）は、ＡＢＯ式だけでなく、RH方式もあればMN方式もある。これから判断しても、より内容に正確さを出すために、「血液型」ではなく、せめて「ＡＢＯ式血液型」と言う用語を本件要望で使用すべきである。

　特に、本件要望の終盤に記載される「血液型によって人間の性格が規定されるという見方を助長することのないよう要望する」
　を下記内容の要領で修正すべきである。

　「ＡＢＯ式血液型によって人間の性格が100%も規定されるという誤解を視聴者に与えないよう要望する」

　このように、より具体的かつ正確な表現に修正しない限り、BPOがどれだけ弁明しようとも、説得性に欠ける。
　現状の内容のままでは、誰が読んでも、本来の血液型人間学も、事実上放送自粛という解釈が成立する。しかし、高裁からのお墨付きを頂戴したのは、不幸中の幸いであるため、筆者が血液型裁判を提起したのは無駄でなかったと言える。心理学者等に操られるBPOをいくらかは、土俵際から、50センチくらい押し返したというところか？
　また、どんなにか配慮ある放送を実施しようとも、本来の血液型人間学までも感情的に批判したがる視聴者はそれなりにいるものだ。それは、高視聴率番組の宿命でもある。それと同時に、国民性、県民性、男

女差、理数系文化系の傾向分析等でも見られる性格学の宿命でもある。まず、比較検証の無い性格学等は有り得ない。しかし、短絡的な比較検証では駄目である。

　本書で指摘したＡＢＯ式色気リストやＡＢＯ式雄弁家リストにしても、それをリスト化し、冷静に表に出てくる現象と実感したものをありのまま素直に捉えることで、ある種の考察が生み出される。この積み重ねの検証が有力な仮説へと進展していく。
　この検証こそ、学術的なものとなる。
　科学の基本も仮説の集積だ。それでも、「どこかの学会が認めないから、本来の血液型人間学もお遊びなものだ」と言う視聴者のクレームがあるとするなら、それこそ、物事すべてをレッテルで判断する偏見に満ちた差別主義と言える。
　ある学会が地動説を認めないから、ガリレオを粉砕しようとするレベルでもある。
　むろん、より多くの視聴者に誤解を与えない配慮ある放送は不可欠である。その意味でBPOが記載する「分類」と言う用語は不適当だ。「分類」の意味が４つの性格を連想させ、差別という誤解までも与えかねない。
　そうではなく、性格学分析のためのテーマごとにおけるリスト化である。そこから生み出された有力な仮説としての考察を批判するのも認めるのも自由である。むろん、それを各放送局の判断によって、それをオンエアーするのも自由である。
　単に視聴者からの批判が多いという理由だけで、放送各局に対し、事実上の放送自粛を迫り、血液型人間学擁護派の主張を抹殺することこそ、表現の自由に抵触する。
　ところで、被控訴人が指摘するBPOに伝達された視聴者からのクレーム件数とは具体的に何件だったのか。一審から再三に亘り、その質問を私が投げかけても無視される一方であった。正式に認知している数

値は、本件要望に記載されている9件のみである。むろん、この9件は、いずれも無知さと感情的誤解に偏った意見であったことは、私が詳細に一審から陳述した。

　ここは、控訴審裁判官への正確な判断材料として、正確なトータルクレーム件数は何件だったのかをBPOは私に返答すべきであった。この報告をBPOが高裁でも拒否したがため、クレームトータル件数は、9件と認定せざるを得ない。それ以外、仮にあったとしても、「ばかやろう！」、「くだらない！」とかの罵声レベルのものであり、とても正式にカウントできるクレームではなかったのでしょう。むろん、放送各局が2004年以前に短絡的放送番組を実施した例も少なからずあったことも、クレーム要因になったことは、本書で指摘済である。

　一方、高視聴率の当番組ということは、この種の番組に何かを期待し、その放送を待ち望む青少年や一般視聴者も多いということだ。

　たとえば、過去一度たりともオンエアーされていない筆者指摘の理論からの伝授として、例えば、異性をＡＢＯ式色気リストや雄弁家リストから学術的に分析することで、恋愛対象の相手もより理論的に分析しやすくなるため、失恋問題等も冷静に対応しやすくなる。然るに、この種の知識をマスメディアから得られれば、青少年と一般視聴者にとっても大きなメリットである。

　また、政治、スポーツ、交通事故等の現象をＡＢＯ式別にデータを採取し、それを統計学で分析するテレビ番組なら、青少年と一般視聴者も新たな視点で多くの諸問題と統計学に関心をもてる機会に恵まれるであろう。

　「それでも、以上の内容を青少年にはより正確に認識する能力に劣るから、統計学上実証されていることでも報道すべきでない」と言う意見の者がいるとするなら、それこそ青少年たちに対して失礼だ。「弁護士付けずの本人訴訟手続きのやり方や民法等の法律を知りすぎると、やたらとずるがしこくなり、物作りを嫌がる怠け者の青少年が多くなりそう

だから、青少年の段階で本人訴訟手続きのことを教えるべきではない」と、言うようなものだ。(実際、国の方針はそうだと思う)

　本来の血液型人間学をより多くの者が知ることは、国民性、県民性、男女差の性格学以上に各人にとっても、有利な判断材料が増すということだ。この視点で見てる視聴者も多くいるため、高視聴率になりやすいとも言える。

　むろん、視聴率の高さに甘んじることなく、視聴者からのクレーム件数を最小限に食い止める努力は不可欠だ。この種の感情的クレーム理由の根底にあるものは、「血液型と言う体内に流れる血液成分だけで、人の性格が決まるわけはない」と言う論法がクレーム者数の共通項と推察できる。むろん、本件要望作成に関わった当時のBPO青少年委員会のメンバーも、同様の無知さかげんであったろう。

　ならば、その疑問点をクリアさせるべく、ＡＢＯ式糖鎖物質の説明をし、同時にそれは、9番目染色体に存在するＡＢＯ式遺伝子によって形成される点を説明する。次に、「ＡＢＯ式糖鎖物質とは、体内に流れる血液成分（赤血球）だけに関係する問題ではなく、体内約60兆個数の細胞（脳細胞も含む）膜表面上にも存在し、それに強く関わる問題でもある。

　ゆえに、各人の性格形成に多少なりともＡＢＯ式糖鎖物質が何らかの影響を与えていくであろうとする学術的視点と有力な仮説が成立します。

　つまり、「ＡＢＯ式血液型と言う言い方よりも、ＡＢＯ式細胞型という言い方を当放送局としても推奨します」と、言う説明を放送各局が詳細に説明すれば、その番組においてのクレーム数は激減するであろう。むろん、筆者のこの案を使用する際は、本書を参考文献として表示し、オンエアーしていただきたい。

　BPO要望でも、「より多くの視聴者の誤解を緩和させるためにも、当委員会としても、ＡＢＯ式血液型と言う言い方よりも、ＡＢＯ式遺伝子型とかＡＢＯ式細胞型と言う言い方を各放送局には推奨する」

と、記載すべきである。これこそが具体的なきめ細かい配慮というものだ。BPOは、血液型人間学のメリット面の存在性を知らずに、無知な本件要望を作成した。放送各局は、血液型裁判から得られた教訓を詳細に分析することで、オンエアーの一歩を踏み入れていただきたいものである。むろん、この際は裁判所と高裁で球際の戦いをしてきた筆者からのアドバイスを何よりも重視していただきたい。「この性格表現の言い回しは、放送法に抵触しそうだからこの表現方法にしよう」と、言う具体的なアドバイスが筆者なら可能である。その際、国民が待ち望む最良の高視聴率番組制作の手助けをボランティア精神で筆者が放送各局に協力することにやぶさかではない。

◇まだまだ紹介仕切れない芸能界の血液型コーナー

①役者部門→鶴田浩二（O型）、杉浦直樹（O型）、北大路欣也（A型）、三田村邦彦（B型）、高橋克実（A型）、水谷豊（A型）、竹中直人（A型）、小日向文世（O型）、前田吟（A型）、柄本明（B型）、杉良太郎（O型）、川谷拓三（A型）、佐野史郎（B型）、近藤正臣（A型）、伊藤淳史（A型）、風間俊介（A型）、森本レオ（O型）、菅原文太（O型）、緒形拳（B型）、中村獅童（O型）、岩下志麻（A型）、香山美子（O型）、草苗光子（B型）
②歌謡界→桑田佳祐（A型）、堀内孝雄（O型）、玉置浩二（A型）、コブクロ（両者O型）、山下達郎（B型）、中島みゆき（B型）、瀬川栄子（B型）、坂本冬美（O型）、松任谷由実（O型）
③お笑い界→狩野英孝（A型）、ビビる大木（O型）、伊達みきお（A型）、宮澤たけし（AB型）、志村けん（A型）、今田耕司（A型）、ヒロミ（A型）、ダンディ坂野（AB型）、有田哲平（O型）、ダンカン（B型）、井戸田潤（B型）、コロッケ（B型）、はるな愛（O型）、マツコ・デラックス（A型）、武井壮（A型）、福田彩乃（A型）、ハリセンボン（両者A型）
④その他→井山祐太（囲碁・A型）、羽生善治（将棋・AB型）、武田真一（NHKアナ・B型）、梶原一騎（作家・B型）、平野レミ（O型）、ダレノガレ明美（B型）

第8章

ＡＢＯ式細胞型人間学は人を差別するものではない！

差別と偏見にはしない正しい知識の論じ方！

◎数学の部分集合論を知らない心理学者たち！

　たとえば、豊臣秀吉は、血判からO型と判明している。ならば、O型の人は、すべて豊臣秀吉のような人になるのか、と言えば、そんなことはありえないのは当然である。しかし、人たらしと言わしめる人心掌握術にたけた豊臣秀吉のような英雄は、O型の中から出てくるのである。あるいは、身近な所で、毒舌系おとぼけタレントのビートたけしや多種多様の例え話を駆使してのスピーチをお茶の間に提供する林修のようなタイプは、O型の中から出てくるのである。それが、そもそも部分集合の考え方である。この部分集合理論を理解できなければ、短絡的な議論しかできない。特に心理学者や文化系学識経験者でこの理論を把握する者となれば、皆無に近い。

　つまり、O型の人＝O型の人（O型の人イコールO型の人）ということではなく、O型の人×0.2＝O型の人×0.2（O型の人カケル0.2イコールO型の人カケル0.2）と言う考え方が妥当でしょう。前者が全体集合の考え方であり、後者が部分集合の考え方とも言えよう。全体集合の理論のみで、ＡＢＯ式人間学を理解しようとすれば、A型は几帳面で、O型は大雑把とする形容詞のみの短絡的議論で終始する。例えば、O型はすべて豊臣秀吉や林修のような人と言う画一された思考での議論となる。

　重要なのは、O型同士だと、大雑把に20％の共通部分があり、残りの80％は、RH方式などの他の遺伝子の違いと育った環境面の違いが微妙に各人のO型に現れるということです。

　また、先程、解説のヒトラーや織田信長のようなタイプは、A型の中から出てくる、ということだ。A型なら誰でもヒトラーや信長のような者になるわけではない。

　つまり、A型イコール織田信長ではないが、織田信長は、A型に含まれる、ということだ。決して、彼のようなタイプの武将は、A型の中から出るも、A以外のO、B、ABからは、決して出ないということだ。

この部分集合の考え方を押さえておかなければ、理解に苦しむだろう。

　再三申すが、彼のようなタイプは、Ａ型特有の常識の殻を破りすぎた結果により出現するのである。その常識の殻の破り方は、各Ａ型の方により、大小の差があるということだ。ちなみに、Ａ型とＢ型の人がいた場合、全く共通項が無いのかと言えば、必ずしも全く無いとは言えない。18種類あるRH方式が細胞型だと仮定すれば、ＡＢＯ式細胞型は一致しなくとも、18分の1の確立だがRH方式細胞型が一致しておれば、おそらく何らかの共通項が生じよう。それが根気ややる気に関係することなのか、それとも動体視力等の運動神経に関することなのか、現在では推測の領域になろう。やはり、RH方式に比較して、圧倒的にデータを入手しやすいＡＢＯ式細胞型の共通項を軸にし、状況変化等を注視したい。

◎科学とは何か？

　一時は理研のホープとまで言われた女性科学者・小保方晴子氏がスタップ細胞のある無しで、世界中を騒動に巻き込んだスタップ問題事件。この事件を契機に、科学とは何か？　捏造とは何か？　論文の著作権侵害とは何か？　多くの疑問をマスコミと視聴者に提示する切っ掛け作りの事件とも言える。ちなみに、何型かを公表していない小保方晴子氏は、ＡかAB と私は予想し、自殺した笹井芳樹氏は、Ａ型と予想する。予想理由は、各読者の想像にお任せする。

　さて、ここでは、科学や科学的とは、何なのかを分析したい。

　そもそも、心理学者やBPOは、科学とか科学的の意味がよくわかっていない。おそらく、ある学会で認められるか否かによって、それがなんとなく決まるものと勝手に思い込んでいるのではないのか。だとすれば、無知も甚だしい限りだ。

　まず科学とは、ニュートン力学のように、地球上どこで実験しようと

も、同じ現象の一定法則とも言える実験結果（再現性）を得られるものを言う。スタップ細胞の存在性を証明する実験も、ある論文通りに実験したら、スタップ細胞が生み出される。この結果が世界中のどこでも実証できたものを科学と言う。「たまたま、スタップ細胞ができました」だけでは科学とは言わない。ましてや、「心理学者の数だけ心理学が存在する」等と言うそういう幾種もの曖昧さの解釈が同居するものを尚更科学とは呼ばない。と、なれば、法律、経済、哲学等のように幾種もの抽象的な解釈を基軸とする文化系も言うまでもなく科学ではない。

次に完全な科学とまでは言い切れずとも、限りなく科学に近いものを「科学的」と言う。科学的に正しいか否かの判断は、統計学上実証されたか否かで決まる。危険率５％以下ならばそのデータは、科学的に実証されたものとなる。言い方を変えれば、95％以上の信頼性高い統計学上のデータとなる。このＡＢＯ式細胞型人間学は、複数事例によるＡＢＯ式統計データによって、科学的に実証されていることは、既に本書で説明済である。むろん、危険率０％のデータなら科学的データと言うより科学そのものとなろう。つまり、限りなくゼロに近いデータほど科学に近いデータと言うことである。そこで、科学界の世界では、危険率５％以下の統計データなら、科学的に実証されたデータとされる。限りなく誤差がゼロとなる世界となれば、世界中の実験データの再現性から認められる物理学や化学の世界となろう。

この視点から見れば、ＡＢＯ式細胞型人間学は、科学そのものであると言う認定にならないまでも、科学的に実証された学問と言うことになる。読者諸君とマスコミ等世間は、科学と科学的なものとの違いをまずは見極めなければならない。

上記以外のものであれば、科学でもなければ、科学的なものでもない。あとの価値基準は、学術的なものか否かの判定となる。

この世界になれば、上記に比べてハードルは下がる。つまり、数字的裏付けの必要性はないまでも、理論的な考え方や見方を支える根拠は求められる。平たく言えば、仮説止まりの段階である。むろん、仮説に

よっては、有力な仮説か単なる仮説かのレベルの大小は存在する。たとえば、進化論は仮説の段階である。ダーウィンの進化論は、科学的に実証されているわけではない。アメリカでは、宗教上の理由もあるにせよ、約40％の国民が反対し、日本でも約10％の国民が反対している。

　そもそも、進化論は、彼がガラパゴス諸島に生息する何種かの鳥のくちばしの形等を分析するなどして形成された有力な仮説である。科学的に実証されたものとされないのは、ニュートン力学のように、再現性の実験が不可能とされているために、仮説止まりなのだ。有力な仮説とは言え、理論的発想に基づくものと判断している知識人が学術的なものと判断し、学校の授業でも進化論を採用し、放送各局も時折、進化論を番組で採用するのだ。

　仮に、多くのご父兄が「進化論は科学的に実証されていないから、学校の授業で採用するな」と言うクレームが教育機関に来たからと言って、進化論がカリキュラムから削除されることはないだろう。むろん、同様の理由で視聴者から進化論放送番組へのクレームがあったとしても、それを放送しなくなるわけでもない。

　つまり、たとえ科学的に実証されずとも、有力な仮説に基づくものであれば、オンエアーされても、放送法上は何ら問題ないのである。統計学上のデータでも危険率5％を超える危険率10％のものでも、90％は信頼あるデータとして、放送できるのだ。しかし、統計学上から見れば、危険率5％超えのものは、科学的に実証されるデータとはされず、学術的に何か意味があるデータとされる。しかし、何か一つでも統計学上実証されるデータがあれば、その学問は科学的に実証されたものと認定されるのが統計学の世界である。その意味から何度も言うように、ＡＢＯ式細胞型人間学は、科学的に実証されている、と言えるのです。

　一方、心理学は、限りなく文化系に近い抽象的なもので、科学でもなければ科学的なものでもない。しかし、これらは学術的な学問として、各大学では認知されている。

　つまり、科学的に実証されないものでも、学術的なものであれば、放

送法にも抵触しないということだ。

　心理学者やBPOは、以上の視点が整理されず、「科学的に実証する」と言う用語を気安く使用している。

　これは、2004年本件要望作成時、理数系の学識経験者がBPO青少年委員会のメンバーに皆無だったからだ。これも、本件要望を極めて曖昧なものにした要因でもある。

　ちなみに、ＡＢＯ式細胞型の話は、血液成分だけの問題ではなく、脳細胞も含めた各人体内全体の細胞に関わる問題である以上、ＡＢＯ式糖鎖物質は、色気と喋り方にも何らかの影響を与えることは、ＡＢＯ式著名人リストを見ても明らかであることは本書説明済みです。ましてや、脳内に張りめぐされる脳神経細胞の表面上にも複数ＡＢＯ式アンテナ細胞を宿すとなれば、各人の思考形態もＡＢＯ式アンテナ細胞（ＡＢＯ式糖鎖物質）によって、多少なりとも何らかの影響を受けていたとしても不思議ではない。この点も本書で既にＡＢＯ式統計データから検証済である。となれば、人の性格は脳が決める、という言い方だけでは、何ら説明になっていないことになる。各人の性格は、育ってきた環境、もって生まれた複数の遺伝子（努力や根気の遺伝子も含む）、そしてＡＢＯ式アンテナ細胞（おそらくRH方式アンテナ細胞も存在しよう）が各人の性格形成に対し、複合的に微妙な影響を与えているものと思われる。

　この点は、有力な仮説となり、少なくとも学術的なものとなる。

　むろん、再三申すが本来の血液型人間学（ＡＢＯ式細胞型人間学）は統計学上実証されている以上、科学的にも実証されている学問だ。

◎学術的なＡＢＯ式細胞型人間学を論じよう！

１．ＡＢＯ式のセンターライン

　私が、笑顔というものを意識するに当たり、まず意識するのは、Ａ型の男女である。とにかくＡ型の方たちは、周囲に不快感を与えたくな

いことを強く意識するがあまり、まずは笑顔ありきなのである。その多くの笑顔を見る限り、Ａ型の方たちというのは、なんて明るい性格の方たちばかりなのでしょう、と思うかもしれない。なぜか世間から几帳面とか堅実というレッテルを貼られているＡ型にしてみれば、寝耳に水かもしれない。しかし、冷静に考えれば、世間というものを強く意識すればするほど、対人関係において、まずは笑顔からというのは当然の成り行きと言えよう。結果、笑顔のみならず、対人関係において、Ａ型は社交辞令なる建前上の言動をやたらと乱発する。森田健作や杉村太蔵のようなＯ型特有のお調子者とも言えるリップサービスとも異なるだけに、発する言葉の真意なるものをＡ型の言動から見定めることは必要となる。

　然るに、そのあたりは、これを契機にＡ型を分析するにあたり認識を改めていただきたい。社交辞令のことはともかくとして、むしろ妙に明る過ぎる相手に対しては、Ａ型という予想をしてみるのも必要かもしれない。現に、女性著名人の藤原紀香、松嶋菜々子、常盤貴子、白石美穂、飯島直子、飯島愛、久保順子、久本雅美そして、男性著名人の新庄剛志、ダルビッシュ有、中居正広、アニマル浜口などを観るにつけ、私はしみじみ実感する。

　よく言えば、笑い上手であり、Ａ型特有のサービス精神からくる笑顔であろう。つまり、程よい笑顔を作り出すための顔面の筋肉の動かし方も素質的に巧みなのであろう。良く言えば、誰に対しても、気安く笑顔を提供できる笑い上手ということになろう。

　しかしその一方で悪く言えば、「八方美人」ないし「笑顔の安売り」と言えなくもない。しかしながら、これらの笑顔が心底内面から出てきている笑顔とは、到底言えるものではない。あくまでも、世間というものを意識した表面的な笑顔であろう。しかるに、あることをきっかけにし、いともたやすく消えうせる笑顔であることを認識しておくべきである。笑顔を気安く浮かべる人たちは、どうしても世間から、とかく良い人と思われがちである。しかし、それは買いかぶりすぎである。

人は見かけによらぬものではないが、人の判断基準は、表面的な笑顔ではなく、行動面である。そんな意味から、世間体からの脱却を強く意識しているA型の方であれば、笑顔よりも気品やプライドが前面に出ているようである。

　例えば、歴代総理の小泉純一郎、渡辺謙、阿部寛、GACKTそして女性なら、浅野温子、瀬戸朝香、真木よう子、沢尻エリカ、木下優樹菜のようなタイプである。

　要するに世間に同調したがるA型は、笑顔を絶対的な正義として意識し、世間への反発心の強いA型は、威厳や頑固さが表面へ出てくるようである。いずれにしろ、世間というものを強く意識したがるA型特有の気質から分析していく問題である。

　その一方でA型とは逆に笑顔から最も遠くなるのは、B型であろう。たしかに、みずみずしい色気を発散し、比較的、笑顔を絶やさないB型のタレントや一般人は、男女問わずに存在する。しかし、その種のB型は、笑顔を周囲に振りまくことでの楽しさを自分自身、実感しているタイプのB型である。しかし、そんなB型でも黙っている時は、特にまじめな人に見えるのは、私の気のせいであろうか。いずれにしろ、大方のB型は、やはり見かけ無愛想なタイプである。

　むろん、「見かけ無愛想だからよくない」などと言うつもりは毛頭ない。B型特有の凝り性なるものの本領発揮となれば、周囲に笑顔なるものを振りまいている余裕はないはずである。周囲に何らはばかることなく、ただ黙々と興味のあることに凝り性となり没頭していく。それこそが、真のマイペースの人間と言わしめる条件である。むろん、大方のB型は、大リーグのイチローや野茂、占い師の細木数子、ノーベル賞の山中教授のように金儲けに結び付けられる者は少なく、パチンコや競馬のギャンブルもしくは、家事やゲームなどの世界に奥の深さを実感するも、なかなか金には結びつかないB型の多さも想像できるところだ。近年、ネットでの株取引をすることで、億単位の利益を上げる個人投資家の存在も少数なれど出現した。その中でも、一週間以内に売り買いを

繰り返す短期売買のスタンスをとる者となれば、Ｂ型がメインと見る。数個のパソコンを操ることでの取引となれば、かなりの研究心と凝り性ぶりも要求される。ネットでの株取引に奥の深さを実感するものでなければ、ある意味、精神は持ち応えられないであろう。当初は、Ｂ型特有の好奇心が発端となり、やがてＢ型特有の根っからの凝り性ぶりが興味の拡散へと肥大し、億単位の利益へと結び付く。株のネット取引に奥の深さを実感すれば、次の興味の対象は、他の不動産事業へと移行することもあるが、奥の深さを追及しきれていないと自覚するＢ型なら、興味の対象は現状に留まるであろう。然るに、何に対し突然に興味をもつのか？の視点でＢ型を観察すべきである。むろん、恋愛対象においても同様である。突然、どんな異性に興味を抱き凝り性ぶりの恋愛感情となるか？の視点観察も同様である。この恋愛編の詳細は、前著『血液型で失恋せよ！』をご参照下さい。

そんなことから、何に興味をもち凝り性となって、どれだけ没頭できるかが、Ｂ型の場合、大きな分岐点となるようである。

以上のように、この分野のＡＢＯ式性格学に興味をもつ一番の近道は、Ａ型の必要以上の笑顔の裏にある動機とＢ型の見かけ無愛想の裏にある要因なるものに照準を合わすことである。そうすることにより、この分野の奥の深さなるものを益々実感することになるでしょう。これによって、野球で言うセンターラインの強化へと成就する。

２．Ａ型の分析を強く意識せよ

小泉元総理、俳優の渡辺謙、ミュージシャンの GACKT そして新庄剛志が、どうしてＡ型なのか？ また、女性では、女王様キャラの沢尻エリカ、ギルガメから人気を高めた飯島愛がなぜＡ型なのか？

こういう疑問が出た際、多くの方は、ＡＢＯ式の性格学は、なんとあてにならないものか。あるいは、彼らは、Ａ型の中でも例外中の例外で特殊な例ということで、話題のお茶を濁すと言ったところだろう。

この分野に興味をもつための一番の壁となるテーマとも言える。

まず、Ａ型を単なる常識派とか堅実派と観るのは改めるべきである。むろん、世間というものを特に意識するＡ型だけに、見かけその派が多いのは事実かもしれない。しかし、それは、あくまでも表向きのことである。裏の部分は、Ａ型の誰もが激しく破裂するようなものをもっている、といっても過言ではない。何かのきっかけにより、裏の部分が表面化することも無いとはいえない。表面化するきっかけは、Ａ型の各人により異なるのは当然としても、常識の殻を打ち破るエネルギーをもった時におとずれる、ということか？

無論、大方のＡは、それを破りたくても破れないとは思うのだが……？　破るにしても、衝動買いやパチンコ症候群になることで、いくらか破っているＡ型は多いと思う。破り方の大小の差はあるにせよ、なんとか常識の殻を打ち破りたいと意識する反発心が動機となり、時として計算外の行動をＡ型は、とることがある。世間体を強く意識しすぎるストレスの要因もあるにせよ、これを「Ａ型特有の反作用の法則」と言いたい。ここで力学の講義をするつもりはないが、強烈なストレスが加われば加わるほど、その反動がＡ型の方には、他の型に比べ強く出やすいのかもしれない。これも一つの有力な仮説として、各人、記憶に強く留めて、Ａ型を観察していただきたい。問題は、大幅に常識の殻を打ち破るＡ型がどれだけいるかといえば、全体的には少数であろう。

さて話は昔に遡る。私が、このＡＢＯ性格学に関心をもった成り立ての大学生のころ、能見父の文献を見て特に驚いたことがある。

日本史上、最大の革命児と評された、あの織田信長の血液型を彼は、Ａ型と予想していたのだ。

それを見たとたん、私は驚いた。「社会秩序や旧来の価値観と伝統を守らんとするのが、Ａ型なのではないか？　戦国時代での彼の行動力や発想を考慮するなら、むしろＯ型かＢ型ではないのか？」

まだ、この分野に噛り付いてまもなかった学生の私としては、意外とも思える能見父の見解だった。「いや、やはり信長は、ＯかＢだろう

……能見父も時折、不可解なことを言うものだ……」とその時の私は、そう思っていた。

　しかし、いつまでも気にはなっていた。その後、能見父の文献から、アドルフ・ヒトラーがＡ型であることを私は知った。それでも、信長がＡ型という予想に賛同するまでにはいかなかった。結局、疑問解消までに 10 年以上は要したと思う。社会人になった私は、民間企業の職務もそれなりに経験し、職場や部外者などの人間関係からひらめいた。「どうも、Ａ型特有の神経の切れ方は、ヒステリックだ。それも、後に感情のわだかまりを残すような怒り方だなあ！」と思い始めたことがヒントだった。かつての大河ドラマなどで、明智光秀を叱責する信長の態度を見る限り、それは的を射ていた。

　歴代のドラマや映画を通じ、最も織田信長に近い雰囲気をもっていた役者は、後にも先にも、Ａ型の高橋幸治だろう。やはり、あの威厳と気品は、Ａ型特有のものであろう。これで観れば、元小泉総理も信長にたとえられたこともあり、Ａ型であることは、納得させられる。また、俳優の渡辺謙そしてミュージシャンの GACKT も近寄りがたいカリスマ性を兼ね備えていることを考慮すれば、彼らも信長役は充分こなせるであろう。この信長役をこなせる役者は、奇抜なファッションを着こなせることも必須条件となる。近年の研究からか、中世欧州兵士の出で立ちであるマントと鎧を身に纏う者こそ信長であることが、すっかり浸透したと言える。元小泉総理もこの出で立ちは、ぴったりと言える。

　ファッションの話題で論じれば、ほとんどのＡ型は流行品やブランド物を強く意識する装いが主流となる。その一方で奇抜なファッションに固執する者は、Ａ型の中から出現する。レディーガガ、沢尻エリカそしてホリエモンのＴシャツスタイル等は奇抜と言える。あのヤンキースタイルもＡ型特有の奇抜さからの発生と見ている。ちなみに、奇抜さとは個性的とはやや異なる。奇抜さとは、元々、世間体や常識の殻を打ち破らんとするエネルギーから来ているだけに、どこか異様なるものを実感する。しかし、個性的スタイルならば、何か一つを強調せんと

する愛くるしさを実感する。圧倒的にO型が90%以上と優勢のアメリカ平原インディアンの派手な鳥の羽飾りなど、O型の個性的な服装趣味を例示していると言える。

　この視点からO型ファッションのポイントは、流行品だけの装いは考えにくいが、何かサングラスや靴一点に個性的な物を求めんとするO型の傾向は出るであろう。ちなみに、筆者は帽子には昔からなぜか固執する。帽子に固執する者がいるとすれば、一にO型で二にB型と見ている。コーディネートを意識した装いとなれば、やはりAB型に軍配が上がるだろう。さて、話を戻す。

　筆者がここで問題にしたいのは、ヒトラーと信長の更なる共通項である。それは、大小の差はあるにせよ。両者とも計算を度外視したような殺戮を実行したということだ。

　前者は、ユダヤ人600万人の虐殺で、後者は、比叡山門徒3,000人を焼き討ちし、その他、石山本願寺などの多くの武装集団を殺戮した。

　元来、平和主義者のAB型ならあそこまではすまい。O型ならある程度実行すれば、現実との妥協点を見出した調略に走るだろう。B型なら、周囲から引きずられ、計画は中途半端になりそうだ。

　やはり、常識の殻を強烈に破りすぎたA型ならではの発想と言えよう。

　両者とも当時から現代にかけ、とても考えられない実行力といえる。

　この計算を度外視したような両者のエネルギーは、A型特有の反作用の法則も引き金になっている、と思われる。それも、かなり強烈な反作用である。むろん、大方のA型の方は、ある程度、小さな反作用の力で収まっているため、ヒステリックな言動や衝動買いなどの行動範囲になんとか落ち着いている、ということを念のため付け加えておく。

　さて、そうこう考えている内に、今から数年前、あるネットサイトからの情報ではあるものの、信長の血痕らしき者がどこかで発見され、その血痕はA型とのこと。ネットからの情報なだけに、信憑性の問題は残るものの、私はその確信を更に強めて、私は今は亡き能見正比古氏に

益々敬意を表したものだ。また、以前から彼を馬鹿にしていた心理学者の大村政男は、「信長の作戦は、ユニークだから、彼はBでしょう」などとテレビ出演で言ってたことに対し、大いに反省すべきなのだ。むしろ、はずれた時になぜはずれたかを反省し更なる分析をしていくことこそが研究なのだ。

このA型特有の反作用の法則があればこそ、計算を度外視したような破天荒な明るさをもった新庄剛志なる者が出現したり、沢尻エリカのような突っ張るエネルギーなるものも出るのであろう。

「どうも、彼はあまりにも明るすぎるなあ」「彼女は、やけに突っ張っているなあ」と思った時には、案外A型と予想してみた方が当たるのかもしれない。

3．ABO式によって異なる気配りの問題

2007年9月25日、小堺のライオン劇場を見ていたら、ゲストの俳優・風間杜夫が面白いことを言い出した。「私は長年、自分がA型と思っていて、周囲に気を使いすぎていたんですよ。まあ、A型だからしょうがないよなあ、と自分で納得していたんですよ。それが30代のある時、ある検査で私は、O型だったんですよ。私は何か損した気分に襲われた」それを聞いたA型・小堺は、「そうですよねえー。O型はおおらかで、ドンと構えているかんじですよねえー」と相筒を打った。

筆者は、風間杜夫が以前にA型からO型へ修正したことを知っていたのだが、彼の語尾語調アクセントのあるストレートなしゃべり方から、O型であると睨んでいた。更に彼は、「OもAもないですよねえー、でもBとABは変わっていますよねえー」と会話しだした。彼も少しは、その分野に関心はあるのだろう。

筆者の見解から、学習経験と職場の人間関係にもまれているO型ほど、人間関係に気を使うものである。そんなO型ほど、人脈の強さと有利さを知っている。O型代議士の人脈とて、基本は人間関係の積み

重ねと心配りにあるのだ。それなくして、当選もありえない。なので、彼が劇団の中で気配りをしていくケースは、O型なら決して珍しいケースではないのだ。この筆者とて、O型なのにA型と言われることが多い。人脈を特に意識するほど、出世している筆者ではないが、何かの会合でも、女性たちと共に、お茶を注いだり、茶碗洗いなどをし、まめな点を発揮している。そこへ行けば、A型は、特定の人間関係には当然こだわるものの、基本的には世間的な見た目の体裁と周囲の空気を読み取ることに敏感になろうとする。同じ、気配りや神経質でも、微妙に差異が出るというものだ。念を押すと、特に人間関係に気を使うのは、学習経験と職場の人間関係にもまれてきたO型である、ということが条件付だ。O型・豊臣秀吉も風間杜夫も、若いころから人間関係にもまれ、失敗からの学習経験を積んできたのは確かであろう。そんなO型も、清掃や調理においては、大雑把なところを発揮するようだ。筆者の場合、台所やトイレなどの水周り関係は意識的に清掃するものの、あとは幾分、ほこりがかかっていようが大して気にしない。つまり、水周りの清掃は怠るほど悪臭が漂うだけに、優先順位的にそうしているのだ。優先順位を意識した行動面は、特にO型に見られる現象と言えよう。調理にしても、微妙な味付けには関心がなく、昔から慣れ親しんだ好物を適当に調理し、それを多く食べたい方である。なので、O型でグルメ思考を言い出す者は、かなり怪しいものだ。O型ばかりのインディオやメキシコ料理などは、正にそんな感じではないのか？ 更にその文化を引き継いだアメリカン料理のハンバーガーやフライドチキンというものは、慣れ親しんだダイナミックなおふくろの味といったところか？

　要するに何をもってして細かく大雑把なのか？は、ＡＢＯ式別に見て、微妙に変化し差異のあるものなのだ。然るに、何型が細かいとか、何型が大雑把でいいかげんということではない。細かいとは、人間関係に細かいのか、ファッションに細かいのか、もっと具体的に掘り下げていかなければならない。

　それにしても、司会の小堺が、「血液型占い」という言い方をしてい

たのは、困ったものだ。また、他の番組で、細木数子が、「人を4パターンに当てはめられるわけがない」という誤解を招く表現を視聴者に与えていたことは、改めるべきである。ＡＢＯ式別性格学とは、占いでもなく、4つの性格の話でもないことを改めて強調させていただく。

4．AB型のドーナツ化現象

さて、前項で風間杜夫が「……でもBとABは変わっていますよねえー」と発した言動に固執してみたい。まず、B型が周囲から変わり者と風評されるケースは、何かに対して、余りにも極度の凝り性になっている時であろう。その関心事に強い興味を抱いた際のB型なら、その興味の追求を何よりも最優先に考える。その興味の対象が特定の人物なのか、あるいは何かのリクレーション的なものなのか、はたまた何か学問の類なのか？　いずれにしろ、惜しげもなく、そこへ資金や時間の労力を提供する。その要因から友好関係の付き合いも気薄となり、周囲から、マイペースな変わり者というレッテルを貼られることになる。

O型が変わり者と見られる場合だが、Oは過去の学習経験の要因から、一度関心をもったテーマや目的に対しては、終生に亘り固執することとなる。結果、そのテーマにおいては、何かと主張したがる。それがビジネスへの固執となればいいのかもしれないが、ややもすれば、「あいつは金にもならないことに固執する単なる専門馬鹿だ」という烙印を世間から押される場合である。O型の筆者も、むしろこのケースに近い。

具体例となれば、漫画家の楳図かずお（O型）が2007年に吉祥寺の自宅を改築したことで、近隣住民との騒動に進展した「まことちゃんハウス事件」である。まことちゃんと言うキャラクターと赤と白のデザインに彼が頑なまでに固執していたあたりは、O型らしい性分と言える。また、まことちゃんハウスを世にアピールすることで、己の存在価値をより高めようとするのも、O型らしい主張と言えよう。

A型が変わり者と観られるケースは、世間に対する反発心を突如として強め、「不倫やスキャンダルなんかドンと来い！」と言わんばかりの居直りな態度を突如として強めた時である。「不倫は文化！」で世間を騒がせたA型・石田純一の言動は日本史に残るだろう。

　さて、AB型であるが、AB型は気軽な二面性という傾向が強いだけに、この部分で世間から、変わり者と揶揄されることも無いとは言えない。しかし、気軽な二面性というだけで、短絡的にAB型を二重人格というレッテルはくれぐれも貼らないことである。本書指摘済のとおり本来、二重性はＡＢＯ式別何型において、誰でも帯びているものである。極論で人間誰しも二重人格と申しても過言ではない。この二重性の件は、本書第１章で特に説明済のため、そこを再度熟読下さい。

　しかし、AB型の場合、二重性は二重性でも気軽な二面性という言い方が的を射ているのです。突如として、何気ない会話中の中でも、AB型は豹変するような怒り顔で言われるだけに、この部分を目の当たりにした方たちが、「AB型は何かとやっかいで、変わり者」と言う認定をするのかもしれない。要は笑顔と怒り顔の面を気軽に付け替えるようなスイッチを平然としている感じである。風間杜夫もあるAB型との談話中にこのあたりを体験してのコメントを番組中に発したのかもしれない。私は、ここをAB型特有のドーナツ化現象と見たい。要はドーナツは外側から２cmの部分は甘く美味しいが、空洞部分は空虚感の漂う未知な部分と言える。

　AB型のこの部分に触れた者は、そのAB型に対してまごつくことになる。つまり、AB型との距離を置けば置くほど、そのAB型の評判は良いとなる。しかし、その人間関係の距離を縮めれば縮めるほど、その見たくもない素面を見せられることにもなる。具体的に言えば、AB型男女を問わずに、子供好きでボランティア好きの方が多い反面、人間関係が切迫すればするほど、ドライな部分を目の当たりにする。

　ボランティアと言っても、いろいろなスタイルのものがあるのだが、この場合のボランティアとは、無欲の精神で己の労力を惜しみなく提供

するものと定義する。AB型がボランティアに関心を示す理由として、社会参加を比較的強く意識する点、そして極度な児童好き（ロリコン趣味ということではなく）という点が上げられよう。前者は社会福祉を意識したものとなり、後者は「世界の子供を貧困から救済せよ」という人道主義的なものとなろう。ゆえに、AB型の多くは、人権問題や児童教育には自然と関心を示す者たちが多くなるようだ。これは、欲と嫉妬の渦巻く現世に対するAB型独特のささやかな抵抗なのであろうか。

それとも大げさに言えば、人間誰しも持つドロドロしたものへの終わりなき挑戦を多くのAB型は強く意識しているのであろうか。

いずれにしろ、AB型なくして、世界平和と人類の社会福祉の発展は考えにくいところではある。イエスキリストと上杉謙信がAB型であることも妙に納得させられる。こういう評論をすれば、AB型の方たちは、誰もが人道主義に満ちあふれ、さぞや人の良い人たちと思われるかもしれない。しかし、これは半分が当たりで半分がはずれである。

例えば、2007年8月22日に実施した埼玉県主催のイベントである「ヒューマンフェスタ2007さいたま」の人権講演会（90分間）に出演したAB型・アグネスチャンの講演料は、152万円である。私自身も、びっくりぽんの数字である。この講演者のアグネスチャンのことであるが、彼女のことは、ある程度ご存知の読者もいるとは思う。彼女は10代から歌手として活動していることは元より、彼女はユニセフ協会の役員にも席を置き、エチオピアなどを取材しつつ、アフリカの子供たちが食料不足と貧困にあえぐ現状報告のため、昨今も時折テレビ出演や講演活動をしている。当然、講演活動の内容は、「世界の飢えた子供たちを貧困から救おう」ということが中心になる。そのために国や多くの国民には、海外派遣事業の名目で、ユニセフ協会やＮＧＯへ出資していただきたい旨を彼女は間接的ではあるが呼びかけているようにも写る。これは、「世界中の子供が好き」と言わんばかりの彼女のAB型特有のボランティア精神とも関係がありそうだ。さて、クリスチャンでもあるアグネスチャンの活動は見方により、少なからず賞賛している者はいるであ

ろう。それに対し、私も理解できなくはない。しかし、それは血税から支払われる講演料の数字を見るまでの話である。

彼女のこの152万円という数字は途方もなく逸脱したものである。

これでも、彼女のことを一点の曇りもなくすばらしい方だ、と言える者たちがいるとすれば、彼らの見識も疑わざるを得ない。もしも、彼女が「私はこの講演料のほとんどを恵まれない子達のために使っている」と言う言い訳が出たとしたら、それこそ論理のすり換えとなろう。一部税金の予算配分権を彼女へ委託した覚えなど、この筆者にはない。

やはり、破格の税金出演料が彼女の財布の中へ流れていくことが問題なのだ。ボランティア活動や慈善活動がいつのまにかビジネスというか、偽善活動たる商業活動に利用されていることが問題なのだ。どんな理由にしても、彼女が各自治体主催の人権講演会なるものの所で、「世界中の子供たちの人権を守ろう」と、声高に質問時間無しの講演を一方的にされても説得力に欠けるというものだ。ましてや、彼女の高額な講演料が税金によって支払われているとなれば尚更だ。「なんだ、もっともらしいことを言っても、所詮、裏に回れば金か」と叫びたくもなろう。

また、さまざまな国内外の遺児を支援している非営利組織（NPO）のあしなが育英会が定期的に実施している、あしなが学生募金と言う募金活動がある。それを支援すべく、女優のAB型・東ちづるが数年前、学生たちと街頭に立ち、募金活動に大声を張り上げながら奮闘していたシーンを思い出す。やはり、遺児支援と言うのが、彼女を駆り立てる動機となっているようだ。この東ちづるとて、2008年10月に実施した埼玉県主催の人権啓発イベントである「県民の集い」で、彼女は、100万円もの税金出演料をせしめている。

むろん、上記2名AB型の彼女たち以外のタレントたちも、ABO式何型に関わらずに全国の税金支出イベントに出演し、多額のコンサート費用や講演料を血税から頂戴してきている。

例えば、1998年8月28日、埼玉県水政策課主催実施のB型・竹村

健一の講演料は、150万円也。2004年10月30日・埼玉県人権推進課主催の人権シンポジウムに出演したO型・家田荘子の出演料は130万円也。この同課主催のヒューマンフェスタ（2005年8月25日・大宮ソニックシティー開催）に出演したA型・森口博子のコンサート費用が200万円也。更に翌年の同時期開催のヒューマンフェスタ2006に出演したA型・太田裕美のコンサート費用も200万円也。そして、2008年8月28日、同課主催のヒューマンフェスタ2008に出演したA型・石原良純の講演料が136万円也。

　また、平成21年度執行都議会議員選挙啓発に係るテレビ・ラジオスポットCM等企画政策業務の内訳として、「劇団ひとり」（A型）というタレント一人に対し、800万円の都税である血税ギャラを支出する。後に彼が監督となって制作する映画事業も、この血税から支払われていることを考慮すれば、正直に腹の立つ話である。むろん、これは氷山の一角であり、筆者ならではの調査能力から露呈した一部税金出演料の情報である。

　露呈と言っても、各マスメディアのテレビ界でこの問題を取り上げるとなれば、タレントと持ちつ持たれつの関係を持続するテレビ業界においては、何かと支障が出やすいと見るのか、血税出演料の問題において、放送各局はまずもって、これを採用しない。

　さて、それはさておき、税金からの高額出演料生涯トータルランキング数を各タレント等著名人ごとに算出し、このデータにＡＢＯ式統計分析を当てることにより、何か実証されるかもしれない。

　以上のことと同様の例が古今東西に渡って、現在進行形で各省庁や各自治体のくだらない施策のために、庶民の血税が高額な血税出演料として利用され続けていることを鑑みれば、不愉快極まりない。筆者にしてみれば、税金を納める気力もなくなり、益々労働意欲の減退に拍車がかかろうというものだ。しかし、筆者がなぜここで上記2名AB型の彼女たちに固執したかと言えば、純粋にAB型特有のボランティアに熱心な御二人と尊敬していただけに、ある意味ショックを隠せない所でもあっ

た。「ブルータスよ、お前もか」ではないものの、「イエスキリスト（AB型）の精神を継ぐものと思われたアグネスチャン（AB型）と東ちづる（AB型）よ、お前等もか」と、言ったところであろう。このAB型特有のギャップとでも言うべきか、この２面性に翻弄されたということかもしれない。むろん、多額の血税を支出する行政サイドの問題も当然あるだろう。所詮、彼ら役人は、自分らの縄張りである各所管のために、予算拡張を推し進めることしか頭にない連中である。つまり、高額な血税出演料を出す方も出す方だが、これにあやかって、もらう方ももらう方である。然るに、せめて彼女等著名人は公的資金で主催される税金出演料を頂戴する際はより低額に抑えるように自ら戒めるべきである。

　さて、東ちづるのこの募金活動は立派なボランティア行為であると仮定したとしても、私にしてみれば、募金活動が苦手のこともあり、税金の使われ方に強い関心をもつことで、歳出削減を実行し、その浮いた分を福祉等へ回すべき、と言う考え方だけに、募金活動支援の協力をすることはない。ましてや、募金することも極めて皆無である。

　私のようなタイプは、これでいいのだ。ボランティア活動とは、いろいろなかたちがあってしかるべきである。間違っても、善意の強要などするべきではない。どうも、傾向として、募金活動に熱心な者ほど、税金の使われ方には無関心のようだけに、役所や議会にかけ合うことで、税金の無駄を洗いだそうとする発想からは遠くなる。

　敵を作らぬ発想と協調の精神がそうさせるのか、理由は様々であろうが、行政の監視も、大いなるボランティア活動の源泉と世間も認知すべきである。ちなみに、筆者のように、税金の使われ方を含め、政治行政に関わることに関心をもつ者は、何型においてもいるであろう。

　しかし、その中にあって、Ｏ型の場合、細かい数値に絡む住民監査請求的なものよりも、主義主張を優先させる大義名分的なものが優先され、己の主張にも酔いしれるところがあるようだ。

　特に昨今、この私を驚かしたアニメ界の巨人であるＯ型・宮崎駿の沖縄基地諸問題に関する介入とも言える彼なりの固執である。彼はこれ

まで、それなりに、国政に対する苦言めいたことを発信していたようであるが、今回のように、沖縄基地諸問題のことで、時の政府に刃向うような主張を特にしだしたのは、事実上初となろう。

彼のこの状況を把握するまで、彼はある意味、O型特有のアニメ専門バカと認知していただけに、昨今の彼の言動から見る限り、O型特有の政治への関心事が益々もって噴火し出した感を持つ。

筆者の場合は、国税や県税等の血税出演料に絡む諸問題に固執するO型的政治介入とも言えよう。介入と言っても、国民である筆者の権利なのだが……。

つまり、本音の部分でO型は本来、政治的介入を軸とした主張に固執したがる者であることを筆者は言いたいのだ。O型・宮崎駿もその一人であった安堵感なるものを筆者は実感した。しかし、逆の見方をすれば、彼に富と名声が彼の努力によって転がり込み、己自身にそれなりの力なり自信を得たことを確信したが上に発動できた政治的主張とも言える。逆に経済力を含めた実力の無さを痛感しているO型なら、従順でおとなしい極端に平凡な演技派役者となろう。むろん、このO型のストレスは、主張を抑えれば抑えるほど肥大化する。

となれば、O型が商いの道や職人の道で成功を収めるには、当然だが政治的主張を抑えることも条件となろう。逆に何らかの主義主張に固執するO型なら、商売には不向きとなる。しかし、経済的自由を得たと確信したO型なら、何かの主張形態に固執する人生へと変貌しよう。

ちなみに、筆者の場合、筆者自身の家計が破綻した際は、早速、生活保護申請の手続きを毅然と実施するシュミレーションを描いている覚悟をもっている要因からなのか、僅かながらの主張をさせていただいているが、筆者としてはまだまだ不満足な状況と言える。この詳細は、『負け組のO型こそタレント嫌いで主張せよ！』をAmazon等からご購読下さい。

さて、今度は切り口を変えて、AB型の分析をする。

例えば、各企業の例で、同じ支店での同課勤務となれば、そこに席を

置くAB型とは何かとギクシャクすることとなる。逆に部課所や支店が別の場合、一定の距離が保たれていることから、そのAB型の方は何かと信頼をおける間柄となる。私の仕事上の経験や当時の職場関係の動向を見てもそれは言える。勤務支店の異なるAB型の先輩の方に仕事上の相談をした際、そのAB型の先輩は親身になって応対してくれた。そのAB型の先輩から私の勤務支店へ電話をいただき、「岡野君、あの件はどうなった」で始まり、彼は懇切丁寧に電話で仕事上のアドバイスをしてくれた。

　今後の仕事に生かせられる貴重なアドバイスとなった。AB型とは一定の距離を置けば置くほど、居心地が良くなる良い事例と言える。

　能見正の文献に、「AB型とは5年付き合っても5年分の付き合いとは思わぬことだ」と記される。B型作家・能見正らしいB型特有の捻った表現と思われるが、参考にしてもよいであろう。この指摘と私の経験から言えることは、AB型と何か仕事をする場合、余り深入りする切迫感あるビジネスや取引は極力避けて、業務提携くらいに留める方が結果、そのAB型との付き合いは末永く続くことになるであろう。

　さて、更にAB型の分析に固執してみよう。2015年6月27日の土曜の昼、日本テレビ番組「メレンゲの気持ち」に出演するAB型・谷村新司のトークに私の耳は動いた。彼が書籍購入の目安とするのは、新刊本の題名をもって決定するらしい。自分の心を動かしたとする出会いの書籍を定期的に本屋に入るや決めるらしい。この選別ジャンルは文芸書に限らずに物理学の分野まで及ぶ。然るに彼のコンサート出張にも、必ず10冊くらいのハードカバー書籍がお供になるくらいの読書好きである。ちなみに、読書好きはＡＢＯ式何型においてもいる。問題は書籍への固執の仕方と言える。彼は哲学や歴史のみならずに科学の世界にも興味を広げる読破の仕方となれば、AB型特有のコーディネートのセンスを助長する好奇心の分散思考から来るものと言えよう。ある特定の書籍に凝り性となるB型、己の専門性や仕事スキルアップを優先する選別方のO型、何かと流行物書籍を選別したがるA型と大きく分かれると

ころかもしれないが、近年の読書離れには困ったものである。

　さて、能見正の文献に面白い仮説が記述されている。日本語、中国語、英語等の言語が開発される切っ掛けとなったのは、A型人類とB型人類がある日突然に遭遇したことに始まるとするものだ。当然これにより、AB型の人類が誕生したことも大きな要因となる。むろん、インディオ等のように、O型が100％近くの構成比率になる民族も存在するだけに、この仮説をどこまで有力視するかの難しさはあろう。各部族間の言語や象形文字等は、O型単一民族の中だけでも育まれた可能性はあるものの、アルファベットと漢字の誕生においては、AB型の存在要因は特に大きかったと思われる。

　進化の過程と人類史を紐解いても、A型民族とB型民族は当初から共存していたわけではなかった。A型は見通しの悪い密林地帯や山岳地域に生息し、B型は海岸沿いもしくは、モンゴル地域の平原地帯や砂漠等の見通しの良い地域で生息していたものと思われる。マウンテンゴリラはA型優勢、低地のローランドゴリラはB型優勢とするネット情報等が正しければ、この仮説は有力と見るべきである。互いに環境が特に異なる地域で生息していたA型民族とB型民族が何らかの影響で突然に出会った。出会った当初は、余りにも違う感性にお互いまごつくこともあったであろう。同時に新たな感性に刺激し合う感激性も互いに実感していたはずである。やがて、AB型の子供が多く育ち、AB型人種の誕生へと進展した。あるAB型が「余りにも異なるA型とB型の感性の違いを埋めるべくために、何らかの共通項なる媒体のものを生み出せないか？」とする調整発案を思い描きだした。

　そして、人と人とのパイプ役を得意とし、人類の架け橋になりえる当時の新人類であったAB型たちの出番となった。言葉や文字の開発は、AB型特有のコーディネートのセンスや多角的な思考形態が相当な力となろう。分散思考よりも一点集中主義の集中力を得意とするO型のここでの出番とはならない。現に中国秦の始皇帝時代に漢字の完成度が高まった時代でもAB型の学識経験者の活躍は高まったと思われる。やは

り、AB型無くして、人類語学の発展は無かったと思われる。

　要するに筆者は何を言いたいか、つまりＡＢＯ式別何型において、長所短所はつきものなのだ。何型が良い人で何型が悪い人と言う問題ではない。ＡＢＯ式別によって、良い人悪い人の種類が微妙に違うということである。これは、もって生まれたものという言い方もできよう。むろん、何らかしらの努力や根気によって、このＡＢＯ式の習性を少しは変えられるかもしれない。しかし、この反動として、多大なストレスなるものの洗礼を受けるであろう。所詮、努力や根気も素質となれば、この無理は己の寿命を縮めることにもなろう。世間で言う、自分らしく生きるとはどういうことなのか？今一度、自問自答してみるべきであろう。

　ぶっちゃけ、筆者ならではのＯ型性を白状すれば、学習経験をほとんど積まないＯ型ならば、ある意味、純粋で良い人という言い方ができよう。しかし、長年の学習経験により、よりやさしくなるＯ型も出るものの、その苦労から来る苦い経験により、疑心暗鬼のＯ型やずるさを優先する狡辛いＯ型も少なからず生じることとなる。むろん、良い人を演じるだけで、この世知辛い世を渡るのは難儀となれば、ずるさとやさしさなるものの２本立てで歩むＯ型こそ、世渡り上手のＯ型誕生となるのかもしれない。このあたりを意識し、筆者も反省しなければならない。筆者の場合、どうも営業畑の経験を仕出してからと言うもの、何かと計算高く狡辛いずるいタイプの者へと変貌してきた感もある。それまでの筆者は、自分で言うのも何だが、ある意味、人の良いＯ型であった。特に多くの人生経験によって、Ｏ型の性格が何かと左右され、変化する典型的な例とも言える。その中において、筆者はどのＡＢＯ式タイプの者からの手助けによって、筆者の今日があると思っている。やはり、この複数のＯ型、Ａ型、Ｂ型、AB型との出会いがあればこその人生と言える。

　さて、AB型とは我が国で9.4％と一番少ないまでも、この比率は白人社会の国々から見ればそれでも多い方である。逆に世界的に見れば、AB型人種は全般的に少ないということになる。なので、ある者がAB

型であることを当てる制度を高めることは、この分野の関心を益々高めることになる。

　そこで、AB型の癖や傾向を更に紹介する。まず、AB型の極度の睡眠不足に弱い傾向は、能見正の文献に記されるよう、注目すべき点である。

　人との会話中でも突然にタイマーが切れたようにウトウトするだけに、特に意識しよう。次にAB型特有の極度の児童好きにおいては本書指摘済みだ。これにより、児童と関わりたがるボランティアや仕事に固執するAB型も多くなるだけに、ここは根掘り葉掘り聞いてみよう。

　また、筆者の見解だが、AB型にお三時タイム好きが特に多いことである。それも、この時間が無いと生きてはいけないとするレベルだ。ここを単にAB型の間食好きととるべきか、甘いものに目がないととるべきか、更なる今後の分析が求められよう。各洋菓子店の協力が得られるなら、この種の統計分析ができよう。おそらく、洋菓子店の売れ行きにおいて、特に貢献しているのは、間食無くして生きられないAB型、ストレスから来る反動で甘さに目が行くA型、突然に何か甘い新種の洋菓子等の魅力の虜となったB型の順と観ている。ちなみに、空きっ腹の空腹時で食べる食事の旨さと酒の旨さなるもの魅力を知っているO型ならば、洋菓子類の間食は控えがちとなることを想定し、順位は最下位にした。お三時にケーキやラーメンを食べれば、夜の酒がまずくなるとは、O型の筆者でもよく言う台詞である。

　さて、AB型の話に戻す。AB型におけるキーワードは、本書指摘済みのとおり、セックスを神聖な愛の証とは違う趣味の一つと割り切っているAB型なら、プレイボーイ、プレイガールのAB型誕生となる。しかし、この割合は我が国AB型の中において、どれだけ占める比率かは定かではないが、少なくとも過半数を占める比率ではないだろう。まず、客観的に異性からもてるAB型でなければ、上の可能性は低くなろう。然るにもてるAB型の中でどれだけ、プレイボーイ、プレイガールがいるか否かで意識する問題である。なので、読者諸君もここを留意し

つつ、もてそうなAB型男女を観察してみよう。

　AB型のことは、この後の章であるＡＢＯ式別のいろいろな家式理論のところでも考察したい。

5．ＡＢＯ式の世界分布

　世界の国別血液型比率分布は、ネットから数件ひろえる（国によっては、調査不十分から必ずしも、あてになる数字とは言えないが……）ので、ここでは、詳細な数字は避けるものの、筆者独自の感性からも論じてみたい。

　日本人平均血液型分布率（O型30.7％、A型38.1％、B型21.8％、AB型9.4％）は既に解説済み。お隣韓国では、大雑把に、O型28％、A型34％、B型27％、AB型11％となる。アジア各国は、おおむね、この韓国の比率の国が比較的多いようだ。特にインドに関しては、調査しづらいものの、能見・正の文献から察するに、地域によっては、40％を越すようなB型ゾーンもあるらしい。インドや中国が西洋に比較して、なんとなく暗い人種のイメージが残るのは、見かけ無愛想なB型が多く占めている地域なので、暗く感じるのではないでしょうか？　やはり、B型は、世界中どこにいても、見かけ無愛想ということか？

　一方、西洋の白色人種が、明るく感じるのは、B型が全体の5％を切るような国も多く、東洋に比較して、B型が特に少なく、笑顔を大切にしたがるA型優勢のためか？　もっとも、西洋は、A型とO型が拮抗している、というのが正確なところだ。それでも、第二次世界大戦に同盟国を結んでいたドイツは、A型が約45％、O型が約40％となり、A型がやや優勢となる。一方、日本のジャパニーズスマイルは、A型の多さが特に影響しているのだろうか？　日本は、アジアにありながら、A型優勢という奇妙な状況におかれているがため、アジアでは何かと浮いてしまうのでしょうか？

　アメリカ大陸に目を移すと、USAは、O型が約46％、A型が約41％

であるが、かつての平原インディアンは、99％以上がO型であった。これから観ても、O型だけの民族であれば、機械文明の構築は、成立しえないという仮説はいかがなものか？　能見父の論で行けば、B型のアイデアなくして、これまでの科学技術の進展はありえなかった、というのは確かなところかもしれない。能見父は、「科学技術の多くは、欧米から出たように見えるが、元を正せば、アジア発のアイデアを西洋が拝借してきての応用改良だ」という見解を出していた。この私が彼の論を更に補足するならば、数学の基礎であるゼロの発見国は、B型の多いインドである。火薬や砲術の技術を盛んにしたのは、O型とB型が多く占めるあのジンギスカンのモンゴル帝国だ。つまり、B型のアイデアをA型の応用改良の技術により、更なる良い製品に仕上げるということだ。

　比較的A型が多く占める欧州（特にドイツ）と日本が応用改良の技術に優れていることも納得させられる。

　この世界的規模の科学技術史を考慮するならば、特許やビジネスモデルの考え方も改めるべきかもしれない。つまり、あらゆる技術開発の特許料なるものは、インドや中国へ支払うべきではないか？という理屈も成立しえるだろう。

　一方、近年において何かと世界中を騒がすギリシャだが、大雑把に、O型40％、A型41％、B型14％、AB型5％となる。まずは、何よりも己を優先したがるプライドの強い国民性と一般的に言われているようだが、果たしてどうか。国民性を見るには、その国の歴史から積み上げられた感性やギリシャの位置する地理的土壌も環境要因として見なければならないだけに、ABO式の比率だけで決まるものではない。但し、O型とA型の比率の差がどれだけあるか、あるいは、B型の占める割合は特に注視すべきであろう。

　いずれにしろ、ギリシャの場合、定期的に温暖なエーゲ海を拠点とする観光業に頼りすぎた要因もあり、役人天国へ拍車をかけすぎたとも言える。この背景には、ギリシャ国民の41％も占めるA型特有のルーズ

さも、噴出したものであろう。本来、金は使うためにあるとする哲学をもつA型は、何かの切っ掛けにより、借りた金は返さなくともよいとする居直りが突如として噴出する。世間の風潮によって、何かと変化していくのも、A型の傾向と見るべきである。

　話を戻そう。

　そして、O型は、今あるものを実用的な道具として使いこなそうとするため、学習意欲の高さを発揮し、そこから新たな理論と独創性を構築しえる可能性も残すことになる。AB型は、ある技術と技術をつなぎ合わせるコーディネートのセンスとある技術を平和と福祉のためだけに使いきろうとする平和主義に固執できよう。

　今後、人類学と世界史を探求するのであれば、ＡＢＯ式を意識した分析は欠かしたくはないものである。

6．猫と野菜にもあるABO式細胞型

　さて、ここでは猫の例で分析してみたい。比較的、人間に懐いている猫で見るなら、おそらく人の膝の上によく乗ってくるのはA型の猫だろう。しかし、B型の猫は、体を頻繁に摺り寄せてくるも、決して人の膝の上には乗ってこないだろう。なぜなら、B型の猫は、人の膝に乗り続けることで、自由が束縛される、と思っているのだろうか？　筆者も、これまで、いろいろな猫を観察してきただけに、あくまでも何型の猫と予想して行動を観察していたのは筆者の感である。一説によれば、猫の80％がA型で残りは、B型かAB型でO型はいないらしい。しかし、猫は人よりも家になつく習性や猫たちの集会を見るにつけ、A型的と言えなくもない。その要因からか、猫を飼っている家から離れた所で、その猫と出くわしても、飼い主に対し、知らん振りしている猫は多いようだ。この話は、猫派の人たちから、多く聞く事例である。やはり、人よりも家になつくA型猫の習性なのか？

　一方、私がかつて縁の深かった猫の話だが、私の家から離れた道端で

Ｂ型と思われる猫に遭遇した時、その猫は、私のことがよくわかるせいなのか、歩く私を追いかけて、体を摺り寄せてくる。場合によっては、気心の知れた私と出会った安心感からか、そのＢ型らしい猫は、道の真ん中で突然バタンと横に寝そべるのだ。それでは、車に引かれたら大変と思う私は、その猫をすぐに起こしにかかるのだ。そんな状況を見るにつけ、猫の習性ということで、一括りにくくるのは、真理を見誤ることにもなり、私はＡ型猫とＢ型猫の違いというのを意識することにしている。この関連で、作家のＢ型・五木寛之が昔飼っていた猫も、彼が近所へ買い物へ行くたびに、常に犬のようについて来たようだ。おそらく、この猫もＢ型と私は見る。また、あまり長く触れていると突然すぐに怒り出す猫にも私は遭遇したことがある。おそらく、この猫は一定の距離を保ちたがるAB型の猫と思う。

　さて、野菜と植物についても触れておく。実は野菜や果物からもＡＢＯ式糖鎖物質を検出できるのだ。特にこれらの中に動物のもつ血液なるものがあるわけではない。つまり、野菜や果物の細胞からＡＢＯ式糖鎖物質を検出できるからである。この例から、この私が本書で特に主張してきた「ＡＢＯ式血液型ではなくＡＢＯ式細胞型と言え！」と、言う根拠はここにもあり、これで尚更、読者諸君も理解しやすくもなろう。

　ちなみに、キャベツ、カボチャ、ゴボウ、昆布、エノキダケ、シメジ、リンゴ、ナシ、イチゴ等の野菜と果物はすべてＯ型だ。その他、ブドウ、スモモ、ソバ等からAB型糖鎖物質が検出されている。

　特に面白いのは、カエデ科の植物で、秋に紅色になるのがＯ型、黄色になるのがAB型である。

　やはり、ＡＢＯ式人類学を意識する次いでに、生物界と植物界のＡＢＯ式分布も意識したいものである。意識とは、つまり、ＡＢＯ式細胞型物質は、人間だけではなく、各動物はしかり、各果物や観葉植物等からも検出されるのだ。このあたりの情報は、ネットから少なからず検索できるので、皆様各人で考察してみて下さい。

☆ ABO式人間学の最重要視点であるABO式の2重性

O型　　人間愛に燃えるか、打算派か、英雄コースか、悪人か、本来は極端を追及する個性の持ち主だが……。しかし、相手の力関係を意識しすぎるO型気質から、職場の人間関係に翻弄され過ぎるためか、個性の発揮を抑制される極端に平凡なO型や強者に従順な狡からいO型も我が国では量産される。

A型　　自己抑制と筋の厳しさ、思いやりとサービス精神、しかし心に破滅型思考の悩みも……。そのために、生活のすべてを投げ打つ現状脱出願望（破滅型思考）が世間に反旗する変身願望の突っ張りタイプや不倫行為者を生む。しかし、大多数のA型は世間の慣習に同調しつつも、暴走行為や買い物症候等で憂さを晴らす。

B型　　自由度の多い生活を切望、フリーハンドの柔軟思考、そのくせ誰かそばにいないと仲間はずれにされたという疎外感を強く感じるものの、この寂しさからか、好奇心旺盛な野次馬性を刺激されたB型は時として危険な世界へと誘導される。しかし、B型特異の凝り性ぶりが上手く機能すれば、研究科の道や資格試験の合格にも強さを発揮。

AB型　合理性と夢見る空想性、人間不信と人類への奉仕の精神。
　　　　原始的欲望の本能から最も距離を置きたがる未来人にも見える。奉仕の精神で欲と嫉妬の渦巻く社会とクールに接するも、その嫌気から来る疲れをメルヘンチックな趣味で癒す。時折、セックスを癒しの趣味と割り切るAB型の中から、強烈なプレイボーイ、プレイガールが出現する。

第 9 章

やはりＡＢＯ式細胞型人間学の醍醐味は
色気としゃべり方！

そして、ストーカー問題をも打開する！

◎ＡＢＯ式の対人性を家屋に例えた性格学（心の家）

　能見・正の文献に、ＡＢＯ式の対人性を家にたとえたものがある。
　各人の深層心理をＡＢＯ式別に、いろいろな居住空間に例えることで、ＡＢＯ式別の性格学が具体的に表現されている。好きな彼氏と彼女の深層心理を分析する上での大きな軸に成りえる理論と言える。この理論構築の根拠は、彼が大学時代、400人あまりが生活する学生寮の委員長となったとき、寮内のよろずもめ事に立ち合った。戦時中のことで、名簿には寮生の血液型が全て記してある。それを見ながら学生たちに接していると、気質の違いがありありと浮かびあがるのを意識しだした。その後、彼のこのひらめきが確信へと変わりだす。やがて著名人8,000人以上のＡＢＯ式データを収集しての抜群の調査力をもっての彼の鋭い統計分析は功を奏すこととなる。結果、これらの要因が相乗効果を生むと同時に、上記のような、彼の学習経験から来るひらめきが、下記のＡＢＯ式の家式理論を構築したものと推察する。この学習経験のひらめきと統計学上の実証データの二本の柱こそ、科学的考察の第一歩となる。ゆえに、この対人性のＡＢＯ家式理論において、科学的根拠があるのか否かを問う読者がこの段階に来ているとするなら、初めから本書を熟読していただきたい。
　知識人の名を振りかざす者ほど、斜め読み拾い読みの速読をするだけに、ここはきつく、しっかりと物申しておく。
　さて、とにかく、この対人性のＡＢＯ家式理論はとても的を射た分析力だけに、ここで下記に表示しておく。

Ｏ型の対人性　　石造洋館。戸を開けばオープンで汚されてもすぐ洗い流せ、閉じれば用心警護、城のよう。
Ａ型の対人性　　木造日本風。外見優雅も、なかなか奥へ通さない。汚されたら回復するまで後が長引く。

B型の対人性　洞窟。見てくれ悪いが開放性随一で誰でも奥へ入り込め、土足自由、汚しても影響少ない。

AB型の対人性　人を迎えるオフィスとキャンピングカーで人里離れる私生活の二重生活をしている感じ。

　以上の内容を見る限り、さすが能見・正の鋭い分析力で見事なまで具体的にＡＢＯ式の対人性を家にたとえて表現している。筆者が思うに、これは、どんな状況で相手に対し、心を開くか否かも焦点になっている。何も家に囚われるのではなく、家を心と置き換えてもよいであろう。ＡＢＯ式ごとに、どんな状況で相手に対し、心を開き、また閉じるのか？を家にたとえ、彼はわかりやすく表現したのである。

　まず、Ｏ型の石造洋館だが、ご存知のとおり、洋風の家とは、靴を脱ぐことなく、そのまま土足で中へ入ることになる。ということは、信頼できる者でない限り、頑強な門を決して開くことはないであろう。

　つまり、初対面の相手に対し、Ｏ型は尚更、警戒心を強め、相手への観察を怠らない。むろん、心の家の門は、閉じたままである。未知なる者への警戒心は格段に強いＯ型だけに、極論で、相手が敵か味方かを判別できるまでは、決して心の門を開くことはないであろう。それゆえ、Ｏ型特有のきどりの美学なるものが威力を発揮する。気心を知らない未知なる相手に対しては、きどりやクールさを装うことにより、相手を自分の家へ通さぬのはもちろん。相手を信用できるまで、決して己の心を開くことはないであろう。開かぬというのは、極論なれど、人生の学習経験を多く積んでいるＯ型ほど、いろいろなコミュニケーションを駆使したり、少しとぼけてみたりで、相手の出方の様子を探っているようでもある。しかし、筆者がＯ型だから弁護するわけではないが、それもＯ型特有の生きる本能から来るある種の自然体の表れともいえる。当然のごとく、会う人すべてを信用し、家へすぐ招き入れたり、己の本音をすべてさらけ出す方がまともではない、とも言える。

　そんな、Ｏ型が時間を要しても、一度心を開けば石造洋館のように、

土足で気軽に付き合える相手であることは当然とも言える。むろん、一度、門を開いたO型は、きどりの雰囲気が消えうせ、社交的なO型と言われよう。

　さて、次はA型の対人性であるが、「木造日本風。外見優雅も、なかなか奥へ通さない。汚されたら回復するまで後が長引く」という能見・正の表現を筆者の長年の観察も含め、分析してみよう。確かに、木造日本風とは、柔らかなイメージを連想させる。また、玄関が引き戸だったり、居間の廊下で休息したりで、見た目は、たしかに外見優雅といえよう。この外見優雅とは、誰に対しても必要以上に笑顔を意識したがるA型の傾向といえる。つまり、一見、中へ気軽に土足で入りやすいように見えるものの、当然ながら決して中へ土足で踏み込むことなど、できないだけに、優雅な笑顔の次に待ち構えているのは、本音とは程遠い厚い壁なるものを実感するはずである。むしろ、厚い壁というよりも、その本音の部屋へたどり着くまで、何重にも渡る本音を覆い隠す襖の存在を実感するはずである。O型なら、警護な門を一度明けさえすれば、大概、その人の人間性を知りえよう。しかし、A型の場合、玄関先には入りやすいものの、そこから先へ踏み込むのは容易ではないということだ。平たく申せば、「A型の笑顔に惑わされ、この人は良い人と勝手に決め付けた挙句に、どんどん奥へ踏み込むことは慎むべきということか？」恋愛なら、詳細に段階を踏むか、迅速な諦めこそ慣用ということだ。

　さて、B型の対人性であるが、「洞窟。見てくれ悪いが開放性随一で誰でも奥へ入り込め、土足自由、汚しても影響少ない」という彼の言い回しについて、20年以上前の筆者の私は半身半疑であった。しかし、男女問わず、多くのB型を見るにつけ、その確信を強めてきた。

　とにかく、B型は男女問わず、それほど親しい間柄でなくとも、気軽に家へ招いてくれる。共にあるB型の彼と仕事で現場へ行った時でも、「僕の家が丁度この近くだから、寄っていきなよ」となる。また、筆者の何人かの普通のガールフレンドにしても、小学生時代から、気軽に家

へ招き入れるのも、すべてB型ギャルであった。彼女にしてみれば、「忙しいから、私の家まで来てくれ」ということになる。しかも、プライベートの部屋までも気楽に見せてくれたりで、O型の私からは信じられない意外な行動パターンといえる。むろん、誰でも奥へ入り込めるというのは、彼の極論であろう。少なくとも、悪そうな人ではない、とB型から判断されれば、気楽に心の中へも土足で入れてくれる、ということであろう。反対に筆者の経験から、なかなか家に入れてくれないのは、A型であった。特にA型の女性なら、尚更そうなる。むろん、A型特有の笑顔に誤魔化され、彼女の心の奥へ踏み込むことなど、ほとんど不可能であろう。やはり、洞窟のように見てくれは悪く、入りにくそうというのは、見かけ無愛想なB型をイメージするには面白い表現と言えよう。人は、見かけによらぬ者というのは、B型のことを意識すべきなのかもしれない。

　最後にAB型の対人性だが、「人を迎えるオフィスとキャンピングカーで人里離れる私生活の二重生活をしている感じ」の前者である「人を迎えるオフィス」とは、一定の距離を置いて、接している時のAB型の姿と言えよう。オフィスだけに、対人関係もそつがなく、遠くから見ている分には、よさそうな人たちに見えるのは当然と言える。しかし、ここぞという時に、助け舟を依頼しても、事務的に断られることは、強く想定しておく必要はあるであろう。やはり、AB型の応対に対しては、能見・正が指摘していたように、少し人工的な臭いなるものを感じざるを得ないところであろう。

　まあ、そんなAB型の方たちと一定の距離をおいてる内は、いいのだろうが、問題は、「キャンピングカーで人里離れる私生活」の部分を目の当たりにした際の覚悟である。A型のように、私生活の部分を二重三重のバリアをもって覆い隠してくれればいいものの、なぜかAB型の方たちは、時として気楽に、その私生活の部分をお披露目することになる。それも、一定の距離を縮めれば縮めるほど、AB型の私生活なるものを嫌でも見せ付けられることになろう。少し抽象的に申すなら、どん

なキャンピングカーに乗せられて、どんな人里離れたトワイライトゾーンの世界へ連れていかれるか？ということでもある。その世界たるや、原始的欲望の本能からは程遠い仏門の世界かメルヘンの世界へ心酔する一部のAB型の姿を見ることになろう。前者がイエスキリストか上杉謙信のタイプとなり、後者が作家・宮沢賢治かベルバラの池田理代子のタイプとなろう。彼ら4名のAB型の例にこだわらずとも、欲望の世界からとき離れたような充足感を与えるフィギュアやぬいぐるみの愛好家は、AB型に多いはずである。また、欲望や野心とは程遠い幼児を好む（ロリコン趣味ということではなく）AB型の多さは、客観的に見ても事実と言える。アグネスチャンのように、「世界の子供を貧困から救え」で福祉に関心を示すAB型の多さは注目すべき点である。

　とは言え、その乗せられたキャンピングカーがどんな物なのかは、よくよく調査すべきであろう。慈善活動や休息のつもりで、利用していたように見えた車が、突然、AB型プレイガールやプレイボーイの一面をあらわにし、いつの間にか不特定多数の異性が同乗していることも大いにありえる、ということも想定しておく必要があろう。

　まあ、そこまで行かずとも、イエスキリストや上杉謙信のようにセックスを趣味とは割り切れずに、俗世の欲望を否定したがるAB型が少なからずいることも確かである。そんな彼らを信用し、付いて行ったはいいが、突然にはしごをはずされないとも言えない。イエスキリストの弟子であったユダが彼を裏切った、と言われているが、実態は人間関係のもつれであろう。上杉謙信にしても、美しき流れを取り戻すべく足利幕府の再興を唱えるも、「殿は天下を取る気がおありか？」という多くの家臣からの不満は耐えなかったと思われる。

　筆者の独断と偏見と言われるかもしれないが、AB型に対しては、一定の距離をおくというスタンスで、お付き合いすべきであろう。それを長く継続することにより、人間関係の距離を少しずつ縮めていくことに限ると思います。とにかく、AB型とは、しばらくオフィスだけの訪問に留め、うかつに、そのAB型所有のキャンピングカーには乗らないこ

とである。
　但し、AB型との結婚を控えている男女ないし、AB型との重要な取引を控えている方たちなら、どういうことに利用しているキャンピングカーを詳細に事前調査すべきであろう。
　しかし、ＡＢＯ式の対人性を家に例えての分析方法を見て、各人の性格を規定するという固定観念で見られては困る。
　とは言え、本当に一環している性格学なるものを追求する際、ある程度の規定はつきものだ。むろん、それは、あくまでも20％ほどの目安であり、4つの性格の話ではない視点を強く意識する配慮は不可欠なものとなる。その20％の要素も駄目とするなら、男女間や県民性の学術的な性格分析もいかがわしいお遊びなものとされるであろう。
　以上の点を考慮して、下記の表現をさせていただくこととする。

　Ｏ型は、いろいろな石造洋館。Ａ型は、いろいろな木造日本家屋。Ｂ型は、いろいろな洞窟。AB型は、いろいろなオフィスとキャンピングカー。
　つまり、石造洋館でも、大きさからデザインにおいて、各々微妙に違いが出るように、性格もＡＢＯ式において微妙に違ってくる。
　Ｏ型イコール石造洋館で論説を終えたら、そこで思考停止である。
　この石造洋館は、どういう石材を使用し、いつ頃建てられたものかを分析する。木造日本家屋でも、どこの山林でどの木の種類から運送されて建てられたものかを分析する。
　つまり、上記の点を比較しても、家という居住空間の住まいにおける何らかの共通項（窓等の採光部分や水回り関係）は、其々の家にあるであろう。しかし、上記の居住空間は、それぞれ特徴が違う。血液型人間学も、ある種これと同じ理論から構築されている。人誰しも、それなりに食欲、金銭感覚、恋愛感情等の何らかの共通項を人として持つものだ。しかし、それもＡＢＯ式細胞型によって、ある部分においては微妙に違ってくる。つまり、各Ｏ型が微妙に違うのと同様に各石造洋館も

各々微妙に違う。しかし、やはり石造洋館は石造洋館であり、どこかしら石造洋館としての癖を残しているのだ。これと同じ論法で、Ｏ型イコールＯ型ではないが、Ｏ型ならＯ型の持ち味とも言える何らかの傾向や癖を残しているものである。

　以上の点からも、Ｏ型が大雑把でＡ型が几帳面等と言う僅かの形容詞のみで思考する学問でないことは、前回も陳述した通りである。この種の分析傾向は、彼が30年以上をかけて、各界著名人8,000人のＡＢＯ式血液型から分析した結果から導きだされたことである。
　これまでの私の経験的観察からの分析でも、彼・能見正比古氏の理論にほとんどずれは感じられない。そこで、ＡＢＯ式の家式対人性理論が出たところで、対人生の中でも特に重要な色気としゃべり方に再度焦点を当てて、ＡＢＯ式色気としゃべり方の理論を下記項目で改めて展開する。やはり、この興味深い観察ほど痺れるものはない。それほど、この理論は特に不可欠なものとして、読者には強く認識していただきたい。

◎ＡＢＯ式色気としゃべり方のベスト16理論

　まず、対人性で意識する際、その人の雰囲気なり発散している色気に焦点を絞り込むことが一案となる。これは、あくまでも能見正比古氏の理論をよりわかりやすく説明するための、筆者苦肉の策である。
　それには、可愛い系ないし美人系リストでＡＢＯ式ごとにリスト化し、比較検証することで、何らかの分析結果が得られやすい。
　それも、ＡＢＯ式各チャーミング女性がリラックスしている時と少し緊張して黙っている時の二極化傾向を意識した分析が不可欠となる。この色気リストの表示は、科学の中でも重要視される再現性の一種である。このリストを元に分析することを検証と言う。
　この検証は、本書前項で既に実施したが、今度はＡＢＯ式ごとに、16名ずつに絞込み、上記の家式論法と色気を照合しての検証を改めて

実施する。しかも、ベスト16というわけではないが、ＡＢＯ式ごとに、16名ずつのチャーミング女性に固執しての比較検証の総括をする。むしろ、16名ずつに絞りこむことによって、見えないものがより鮮明になることも有り得よう。

　ある女性を色気だけで、何型かを当てられるとなれば、強烈な色気を発散しているチャーミング女性に出会った時となろう。むろん、その際も、正しいABO式細胞型人間学の知識を理解していることも前提になろう。つまり、複数の要素がなければ、誰でも一目見た瞬間に何型かを当てられるわけではない。青系の色気を緑系の色気と勘違いしたり、赤系の色気を紫系の色気と見誤ることも時には生じよう。肝心なのは、どの部分で見誤ったのか？何型かを外した時、詳細に分析することこそ重要なのだ。

　さて、事実は小説よりも奇なりではない、あるいは、百聞は一見にしかずの論調で下記リストを凝視して下さい。

　まず、Ｏ型女性の雰囲気と色気であるが、

●Ｏ型チャーミング著名人女性リスト16名

吉高由里子、上戸彩、蛯原友里、大政絢、小雪、優香、相武紗季、南明奈、剛力彩芽、井上真央、瀧本美織、菜々緒、深田恭子、波瑠、宮崎あおい、井上あさひ

▲Ｏ型チャーミング女性がリラックスしている時は、
　一言で、おおらかな感じ、母性本能を発散している雰囲気、平原インディアンが好む緑の大地
▲Ｏ型チャーミング女性が終始黙っている時は、
　一言で気取っている雰囲気、未知なる初対面の人に対しては、敵か味方かを分別するかのように身構えている感じ

●A型チャーミング著名人女性リスト16名

武井咲、香里奈、杏、桐谷美玲、黒木メイサ、
長澤まさみ、沢尻エリカ、栗山千明、新垣結衣、すみれ、
仲間由紀恵、高梨臨、黒島結菜、小林麻央、
松嶋菜々子、西内まりや

▲A型チャーミング女性がリラックスしている時は、
　一言で見た目は明るい（あくまでも見た目のこと）、明るい笑い上手とも言える笑顔の作り方が上手い感じ、毅然と咲き誇る桜の花
▲A型チャーミング女性が終始黙っている時は、
　一言で、ツンと気位高いイメージ、世間的常識の殻を破りすぎると怖さを実感する赤いバラの花

●B型チャーミング著名人女性リスト16名

米倉涼子、釈由美子、綾瀬はるか、堀北真希、井川遥、
稲森いずみ、篠原涼子、柴咲コウ、冨永愛、比嘉愛未、
有村架純、浅田真央、田中理恵、三吉彩花、
森カンナ、橋本奈々未

▲B型チャーミング女性がリラックスしている時は、
　一言で、みずみずしい色気、しゃべると少し独特な好奇心を持ち合わせた気さくザックバランな雰囲気、青きアジサイ花や水色桔梗の花が似合う東洋の神秘
▲B型チャーミング女性が終始黙っている時は、
　一言で、見かけ無愛想（よく言えば黙っていると特にまじめに見える人）、興味の消えうせたことは躊躇なく切り捨てようとする冷やかな雰囲気

● AB型チャーミング著名人女性リスト16名

松下奈緒、小池栄子、ベッキー、志田未来、加藤夏希、
江角マキコ、菊川怜、中村アン、高橋みなみ、
橋本マナミ、水川あさみ、滝川クリステル、相沢紗世、
原田夏希、木村文乃、渡辺麻友

▲AB型チャーミング女性がリラックスしている時は、
　一言で、妖精的な色気、ポスターから飛び出て来たような聖女、高貴な人工的イメージも漂う応接的対応の魅力
▲AB型チャーミング女性が終始黙っている時は、
　産業スパイのセンスを持ち合わせたシャープでドライな雰囲気、この世の偽善を憎むべき未来人

　以上の要領で、人間誰しも少なくとも二重性を帯びている視点を考慮し、上記のように、ＡＢＯ式ごとの色気と雰囲気をまとめてみた。特に注目するのは、Ａ型は世間に対し不快感を与えたくない理由からか、笑顔を特に重視する傾向になりやすく、笑顔の作り方の上手い人が多い。それ故、あるＡ型の方をＯ型やＢ型と誤認し、「血液型と性格の関係は当てにならない」と言う認識不足に陥る人は特に多い。それだけに、とても奥の深い学問なのだ。そして更に上記リストを全体的に補足すると、

　石造洋館が閉じている時は、正にＯ型特有の未知なる者への警戒心からくる気どりの部分と言えるでしょう。しかし一度、門戸を開けば、土足で自由の仲間への面倒見いいＯ型特有の開放性が出るのです。

　外見優雅な木造日本風とは、特に世間を強く意識するＡ型が必要以上に明るい笑い上手な笑顔を重視する様子となかなか心の奥には通しにくいＡ型的雰囲気が上手く描かれています。

B型を洞窟に例えているのは、見かけとっつきは悪いが、B型に対し、面白おかしく話せばそうでもなく、むしろ意外に洞窟の過ごしやすさを実感できる開放的なB型イメージを表現したい故です。

　本来、メルヘンチックなAB型のキャンピングカー車種が限りなく、スポーツカーに近い場合は、プレイボーイ、プレイガールのAB型誕生とも成り得ます。ちなみに、市川海老蔵はAB型です。つまり、AB型イコールがプレイボーイ、プレイガールということを論じているわけではなく、強烈なプレイボーイ、プレイガールは、AB型の中から時折出現することを論じている。ここは誤解無きように願います。数学の集合論で言えば、部分集合の考え方に当たる。
　然るに、「本来の血液型人間学は、人の性格を短絡的に4つの性格式に規定するものではない」旨をここで筆者が改めて強調する。

　また、以上の応用で、著名人二枚目男性編のＡＢＯ式で分析する解説方法もある。基本は上記チャーミング女性のＡＢＯ式色気分析とＡＢＯ式家屋方式の対人性等と同じである。例えば、見た目笑顔を特に意識した方たちがＡ型男性のメインであり、見た目とっつきの悪さは、やはりＢ型男性がメインとなる。この件の詳細は、本書の前章で解説済み。

　次に別の切り口として、仮に、洞窟風のＢ型に対し、多くのＡ型が気軽に作る笑顔なるものを必要以上に強要した際、そのＢ型には強烈なストレスがかかるだろう。つまり、何を言いたいかと言えば、それぞれＡＢＯ式家風ごとに特色のある生き方をすることが大切です。Ｂ型が和風建築対応の対人性で世の中を渡ることは、ストレスが溜まり極めてロスに近い。然るに、各ＡＢＯ式ごとに各々、いろいろな石造洋館、いろいろな木造日本家屋、いろいろな洞窟、いろいろなオフィスとキャンピングカーを意識する生き方こそメリット大と言える。
　それは、ＡＢＯ式ごとに色気と雰囲気を発散している上記リストから

も有力な仮説と考察を可能とする。
　要するに、上記リストからも言えるように、何型が明るいとか暗いとかのそういう問題ではない。つまり、赤の明るさと青の明るさは、明るいという共通項はあっても、その明るさは微妙に違ってくる。やはり、各々ＡＢＯ式細胞型によって、微妙に明るさ暗さの種類が違うのだ。

　次に、下記リストを元にし、ＡＢＯ式ごとのしゃべり方の微妙な違いを再度分析する。ここでは、前項のまとめとする。
　まず、何型が雄弁家で何型がスピーチべタ、と言うことではない。要は、ＡＢＯ式細胞型と他の遺伝子との絡みにより、ＡＢＯ式によって、微妙に雄弁家の種類が異なるということだ。

　ＡＢＯ式しゃべり方の違いにおいては、前項で解説済みだが、総括の意味からも改めて、ベスト16理論で補足する。

●Ｏ型の著名人雄弁家リスト16名

林修、ビートたけし、太田光、武田鉄矢、タモリ、
西川きよし、恵俊彰、タカジン、上田晋也、テリー伊藤、
綾小路きみまろ、大島渚、田中康夫、河村たかし、
上沼恵美子、山瀬まみ

　▲Ｏ型のしゃべり
　一言でストレート系のしゃべり、それも、伸びのあるストレート口調か、ぼそぼそもごもごのスロー系口調に分かれる。本音で極論好き、極論イコール具体策と評価するも、時に極論に執着しすぎての暴投もある。何かの例え話を絡ませての説明も好む。全体的にしゃべりに語尾語調アクセントがあり、メロディーを感じる。

第9章　215

●A型の著名人雄弁家リスト16名

池上彰、久米宏、みのもんた、大竹まこと、小堺一機、乙武洋匡、森永卓郎、渡邉美樹、萩本欽一、さだまさし、立川志の輔、鳥越俊太郎、小泉純一郎、黒柳徹子、瀬戸内寂聴、蓮舫

▲A型のしゃべり

　一言で鋭く曲がるスライダーかドロンと大きく曲がるカーブ系のしゃべり、結論を先に言わずの順序丁寧さも時には回りくどくもなる。全体的に抽象的とも言えるハーモニック調雰囲気のしゃべり方。意外にダジャレ好き。沈黙の間には神経質なので、時に早口にも見られる。

●B型の著名人雄弁家リスト16名

橋下徹、東国原英夫、宮根誠司、徳光和夫、矢沢永吉、野村克也、明石家さんま、小倉智昭、中山秀征、大橋巨泉、松本人志、ガダルカナルタカ、逸見政孝、枝野幸男、細木数子、野村沙知代

▲B型のしゃべり

　一言で、一定のリズム感あるしゃべり方。むろん、各B型によって、何拍子かのリズムは異なる。時に浪花節調雰囲気のしゃべりにも成りえる。全体的にテンポの良いリズムかゆったりしたリズムの口調に分かれる感じ。素質的に名司会者にも成りえるトーク術。

● AB 型の著名人雄弁家リスト 16 名

古舘伊知郎、島田紳助、立川談志、黒鉄ヒロシ、
坂上忍、辛坊治郎、ケーシー高峰、三宅久之、
青島幸男、石原慎太郎、猪瀬直樹、長妻昭、江田憲司、
小泉進次郎、松岡修造、田中眞紀子

▲ AB 型のしゃべり

　一言で、淡々としたしゃべり方。時には、普通の会話中に突如として怒っているのかのようなしゃべり方。全体的には、いやみか正義感を滲ませるようなしゃべり方。やや第三者的視点を意識した評論家風のトーク術。

　以上のＡＢＯ式雄弁家リストを見ても、トーク傾向の違いを認識できるであろう。脳神経細胞膜の表面上にも宿るＡＢＯ式アンテナ細胞の違いにより、脳細胞同士間の連携に微妙な影響を与えることから、ＡＢＯ式何型ごとに思考形態にも何らかの違いを生み出すこととなる。然るに、コミュニケーションやプレゼン発言の手順や組立にも当然に影響することから、ＡＢＯ式細胞型（ＡＢＯ式アンテナ細胞）の違いにより、雄弁家の種類も違うという検証結果になるものと解される。

　さて、洞窟風対応のＢ型が和風建築を意識した人生を歩むならストレスになり得る考察のとおり、逆に笑顔等の見た目の判断だけで、人に偏見を抱いてはならないことも、本来の血液型人間学は指摘している。
　おそらく、この正しい知識が世間に浸透していないとなれば、各企業が実施する「笑顔でお客様に接客しよう」の研修に対し、一番苦労するのはＢ型である、との仮説は成立しよう。
　そして、各企業面接でも、特に不利を強いられるのもＢ型であろう。逆に見た目の印象から、より優秀なＢ型人材が面接で落とされること

も少なからず存在しよう。

　やはり、橋下徹や東国原英夫のようなさわやかなＢ型は稀な存在（例外と言う意味ではない）であり、むしろＢ型のメインは、イチロー、野村克也そして、なでしこサッカーの宮間あやのような見かけ無愛想な者たちなのだ。この原則を経験的観察からでも世間は意識すべきである。

　また、人に対し物事をわかりやすく説明するのは難しいが、逆に人の話を理解するのも、極めて難大な作業である。しかし、上記のように、ＡＢＯ式ごとのしゃべり方や口調を意識することで、その理解力の手助けに少しはなるというものである。

　ある人の言うことをより正確に理解するために、血液型人間学はとても役に立つものとなる。

　もし、その人がＯ型と思ったのにＯ型でなくＡ型だった場合、それは、スライダーをストレートに見誤った打者のように、各人の見方が甘かったということで、血液型人間学があてにならないということではない。むろん、先ほどの色気の件も同様で、赤を青に見間違えて何型かを外した場合、本人の研究不足を反省すべきなのだ。

　さて、以上の視点から、むしろ企業採用面接官等は、受講者の血液型を把握しておくことに越したことはない。むろん、正しい血液型人間学の知識を少しでも理解しておくのが前提である。

　面接官に限らず、以上の視点でより多くの人々（青少年も含む）も、本来の血液型人間学を理解することで、人を見た目の印象や口調から特別な偏見を抱くこともなくなるであろう。むしろ、偏見どころか、より多くの人に良い意味で関心を持てるのです。

　むろん、より多くの青少年にも、煩わしいクラス間の人間関係や恋愛問題への手助けにも成り得よう。

　むしろ、無知な状態から短所ばかりを指摘し、メリットを指摘できないことが問題だ。そして、血液型人間学は人を差別するものだ、と揶揄する者まで出る始末。特に、無知な心理学者たちがその筆頭格である。

さて、昨今の性格心理学の中で、各人の持って生まれた気質や素質を軸とした遺伝子を強く意識することで、各人に本当に一環している性格なるものを追求しようとする動きが極一部の心理学者から出つつあると聞く。
　しかし、ＡＢＯ式遺伝子を遺伝子の親分のようなものと構築できない性格心理学なら、その追求を彼等に求めても期待薄である。
　私がやろうとしていることは、正に各人に本当に一環している性格なるものを本来の血液型人間学で追求しようとするものだ。
　むろん、４つの性格式の短絡的視点にしない感性を強く意識しつつの追求となる。おそらく、ＡＢＯ式遺伝子ないしＡＢＯ式細胞型物質が各人の性格に何らかの影響を与える比重は、マックス20％ほどと見ている。
　マックス20％と言っても、性格学の人類史から見ても大変な快挙である。前項指摘の通り、これまで世界的に見ても、性格学の指針となるものが各心理学会から発表されたものは皆無である。
　むろん、18種類以上もあるとされるRH方式遺伝子のことが詳細に解明されれば、その比重は増すことになるが、現段階ではＡＢＯ式遺伝子とＡＢＯ式細胞型を軸とする性格学が唯一のものであろう。(㊟ＡＢＯ式遺伝子はＡＢＯ式細胞型を作る役目だけを果すだけの存在なのか、の課題は残るものの、ＡＢＯ式遺伝子とＡＢＯ式細胞型は切っても切れない関係である)
　然るに、上記の点を視野に入れつつ、ＡＢＯ家式での例え話の分析やＡＢＯ式色気リストと雄弁家リストの分析結果を元にし、各人がより多くの人と接することで、経験的観察を試みていただくしかない。
　しかし、極めて鈍感の方は、何型ごとに色気と雰囲気を実感し得ない者も出てくるかもしれない。残念ながら、色気やしゃべり方の違いを数値価するのは無理なのだ。
　しかし、前もって断っておくが、ＡＢＯ式細胞型との関連性や色気リストと雄弁家リストからの分析で構築された理論的な仮説に基づくもの

であれば、極めて有力な仮説と判断され、この時点で本来の血液型人間学は学術的なものと判断されるものである。

その根拠として、心理学がいい例で、心理学会で何か人間の性格学に絡むもので、特に科学的に実証されたものなどは無い。

特に彼らがよく用いる○×方式の性格認定法だ。この６の項目から○が半分以上なら独裁的な性格とするもの、あるいは、この10の項目から○が半分以上なら、あなたは金銭感覚がルーズとされ、将来的にローン破産もあり得る危険性の性格とされるものだ。とても、科学的に根拠ある手法ではない。それでも、この手の手法は、放送各局の番組でよく採用されている。

つまり、心理学者の数だけ心理学が存在するもので、とても科学的に実証される類のものではない。それでも、心理学は、学術的なものとされ、各大学で幅を利かせている。

そもそも、科学とは、ニュートン力学のように、世界中どこで実験しようとも、同じ検証を得られるものを言う。しかし、アンケート手法なるものは、質問の仕方や回答者のその日の気分によって、○×も変化するというもので、とても科学的はおろか、学術的なものかも怪しくなってくる。

しかし、ＡＢＯ式細胞型人間学の場合、色気リストで判断する限り、原則的に日本だけのことでなく、世界中に共通する要素でもある。

例えば、インドでＢ型が40％も特に多く占める要因からか、Ｂ型特有のとっつきの悪さは、どうしても実感する。インドほどではないが、Ｂ型がＯ型と並んでやや優勢の中国等アジア圏がＯ型とＡ型が優勢の欧米社会と比較しても、やや暗さを実感するのは、Ｂ型存在数の差とも言える。

一方、アジア圏に存在しつつも、Ａ型優勢の日本は、アジアの中でも特殊に見られがちだが、国民性は各国の地理的土壌や歴史的環境にも左右されるだけに、ＡＢＯ式細胞型だけの問題ではないが、一つの有力な材量にはなる。その学術的なＡＢＯ式細胞型人間学は、前項指摘済みの

通り、統計学上実証されている以上、科学的にも実証済みとなることをここでも改めて強調する。

◎ＡＢＯ式失恋学はストーカー問題をも打開する！

　さて、ここ近年ストーカー問題は多発している傾向にある。特にストーカー犯罪やストーカー殺人となれば、我が国にストーカー規制法が制定されてからも、更に拍車がかかった感もある。ましてや、殺意をもったストーカー犯であれば始末が悪い。「殺意をもった人とは喧嘩をするな」と、言われるくらい、死にもの狂いで来るだけに恐ろしい。現に、恋い焦がれる女性を殺した後に自殺するストーカー事件も近年に起きる始末である。恋にはそれだけの魔力がある。その意味で、加害者になり得る者への啓発活動も急務となろう。

　特に近年で注目されたストーカー殺人事件の中で、市橋達也（当時28歳）が2007年３月、千葉県市川市において、英会話学校講師リンゼイ・アン・ホーカーさんを殺害した事件である。その当時、彼とお付き合いしていた彼女の別れ話が発端となり、彼女は彼によって殺害された。全国指名手配となった彼は逃走中、知人に対して、Ｏ型なのにＡＢ型と偽るばかりか、顔を整形してまでのＯ型的準備周到さが伺える。

　一時、無人島に近い沖縄離島へ何度か行き来するあたりも、何が何でも逃げて生き延びようとするＯ型的な生命力も実感する。さて、彼はＯ型だから、Ｏ型は失恋すれば、ストーカーになりやすい、と考えるのは極めて短絡的である。このケースは何型においても起こりえるだろう。但し、ＡＢＯ式によって、発端と動機等に種別の差は出るであろう。

　失恋後、石炭の火のように恋愛の炎がネチネチと消えにくいＡ型、恋愛中に山火事のように凝り性となっていたＢ型、そしてメルヘンの世界へ酔いしれるような恋愛をしていたＡＢ型。そんな彼ら彼女らが失恋したとなればどうなるか？　想像し、分析してみることである。

失恋問題の延長線上にストーカー問題があるとするならば、自ずとＡＢＯ式失恋学は、ストーカー問題の解決とは行かないまでも、その問題の緩和策にはなり得よう。おそらく、メルヘンチックのAB型ではない、セックスを趣味と割り切るプレイボーイ、プレイガールタイプのAB型なら、当然ただ一人の異性に固執することはあり得ないため、失恋のショックからは縁遠くなり、最もストーカーにはなり得ない人種となろう。しかし、大半の者は、失恋と言うリスクを抱えての恋愛活動となろう。とにかく、まずは失恋をしたら筆者本のあのＡＢＯ式美女美男リスト表を観よう。まずは、これにつきる。この時に、A型の彼女のどういう色気に自分はまいっていたのか？　あるいは、AB型の彼のどういう雰囲気に私はまいっていたのか？を冷静に分析することで、次なる対抗策を生み出せよう。

　例えば、「所詮、A型の笑顔は男女問わずに安売りの笑顔なのだから、その笑顔に惑わされることは金輪際やめにする」、あるいは、「B型はとっつきは悪い、特にB型美女は冷ややかに見えるだけに、今まで敬遠していたが、今後は見た目で判断せずに相手の人生観をよく聞いてみよう」と言うことにもなる。この色気リストから悟れることは、ＡＢＯ式の色気の違いにより、各々発散するエネルギーの魅力を発見しよう。筆者から見て、A型の色気もB型の色気も捨てがたい。つまり、人誰しも理論上、浮気は起こり得ることも色気リストから自覚しよう。

　つまり、ＡＢＯ式色気リストを詳細に観察し続けることで、いい意味での目移り思考も開花し、「おー、B型の彼女もいいなあー！」、「O型の彼もいいわねえー」と言うように、冷静な失恋分析やＡＢＯ式色気の分析をすることで、新たな恋愛道も開眼しよう。

　特に見た目の偏見から、見かけ無愛想のB型男性や冷ややかに見えるB型美女を当初から敬遠するとなれば、誠にもったいない話である。特に我が国を含むアジア圏においては、魅力的なB型異性が無尽蔵に眠っていよう。これらの人的資源を積極的に発掘する気概の後押しをする学問こそ、ABO式細胞型人間学である。この発掘を疎かにして、た

だ一人の異性のことで悩み苦しむことは、冷静に考えても実に滑稽だ。
　そして、その軌道修正によって、一途さの問題点やストーカー行為への馬鹿らしさにも目覚めよう。そのためのＡＢＯ式失恋学でもある。これほどのメリットはない。警視庁のみならず、各教育機関もストーカー問題の具体策として、この失恋打開策を早急に採用すべきである。
　このＡＢＯ式失恋学に更なる興味を抱く読者なら、前著『血液型で失恋せよ！』をご参照下さい。

◎極論と性格学の本質

　ここまでお読みいただいた中、楽しくお読みいただいている方と多少なりとも不愉快に思われた方がいらしているのではなかろうか？と筆者はご推察するものである。そもそも性格学なるものを論じること自体、やっかいなものである。まず、性格学の基本は比較検証にある、と言っても過言ではない。例えば、男女差の比較、県民性の比較、体型の比較、年齢差による世代間の比較等、育種かの比較検証題材のものは存在しよう。その他、心理学者が好む丸バツ方式による比較検証の題材もあるものの、これは質問の仕方や回答者の気分によって、限りなくデータが乱高下するだけに、学術的視点の比較検証からは益々遠のくばかりとなる。比較検証無くしての性格学が成立しないとなれば、ＡＢＯ式細胞型人間学は正に性格学の王道と言える。しかし、ＡＢＯ式のメリット面たる長所を主導にする領域なら、ある程度問題ないことが予測できる。問題は、ＡＢＯ式デメリット面たる短所を分析せんとする境界を超えた時であろう。
　不思議なことに、人誰しもたとえそれが図星だとしても己の短所を的確に指摘された際、大方の者は憤慨しよう。やはり、各人の短所や各人性格の裏を本質的に見極められる図星となれば、少なくとも人誰しも良い気分ではなくなろう。つまり、ここが性格学のやっかいな所とも言える。やはり、比較検証の性格学には、長所短所の分析が付き物となるだ

けに、ここの登竜門は当然の難所となろう。
　例えば、表現方法のテクニカルの問題で、「所詮、Ａ型の笑顔は安売りの笑顔である」と聞けば、慷慨するＡ型の読者もいたことであろう。
　むろん、極論に近い表現方法の手法である。Ａ型の中でも、渡辺謙、GACKT、そして織田信長のように、笑顔はさして作らず、威厳とプライドを前面に押し出すような雰囲気のＡ型の方も、少なからずいるのも承知している。そのタイプのＡ型が発する笑顔であれば、むろん「笑顔の安売り」とは、言えなくなるであろう。しかし、Ａ型のメインはやはり、世間に対しては笑顔を常時意識する者たちである。そして、多くのギャルや知人に確認したところ、あのＡ型の安定的な笑顔を常時発散している新庄剛志や中居正広の魅力に参っている多くのギャルたちも多いことからも、明らかにＡ型の売りは、八方美人的な笑顔と言っても過言ではない。ゆえに「安定的な笑顔を常時発散しているＡ型の魅力」と記載すればいいのであろうが、それでは、多くの読者にインパクトとしては、伝わりにくいのも確かである。つまり、極論イコール具体的な表現方法なのである。綺麗な調和のとれた表現では、何を言わんとしているのかが時としてわかりにくくなるものである。Ｏ型は本音の部分で極論好きである。それなので筆者としては、まず極論を打ってみる。その後、調整表現を考え、極論の部分を調整する。と言っても、調整もせずに極論の言いっぱなしという箇所も何箇所かあったものと思われる。能見父も申していたように、「性格学を言葉だけで表現していくのは、限界があるものである」というのも納得させられる。とはいえ、言葉をなんとか駆使して、読者へわかりやすく伝えていく努力と相違工夫は必要なことである。それだけに、慷慨されている方も楽しく読まれている方も、本書熟読後に拾い読みや斜め読みは避け、再度お読みいただきたいのである。そして「この表現方法はおかしい」「この論法は間違っている」「自分ならこう思う」とかを考慮しながらでも、大いに議論を戦わしていただきたいのである。それがそもそも性格学の研究である。また、本書では時折、複数のタレント等の著名人を批判しつつの考

察も見られたであろう。これはあくまでも、筆者なりに裏もとり、事実を確認しての考察文としている。しかも、タレントは限りなく公人に近い有名税が付き物の存在であり、政治家、大学学識経験者等の著名人とは公人であるだけに、批判されてこそなんぼの世界の話と言えよう。ましてや、彼らがＡＢＯ式細胞型人間学を批判しようものなら、逆に筆者から批判されてしかるべきである。そして、出版界の風潮を見ても、「私は敵を作らずに争いごとを極力避けての出筆を心がける」とするスタンスで発刊するエッセイや評論本が余りにも世間に満ち溢れていると言える。何ら緊張感を実感しない融和感性の発刊本から果たしてどれだけの魅力をだせるのか、筆者自身大いに疑問である。所詮、人の世とは争いは耐えぬもの。ＡＢＯ式細胞型人間学に筆者が固執する限り、何らかの争いは今後も避けられずにどこかで著名人等とぶつかるであろう。それでもより合法的な争いを模索しながら、少しでも前へ進むしかなかろう。

　やや、余談なれど、筆者は人を無理に笑わせようとする落語や漫才が嫌いである。(但し、声帯模写は好きである)まじめに話していても、自然と笑いがこみ上げるものが好きである。正にこの条件に当てはまるのがＡＢＯ式細胞型人間学なのです。つまり、より多くの人民に笑いと好奇心を提供できるのがこの学問なのだ。この詳細理由は、ここまで熟読した読者諸君なら理解しよう。以上の視点を意識しつつ、何分にもこれ以降の最終章にも懲りずにお付き合い下さい。

☆ 急性の恋を火にたとえて　（ABO式細胞型ごとに）

O型　　石油の火。第一印象でパッと引火もする。相手獲得へ押しの一手の猪突猛進型。だが、その割に実生活は崩さない。失恋後、怒るが気分の切替え早い。傷は残さぬが、居直ったりする。

A型　　石炭の火。火つき遅くも火力最強。一途に思いつめる盲目の恋となり、計算も忘れ、ときには生活をも投げうつ。失恋後、ショック大もプライドで断念。傷は後まで長く残る。

B型　　山火事。所かまわず燃え広がる。相手の存在で心は占領され、実生活も無視し、衝動的に相手との接触求め続ける。失恋後、しばらく未練で大騒ぎもあるが、消えれば傷はあと形なし。

AB型　オーロラの火。相手への憧れが独りエスカレート。愛のドラマを空想し、華やかだが、何となく実体に欠ける感も。失恋後、感傷で泣きもするが冷静に戻り易い。時には復讐のABに。

（上記内容は故人・能見正比古氏の文献から抜粋）

最終章

やはりＡＢＯ式細胞型人間学は科学的に実証されている！

何が性格学の王道かを世に認知させるべく、
既得権益者の各心理学会と血液型占いの輩との
三つ巴の戦いは今後も続く！

◎武将の名誉を守った訂正放送

　フジＴＶ『どぅ～なってるの？！』ＡＢ型夫の不思議（平成11年6月22日放映）で著名な歴史上人物数名の血液型を公開していました。血判状で分かったということですが、結果いいかげんなものであった。
　豊臣秀吉が血判からＯ型と判明しているのは、昔から熟知していたことだが、武田信玄がＡＢ型で、徳川家康がＡ型と紹介されていた。この情報は初耳だったものの、この情報の紹介者が、何点かの血液型と性格の関連本を出版してきた鈴木芳生と聞いて、僕はすぐピンときた。昔、図書館で彼の本を読んだことのある私だけに、信玄と家康のデータは、彼の推定したものであることが、彼の本を読んだものなら、すぐ察せられることであった。
　更にひどいのは、西郷隆盛の血液型が以前、遺骨から鑑定された結果、新聞紙上でも、Ｂ型と報道されていたにも関わらず、上記フジＴＶの番組の中で、西郷隆盛の血液型をＡ型と紹介していたのである。これも、フジＴＶが鈴木芳生なる者の情報の裏を取ることなく、安易に公共の電波で嘘の知識を視聴者に植え付けたことに最大の要因と罪があるのだ。
　当時、フジＴＶの株主だった僕は、当番組のスタッフへすぐに電話した。電話に出てきた女性ディレクターに対し、いいかげんなデータ流しに対する番組訂正放送を求める点、血液型人間学の元祖パイオニアである能見正比古氏の盗作をやたらとやってきた鈴木芳生なる者を今後一切当番組で使わぬこと。以上の点を伝えた。
　後日、当番組スタッフが過去に新聞報道された事実のみを元にし、西郷隆盛の血液型をＡ型からＢ型へ、信玄と家康等は鈴木芳生の推定であったことを約40日後の当番組で図式を用いつつ、約30秒間の訂正放送が実施された。
　予定通りされたのはよいものの、その時の司会のＯ型・吉田照美の態度には困ったものだ。「何でこの俺がこんなことで訂正放送しなければ

ならないのか？　武将の血液型なんか何でもいいじゃねえかあ〜」と、さも言いたげそうな感じであった。特に彼から謝罪の色は感じられなかった。私に言わせれば、「吉田さん、恨むなら鈴木芳生と番組スタッフを恨むべきでしょう。不機嫌な感じで訂正放送されてもね。私にしてみれば、どの武将が何型かによっては、今後の研究が大きく左右されることもあるだけに、私には最重要課題なのだ」

例えば、織田信長がＡ型なのかＢ型なのかによって、ＡＢＯ式人間学の見方が根本的に左右されることは、本書で指摘済みである。

ちなみに、倒幕の風穴を開けたとする高杉晋作は、現在でも何型かは判明しないが、当初から彼をＡ型であることを予測しているのは、やはり、故人・能見正比古氏である。

騎兵隊の創設は、農民等身分の分け隔てなく、実力主義で採用したこと自体、織田信長とどこか通じるところもある。その上、騎兵隊のみならず、力士隊まで創設するあたりは、相撲好きの織田信長との共通項は更に深まる。おそらく、晋作、信長の両者のＡ型同志の一致のみならず、18種類あるRH方式の遺伝子も互いに一致していた可能性も出てこよう。

環境面で見れば、晋作の父は毛利家の重役クラスであり、信長の父は、織田家の社長ともなれば、両者とも幼少期からのエリート教育を受けてきた立場でもある。

故人・能見正比古氏は、無意識の内に織田信長と高杉晋作のようなタイプは、Ａ型の中に含まれることを強く意識していたものと思われる。再三再四指摘するが彼らのようなタイプのＡ型は、Ａ型の中から出るということだ。ここにきて、万人のＡ型を彼らとイコールのように同一化するような読者なら、これまで何を読んできたのかといいたくなるだけに、本書を最初から熟読することで、筆者の部分集合論を理解するようにお勧めする。

まあ、信玄公、家康公そして西郷さんにしろ、事実と異なる血液型を

全国ネットで報道されては不愉快極まりないことであろう。

そういう意味で筆者は彼らの名誉を守ったようなものだ、と自負している。ついでに、不可解な報道と感じていたABOFANサイトの管理人さんも、この訂正放送を見るや「これで謎が氷塊しました」と言うコメントを公開していただけに、ここのサイトにも最大限に貢献でき何よりであった。

◎血液型三国志

まず、血液型と性格に関するとんでもない本とはどういうものか？

例えば、自分の説明書シリーズのような４つの性格式の話とか血液型占いと言う批判を受けてもやむなしという本、あるいは、故人・能見正比古氏から生存中、著作権侵害者として指摘されていた鈴木芳生の本にしろ、私から見れば、とんでもない本ということになる。鈴木芳生を著作権侵害者として強く憤慨していた能見正比古氏の視点を基準とするなら、彼が他界後から発刊された血液型と性格絡みの複数本は、ほとんど著作件侵害の本である。彼が生存中であれば、「あのＢ型自分の説明書シリーズ等の本は、著作物侵害でとんでもないものだ」と豪語し、その出版社へ強く抗議したことだろう。つまり、私は強い想像力を持って、故人・能見正比古氏の立場と気持ちを詳細に理解し、本書にも記載し、自分にできることを実践している。

もっとも、自分の説明書シリーズは、書籍というよりも、漫画系に限りなく近い本と言える。あの登場人物たちのデザイン性に面白さを感じた読者が多かったということだ。おそらく、この著作者は能見俊賢の書籍かABOFANサイトは少なくとも観ているはずだ。当初から、何かの参考文献や参考ホームページ無しで、ＡＢＯ式性格学系の書籍を発刊することは、理論的に不可能である。何かの評論ものやハウツーものを発刊するにおいても、参考文献は不可欠となる。これは、出版界の常識である。この点を無視して、利ざやを稼がんとするのは、卑怯者の著作者

と欲深い出版社のすることである。ここは、能見正比古氏に代わりに、この私がここで強く主張する。
　では、血液型と性格の関連本でまともなものとは何か？

1．4つの性格の話ではない指摘で理論的に解説されているもの。
2．故能見正比古氏か息子の故能見俊賢氏どちらかの本が参考文献として表示するもの。
3．能見正比古氏の文献を意識しつつのサイト運営をしているABOFANかABOワールドを参考ホームページとして表示するもの。

　この3点がまともな本であるか否かの判断基準になる。特に項目2と3の参考文献に関しては、買う前にでも巻末を見れば、一目瞭然に確認できることだ。
　まず、現在書店に置かれている多くの血液型性格系本も巻末は参考文献を何も明記されぬ白紙の物であろう。むろん、自分の説明書シリーズも同様である。まず、パイオニア故・能見正比古氏の著作物を無視しての完全オリジナルの作品はありえぬことを考慮すれば、参考文献表示のない血液型性格本はすべていいかげんな著作権侵害の本である。ここのところは、各出版社としても把握しておかなければ、著作権侵害へ加担した者ということになる。能見親子が他界していることをいいことに、やりたい放題に、いいかげんな関連本が出されているようなものだ。
　上記2点の指摘を死守しつつ、故・能見正比古氏の視点を尊重しつつ、行動している作家は皆無に近い。
　なので、私としては、上記3点を無視して出版してくる者たちを今後も敵として見なすしかなかろう。むろん、故人・能見正比古氏も彼らを著作権侵害者としての敵と見なすだろう。では、もう一つの敵となれば、やはり多くの心理学者や一部の精神科医の連中である。
　とにかく、この件は、前項でも、解説している。彼等は、故・能見正比古著・血液型人間学等複数の書物を満足に読むことなく、やたら批判

だけを展開している。彼等は斜め読みや拾い読みをするだけで、「根拠無し」、「迷信だ」等と豪語している。

　彼等は、無知の批判をするのみで、己自信の肝心な科学的とも言える性格学等は何も出せない。せいぜい、彼等のやることと言えば、何かの絵を描かせたり、丸バツ式のアンケートを書かせることで、勝手に相手方の性格を判断していくだけである。言わば見方を変えれば、心理学者や精神科医とは、山師的なことを一般健常者や患者にいいかげんな理論を押しつけることで、私腹を肥やす連中と見て、大旨間違いない。

　特に、男とはこうだ、女とはこうだ、と言う益々もって、男女の性格を一方的に決めつけんばかりの理論を平気で押しつけようとする。

　ここで、『前川教授の人生、血液型。』のP189記載、下記内容を紹介。

　「1981年、能見正比古氏の死後、心理学者たちは、俄然、反血液型人間学のキャンペーンを張り始めた。彼らは、長期にわたる大量の血液型別人間観察と統計学を駆使した分野別データと各型の気質・行動性についての能見正比古氏の具体的記述の論理の次元の違いをおそらく故意に無視し、能見正比古氏の著書中の小さなアラをつついては、血液型と性格の関係自体を葬り去ろうとする粗雑な議論をこれまで一貫して繰り返してきている」

　つまり、以上の内容から推察しても、心理学者の連中とは、己の既得権益を守るため、どんな正論を言おうとも、血液型人間学なるものを絶対に認めないのだ。もしも、認めるとなれば、筆者のような研究家が大学の講師として認知されることにもなりかねない。そうなれば、彼らが子分とする準教授以下の講師陣の食い扶持にも影響が出るのです。あるいは、彼らが私からＡＢＯ式人間学の教えを斯う場合も出るとなれば、メンツ丸潰れとなる。つまり、彼らにとっては死活問題なのだ。むろん、筆者としては、このまま泣き寝入りしているわけにはいかない。

　いずれにしろ、血液型三国志とも言えるこの三つ巴の戦いは、延々と続く予感すらする。

　読者なら、どれを正論とするかは、この書物を熟読することで、冷静

に判断していただきたい。

◎進歩なき心理学

　心理学を科学という人がいるが、これはとんでもない誤りだ。科学というのは、ニュートン力学のように、世界中どこで実験しても、同じ法則が得られるものを科学というのだ。
　ＡＢＯ式の性格学でいえば、Ｂ型の人は、世界中どこにいても、凝り性であり、見かけ無愛想の傾向が何かと生じるものだ。アジアのＢ型が見かけ無愛想でも欧州のＢ型がＡ型のように明るい笑い上手ということでは、科学的とはいえない。筆者としては、ＡＢＯ式細胞型人間学を完全な科学というつもりはないまでも、限りなく科学に近い科学的人間性格学の王道と考える。それに比べ、心理学とは、いったい何なのか？
　能見・正に言わせるならば、「心理学者の数だけ、心理学が存在する」という皮肉めいた名言を残している。心理学によって、学派があったり、心理学者によって、各自、性格学の考え方もバラバラである。結局、彼は、「心理学とは、哲学の一部だ」という見解を示している。たしかに、哲学なら、各派心理学の中身が違っていても問題はなかろう。さて、その心理学でも、教育心理学、応用心理学、認知心理学そして人格心理学等、呼び名を変えての学科は少なからず存在する。学会も日本心理学会を筆頭に会派も複数存在する。元々、心理学の発祥元は文学部である。近年は人文学部の中に組み込まれているケースもある。まず、心理学とは理数系の世界ではなく、文化系の世界である。文化系の世界とは、ある法律の解釈のように、いろいろな解釈を巡らす世界、要はあー言えば、こう言うの世界なのだ。つまり、心理学とは哲学の延長線上にある科目なのだ。どこの会派も「科学的な視点から検証し、論文を作成している」と言うかもしれない。しかし、人間の心の動きや性格と言う人間学に関して言えば、古今東西、進歩の兆候は皆無と言える。

「これこそが性格学の真髄を表現する唯一の理論とデータである」と、言うものが、これまで心理学からもたらされたことはない。そこで、その心理学なるものの問題点をもう少し追求してみよう。

まずは、金澤氏発刊書籍『統計でわかる血液型人間学入門』で、心理学の無言の前提として、下記３点が記載されているので、これに注目しよう。パーソナリティー心理学とて、下記３つの視点を基軸にしていることに変わりはない。心理学とは何かを問題点と合わせて、理論的に解明する指針にもなり得る重要な３点と言える。これを更に筆者の視点から分析してみた。

１．性格は言葉で測定できる（＝性格検査は言葉による自己評定）

筆者は再三再四申すように、各人の性格を一つの形容詞等で表現するのは、やはり限界があるのだ。その意味で行けば、性格は言葉だけで測定できない、とするのが現実的な表現となる。例えば、この人は几帳面で、この人は大ざっぱな性格と論じること自体、正確さを欠くこととなる。あらゆることに几帳面だったり、あらゆることに大ざっぱなどと言うことがあり得ないとするなら、ある者は、何かの案内図を書かせた際に几帳面さを発揮するかもしれない。また、ある者は人間関係において、几帳面さを発揮するのかもしれない。むろん、その部分において、大ざっぱな者もいよう。つまり、几帳面さと言う表現のみに頼り切った性格分析では、性格学の信頼度を欠くこととなる。この人は、どういう状況において、几帳面さや緻密さを発揮するのか、の視点をもって臨まない限り、いくらアンケート等を採取しても無駄である。パーソナリティー心理学でも、短絡的な性格分析をしてしまう危険性は充分にあろう。

その最たる者が『性格を科学する心理学のはなし―血液型性格判断に

別れを告げよう』の著者・小塩真司（パーソナリティー心理学者）である。彼は勝手に能見正比古氏もＡ型は綺麗好きと解く者と誤解し、血液型人間学の批判を論じるだけに困ったものだ。正比古氏は文献でそんなことは記載していない。他の占い系本の内容と混同しているのではないのか？　小塩は正比古氏の複数文献を詳細に解読してから批判をすべきである。所詮、心理学者等は正比古氏の文献を斜め読み拾い読みをすることで、勝手に形容詞の並び替えをすることで短絡的な批判をする。もっとも、真の性格学を理解しない小塩のレベルで正比古氏文献の解読は不可能だろう。

　さて、性格学を学問とするならば、性格を言葉で測定する努力は必要となる。その努力の手助けとなるのが、ＡＢＯ式細胞型人間学である。例えば、この人は雄弁家である、と称して、話をここで終えれば、分析度は低くなる。本書で既に指摘しているように、ＡＢＯ式によって、雄弁家の種類が違うのだ。その種類の分析を比較検証することで、雄弁家とは何かと言う鋭い考察も可能とする。各心理学には、残念ながらそこまでの詳細分析は無理であろう。

２．同じ言葉は人によって変わらず同じ意味である。

　例えば、この人の性格は明るいとか暗いとかの認定をしたとしても、性格とは、本来ＴＰＯによっても変化する。例えば、Ｏ型は己が慣れ親しんだ場所では明るさを発揮しやすいが、未知なる場所や未知なる集団の場に遭遇したＯ型なら、ある意味、人見知りや場所見知り等のような暗さの部分が出やすくもなる。つまり、何をもって明るい性格とし、何をもって暗い性格とするかは、各人のとらえ方によっても違ってこよう。

　然るに、本書指摘済みの通り、明るさ暗さの種類の違いをＡＢＯ式によっての検証が不可欠となる。然るに、ＡＢＯ式別の色気を比較検証することは不可欠なものとなる。

3．性格の自己評定は信頼できる。

　本書指摘済みの通り、通常Ａ型は必要以上に世間を意識する。グループの空気を読むＡ型の方。何か商品の流行に敏感なＡ型の方。いずれも、世間と言うものを根底に意識付けしているＡ型ならではの行動パターンである。しかし、世間を意識する余り、逆に世間に対する反発心を強める暴走族等の突っ張りタイプやＡＶ女優等も少なからずにＡ型の中から出現する。彼らに言わせれば、見栄も手伝って、「俺は世間なんか特に意識していない」と言うかもしれない。あるいは社交辞令からそう言う場合もあろう。しかし、よくよく幼少時からの環境も含めて分析してみれば、世間に対する憎悪等も動機となっているケースもあるのだ。

　要は、性格の自己評定だけでは信頼できないということだ。つまり、性格とは主観的な自己評定だけではなく、その人の行動パターン等も詳細に分析しての客観的な見方も求められるのである。実際、言ってることとやってることが違うというのも珍しくはない。やはり、自己評定を基軸にした性格検査等も当然に無理が生じよう。教育現場や会社研修等で実施される性格検査も大して意味をなさないものと私は見ている。「あなたは外交的な方か。それとも内向的な方か」を訪ねる質問もある意味、回答者泣かせの問となる。パーソナリティー心理学とて自己評定のアンケート形式を基軸するとなれば、やはり信頼度としては低くなる。短絡的内容のアンケート内容では、回答者のその日の気分でチェック回答内容が変化するものばかりである。では、短絡性を回避する客観的見方を支えるものとなれば、やはりＡＢＯ式細胞型人間学をおいて他にはないだろう。やはり、性格学とは何かの比較検証をすることで成立しやすい学問である。男女異性の性格分析も各県民性の分析も、比較検証が基軸となる。むろん、４つの性格式の短絡的分析では駄目なことは本書で指摘済みである。しかし、この比較検証をすること自体、差別だと言う者がいるから困ったものだ。これを差別とするなら、男女と県民

性の比較検証をすること自体、差別ということになる。主観的な自己評定だけに頼り切る心理学となれば、心もとなく寂しいものである。それに、自己評定を基軸にしたものとなれば、客観性はおろか科学的な発想からも益々かけ離れる一方である。果たして、心理学が学術的なものかも怪しくなってくる。筆者がなぜ著名人ＡＢＯ式色気リストと雄弁家リストの比較検証に固執したいかは、より科学的な比較検証を基軸とすることで、表に浮かび上がるあるがままの現象を読者諸君にも実感していただきたいからである。本人の甘さも出やすい短絡的な自己評定に頼り切る心理学となれば、ギリシャのソクラテスの時代から数えても、性格学は一向に進歩していない、ということになる。ここを読者諸君も自問自答していただきたい。

◎マスコミの問題

西暦2002年から以前にも増して、血液型と性格の関係は、各社民放でしばしば放送されるようになり、少しブームになった感もあった。しかし、一部の視聴者から苦情が放送各局やBPO（青少年委員会）へ殺到したらしく、2004年12月にBPOは民法各社へ事実上の放送自粛の勧告を出してからというもの、その種の放送が2005年からめっきりと減った。局によっては、なかなか内容の濃い番組もあったものの、ある放送局では、どうしても、4つの性格式の形態が出すぎたことも要因にあってか、自粛を余儀なくされた。何事も、賛成派も反対派もいるものだ。反対派の多くは、「4つの性格式の決め付けが嫌だ」というのが大筋の理由であろうが、かつての各民放の放送形態は別にして、筆者のこの本を読めば、4つの性格式の話でないことは理解できよう。それに、この分野を取り上げるだけで、差別だ、と言う者もいるらしく困ったものである。筆者が思うに、それはむしろ逆で、ある人を何型かを予測するだけで、初対面の人にも関心が沸き、すぐにその人を遠ざけることはしないであろう。余計に人への偏見や短絡的な見方が減ると思われる。

また、ＡＢＯ式性格学を無視したがる人に限って、「男は理想を追い、女は現実的」とか「男は理論的に考え、女は感情的」と言う根拠のないことを平気で言ってみたりするものだ。筆者に言わせれば、それこそが偏見であり、男女差別ではないか、と思いたくもなる。また、反対者の多くは、血液型成分だけで、性格学を論じるべきではない、と誤解している。前項でも述べたように、ＡＢＯ式糖鎖物質は、脳細胞や胃腸等を含めた細胞膜の上に存在するものである。つまり、流れる赤血球の問題ではない。この点を知らずに、視聴者はクレームを出してくる。放送各局担当者もほとんど、この点を知らずに番組制作をするのも問題だ。

　いずれにしろ、いつか、放送する時は、４つの性格式の話でないことを強く主眼に置く番組でなければ、同じ憂き目を見るであろう。それには、この書籍を読み、私の監修を受けなければ、視聴者批判からの回避は厳しいだろう。

　そして更に私が問題にしたいのは、精神科医にちやほやするマスコミの問題である。そもそも、精神科医とは、薬物療法の認可を厚生労働省から受けた心理学者ないし心理カウンセラーに近い存在のようなもの、という見方もできなくはない。むろん、彼らは医学部で基礎医学を一通り学んできているだけに、心理学者より難易度は高いであろう。それだけに、世間から心理療法の専門家ともてはやされやすいのであろう。心理療法とは聞こえはいいものの、精神科医の数だけ心理療法が存在する、と思っていた方がよさそうだ。どの精神科医も患者の悩みは聞くものの、結局のところ何らかの処方せんの薬に頼ることを勧められるだけである。

　ここ近年、多くの精神科医が貧困ビジネスの片棒を担いで、生活保護者等に必要以上の精神安定剤を売買し、利ざやを稼がんとするケースが多くなり、マスコミでも取り上げられた。

　また、マスコミは精神科医等を特に性格学の専門家と勝手に誤解し、誤解される本人もそれを幸いとして、マスコミや世間からちやほやされる側に回っている。以前よりテレビ出演料は減ったものの、マスコミで

特に有名な精神科医は、香山リカである。彼女は、血液型と性格に関しては否定的スタンスをとるため、特に何型かを公開していない。

　2010年3月19日の某テレビトーク番組出演時の彼女のコメントから判断する限り、彼女が出す100冊以上の本とは、幸福論をテーマにした哲学書であろう。記されている内容は、昔の先人が語り尽くした極めて当たり前のことを内容に記載しているだけであろう。要するに彼女の言わんとすることは、無理に主張などせず、たとえ平凡でも、ある程度楽しく生きられればよしとしよう、と言うことだ。

　世間も精神科医である彼女の言うことを必要以上にありがたく真に受けるだけだ。「勝間和代を目指さない」とか、「仕事に夢を求めない」と言う考え方に私も同調するものの、「生まれた意味を問わない」では片腹痛し。やはり、人は最後の最後まで、到達スピードの差は出るものの、何らかの目的に向かって生きていくものであろう。特に学習経験を積んだO型なら尚更だ。特にこの当時の彼女は各局からテレビ出演のオファーは元より、全国から講演依頼もそれなりにある立場だけに、ある意味、毎日が周囲からちやほやされてる状態である。それだけに、彼女は格段の優越感から、庶民に対しものを申しているのだ。筆者から見れば、「まあ、いい気な者だ！」

　おそらく、彼女が現在、精神科医でなければ、ヒステリックな毎日を送っているはずである。

　彼女は、本の中で、「お金にしがみつかない生き方」を提唱しているが、まずは、己の講演料なるものが一本いくらかを世間に公表してから、その理論を展開すべきであろう。むろん、税金からの高額な講演料なるものが判明した際、とんでもない奴ということになる。

　精神科医の名越文也にしても似たような者だ。この2010年当時、あるNHK番組において、彼は意気揚々に性格チェックの持論を展開していた。

　彼の考えたアンケート項目の答えによって、人の性格を10パターンに分ける論法である。そのアンケート結果によって、激情型タイプや理

論型タイプないし、職人型タイプに選別できるらしい。筆者から見て、統計学に裏打ちされたところもなく、極めてナンセンスである。

　つまり、この精神医学や心理学にしろ、その根底にあるのものは所詮、科学の世界からはかけ離れた単なる哲学を土台としているだけである。

　精神医学とは病的な異常者を対象とするもので、性格学とは異なるものである。むろん彼らがＡＢＯ式性格学を批判したり、性格学を論じる立場でもない。彼ら精神科医は、メディア世界に出ることなく、心を病む人のため、精神医療だけに従事すべきである。しかし、世間は心理学者以上に精神科医までも性格学の専門家と思っているようだ。ここで、彼・能見正比古氏の文献で下記内容を紹介する。

　ある新聞から、血液型人間学のことで、故人・能見正比古氏へインタビューに来た。話が一きりついた所で、その記者が言った。
「先生が、大学教授か医学博士だったら、もっと信頼できるんですがねえ」私は一瞬、口を開け、記者の顔をまじまじと見た。由来、日本人は権威や肩書に弱いと言われるが、それによる汚染が、所もあろうに新聞社の中まで進んでいようとは……。（能見氏記載以上）

　つまり、マスコミにまで蔓延するレッテル主義なるものを追放しない限り、血液型人間学はおろか、真の性格学の進展も望めない。
　そして、更に故人・能見正比古氏は、ある民間団体主催の講演後、「血液型人間学に対して、専門家はどう言っていますか？」と、よく聞かれたようだ。どうも、精神科医等の医師のことを専門家と思っているマスコミ等からのこういう質問もあったらしい。しかし、彼は「口幅ったいようだが、血液型人間学については、現在のところ専門家（はなはだ心細い専門家かもしれぬが）は私一人である」と、彼の文献の中で宣言している。私から観て現在、彼を超える性格学の専門家は古今東西出現していない。その意味で彼の偉大さを伝授するのも本書の目的であ

る。

　しかし、世間とマスコミが心理学者や精神科医の言うことは、何をおいて正しいとする風潮を特に持っている限り、正比古氏や私等の研究家を「血液型で人を差別する差別主義者だ」と言うレッテル貼りの誤解は延々と続くであろう。

◎ＡＢＯセンターへの激励

　さてここで、社団法人ヒューマンサイエンスＡＢＯセンター（略してＡＢＯセンター）について触れておく。能見正比古氏と息子・能見俊賢氏の研究と著作権を引き継ぐＡＢＯセンターの歴史を大雑把に解説する。そもそも、正比古氏が会長となって立ち上げたＡＢＯの会（あぼのかい）は、正比古氏全盛の時期に結成された。多くの読者フアンも集い、一時は隆盛を極めたようだ。それが、1981年10月30日、能見正比古氏は激務の中、講演中に心臓破裂で急死する。この直後、会の求心力は弱まり、多くの読者フアンも離れていった。その後、息子の俊賢氏が新たな名称ＡＢＯセンターを立ち上げるも、彼の実力では求心力は弱まる一方で会のメンバー数も縮小の一途を辿ることとなる。父・正比古氏の鋭い洞察力と柔軟な思考から展開される彼の文体能力と俊賢氏の文体能力とでは、比較すること自体、気の毒である。自然と読者層メンバーもこの会からは離れよう。この点については、前川教授発刊の『前川教授の人生、血液型。』のP186～P192でも指摘されている。

　さて、その俊賢氏も2006年9月27日、脳出血で他界した。この後から現在まで当センターの所長におさまっているのが俊賢氏の助手の一人であった代表理事のAB型・市川千枝子さんである。彼女は私が血液型裁判を提起した直後、私へ連絡して来た。この事件は産経新聞朝刊にまずまずの枠の大きさで採用されてか、各ウェブサイトのニュースに情報が駆け巡ったこともあり、この分野の関心が強い方ほど、興味高い裁判事件である。彼女とは以前、ＡＢＯセンター主催のミニシンポジウム

で形式的に名刺を交わした程度の面識のため、事実上の初面談である。「裁判の詳細を知りたいので、是非、岡野さんとお会いしたい」私は、二つ返事でＯＫし、彼女と赤坂（当時のＡＢＯセンター事務所内ビルのロビー）で面会した。しかし、到着早々に驚いた。私は、２時間の面会を想定していたのだが、彼女は予定が詰まり、１時間で終えたい、と言う。「呼び出しといて、それはない。こちらも聞きたいことが多くある」と言う愚痴を発した私の立場を想像しての面会時間を想定できないのか？　ＡＢ型とＯ型の感性のずれと言うべきか？　私なら、本日の優先時メイン予定は何かを考慮すれば、前代未聞の裁判事件となり、片手間の１時間の想定はしない。初回面談では、ＡＢＯセンターの他のメンバーから、当センター長である市川さんに、「血液型裁判の事の詳細を聞いて来い」と、少しプレッシャーもかけられ、筆者の元へコンタクトしてきた旨を打ち明けた。よくこの裁判を起こしてくれた、と言うニュアンスは伝わる一方で、「暇があったら、私もこの裁判をやっていました」と言うように、少し支離滅裂なことを彼女は言った。

　彼女のこの言動要因として、「本当は、あなた方ＡＢＯセンターがこの裁判をもっと早くやらなければ駄目なんですよ。本件は、能見正比古氏の名誉回復のためにも起こした裁判なんです」と、指摘した私の言動が少し挑発気味に捉えたのか、咄嗟の言い訳が出たのかもしれない。むろん、裁判手続きのことをほとんど知らない市川さんから出た、「暇があったら……」と、言うのは言い訳にもならない。筆者のように、例え一人でも弁護士無しの提起をする覚悟とて、到底望めるものではない。しかも、私が既に発刊していた２冊の書籍を事前に取り寄せての読破もしない。私なら興味ある方との面会前までに最低でも一冊は熟読しておく。この理由は、後日知るところとなるが、「その人の出している本を読まなくとも、その人と面談すれば、その人のことはよくわかる」のだと言う。数人のＡＢＯセンターの面々も、こういう調子らしい。この裁判を起こした岡野さんとは何者か？と言う好奇心が益々沸くなら、何が何でも、岡野さん発刊の２冊書籍はすぐ読みたくなるのが研究家の度

量である。この面々の研究センスをこの時点で私は疑った。

　その後、訴訟経過の途中経過も兼ね、彼女とは赤坂で二度面会した。面会時間は 90 分以上を不可欠とした。

　「正比古氏が織田信長を A 型と予測した文献があるのに際し、息子俊賢氏は、己の文献（血液型の世界地図）とホームページで信長を B 型との予想明記を何故したのか。なぜ、二人の研究家でこれほどくい違うのか？」この私の問に対し、彼女から納得の行く説明は得られなかった。彼女は能見正比古氏のことを直接知る生え抜きの存在ではなく、俊賢氏の代から当センターへ参入して来た経歴である。しかも、彼女は歴史好きでないこともあり、この食い違いは大した問題でないことを申していた。

　しかし、私にしてみれば重要問題だ。部分集合論を本書でも強く解く私から見れば、あれほどのハチャメチャな事をする人物は、A 型の中から出てくる。だから、麻原彰晃も A 型であるのを私は的中させた。麻原彰晃、ヒトラーそして信長が A 型でなければ、私はこの研究をやめてもいいくらいに覚悟している。この点を考慮しても、正比古氏の研究成果と感性が俊賢氏の代になってから、少しずつ視点がずれてきた事例でもある。そのずれが今日まで続き、現在進行形である。このままで、このずれは益々肥大化し続けよう。しかも、正比古氏書籍研究成果からずれてきた俊賢氏書籍本からの血液型系盗作本となれば、尚更始末が悪い。近年発刊の盗作本でも数多く存在しよう。正比古氏表現スタンスから僅かにずれる文書表現から少しでもずれてくれば、それがやがて大きな弊害と化し、短絡的表現のみが占拠する 4 つの性格式の書籍や漫画系本で汚染されることとなる。特に「自分の説明書シリーズ」を筆頭にした短絡的要因で、近年は益々強く汚染された、と言っても過言ではない。この汚染を洗浄するのは、ＡＢＯセンターの使命でもある。正比古氏を尊敬する筆者が血液型裁判を提起した理由はここにもある。前項で記載したフジテレビ訂正放送の件も、正比古氏理論の本道を捻じ曲げさせない要因からである。訂正放送の申し出や血液型裁判にしろ、本来は

ＡＢＯセンターがやらなければならないことである。交渉能力も無くこれができないのであれば、せめて当センターは、参考文献空欄のＡＢＯ式書籍本発刊の出版社に対し、片っ端から参考文献表示義務の掲載を強く主張し、断固抗議するべきである。能見氏著作権を引き継ぐ当センターの権利と義務でもあり、故人・能見親子も強く望むものであろう。

　印象的なのは、彼女との面談初日、「知人の読者が俊賢氏の書籍は、正比古氏の書籍に比べて面白くない、と言っていました」や「俊賢氏の文体は、正比古氏の文体に比べ、表現手法が甘く、やや短絡的すぎる」と言う意見を市川さんに私が述べた際、彼女はAB型特有の突如豹変するような怒り顔を私に見せつつ、「やめて下さい！　俊賢さんを批判するようなことは二度と言わないで下さい。むろん、他の人にも言わないで下さい」と、かなり興奮気味に私を威嚇した。この私は普通に客観的事実を述べたまでだが、些細なことで興奮されては話にならない。これでは、当センターのメンバーは言いたいことを言える環境ではないだろうと推察できる。あるいは、彼女の周囲には、イエスマンのメンバーしか残っていないだろう。筆者のように、少しでも問題提起する者は、既にこのＡＢＯセンターから離れてしまったと言う見方が的を射てよう。

　正比古氏と俊賢氏書籍の内容自体を比較検証をしてはならないセンターとなれば、まともな研究にはなりにくい。この比較を駄目とするならば、正比古氏文体能力のすばらしさが検証しづらくなる。歴史認識の強い博識家の正比古氏の文体は、野球の投手に例えれば、審判泣かせのように、コーナーワークギリギリに打者を攻める投手のような投球術を加味した文体能力の作家である。一方、俊賢氏の文体能力となれば、ストライクとボールがはっきりしている。つまり、筆者も神経質に意識する問題だが、余りにも一つの形容詞に頼りすぎる性格学の記述となる。やはり、正比古氏に比べて、研究家のセンスと文体能力は一枚も二枚も落ちる。この点を私は冷静に分析しているだけである。彼の父である正比古氏から厳しく劣る彼の書籍が一時、書店でも氾濫した。この点は前川教授も上記発刊書籍P189で筆者よりもきつい指摘をしている。「能

見正比古氏の継子俊賢は、能見正比古の遺した著書、雑誌記事などをベースに、粗製乱造の著書を乱発し、血液型の認知度を更に高めた。ただし、質の低下は決定的で、正比古氏からの時代からの読者は次第に離れていった。俊賢によって、血液型はすっかり子供のオモチャとなりはてた。血液型占いという侮辱的な呼称も登場したが、俊賢の著書は、そうした呼称を拒否できない水準のものだった」

　この前川さんの指摘を真摯に受け止め、『前川教授の人生、血液型。』の発刊本を是非お読みいただき、問題要因の分析を当センターでしていただきたい。これこそが、ＡＢＯセンターでしなければならない研究と言うものだ。ちなみに、俊賢氏本を盗作する者が更に乱発刊し、正比古氏他界後、益々本来の血液型人間学からかけ離れる悪化の自体を辿る要因ともなった。

　こうなれば、彼の書籍から影響を受ける読者や盗作者から、更に曲解され、「A型は綺麗好き」とか、「AB型は二重人格」とかのように、能見正比古氏発刊書籍の記載内容から無かった文言までも、読者と盗作者を通じて一人歩きすることとなる。現に大量の曲解が乱発し、現在進行形である。むろん、一番問題なのは盗作者の連中である。能見正比古氏著作権の盗作者第一号である鈴木芳成の書籍を更に盗作する者もいるだけに、正比古氏理論の曲解や捻じ曲げは連鎖する一方である。そういう理不尽な盗作者たちが、本来の血液型人間学までも、血液型占いと同列にする片棒を担いだ張本人と言える。つまり、筆者が血液型裁判をしなければならない理由は、ここにもあった。ここを現にＡＢＯセンターの面々は理解できないようだ。その根拠として、筆者や正比古氏が嫌う、あの占い系の漫画系本であるB型自分の説明書シリーズの発刊著作者と本来の血液型人間学を研究する者たちは仲間同士だと思っている者が世間のみならず、ＡＢＯセンターメンバーとその関係者の中にも一部だが見受けられる。この中途半端の精神で、本来の血液型人間学を研究されても、能見正比古氏はあの世で嘆くだけである。当時、正比古氏が抗議しても無視する著作権侵害者の鈴木芳成のみならず、漫画系書籍の自分

の説明書シリーズの著作者とその出版社である文芸社、そして、参考文献として何も表示することなく出版する輩の者を著作権侵害者として、提訴したかったはずである。むろん、現在、彼が生存中なら、あのＢＰＯも提訴したがるであろう。しかし、我が国土壌で現実は泣き寝入りするケースが大半だ。そこを汲み取っての筆者提起の血液型裁判であった。なので、本来は、能見親子の意思を継ぐＡＢＯセンターがやらなければならないことをこの私がしているのだ。この精神を当然のように思って、礼状の一つもよこさない当センターの態度とは何なのか？　まあ、礼状のことは言いすぎたとしても、少なくとも能見親子は、血液型裁判のアクション自体はあの世で歓喜しているはずだ。そして、幾多の視点で議論できないＡＢＯセンターの存在性の意味とは何かの疑問は成立する。やはり、筆者のように、問題提起もするから研究と進化が成立する。例えば、正比古氏の研究センスと文体能力は天才的だ、と私は思うが、正比古氏のしゃべり方は、お世辞にも上手いとは言えない。昔、一度だけ、20分くらい出演していた民間放送局の正比古氏出演番組を見ての判断である。研究センスと文体能力は彼の方が当然に私より格段に上だが、スピーチとなれば、彼より私の方が上である、と豪語できる。要するに研究とは、時として言いにくいことも言いながら議論するものである。馴れ合いの寄り合い所帯とは違うのだ。しかも、「血液型人間学に関する当センター主催のミニシンポジウムを実施するなら、観覧者の質問時間や討論形式を多くしたものを実施しなければ駄目だろう、むろん、こういう番組形態があってもよい」と私が意見を言うと、彼女は怯えるように、「そういう討論形式のものはできません」と言う。彼女も、血液型人間学研究家の端くれならば、プレゼンテーション機会が訪れた際、質問者からつるし上げられる覚悟で望むべきである。ましてや、当初から質問時間をカットするプレゼンなど、やるべきではない。

　さて、俊賢氏が生存中、「俺は世界中を敵に回してもやる」と豪語していたが、私は彼のこの意気込みだけは買う。現に、この意気込みを

もって、韓国まで血液型人間学を広める巡業を実践している。彼の著書、『血液型の世界地図』で、「韓国の方は、質問したがる方たちが多く、挙手が途絶えることは皆無だった」旨を述べている。この俊賢氏の意気込みだけは、Ａ型特有の殻を打ち破る行動力と賞賛すべきだろう。

　また、ＡＢＯの会から数え、当センターがなぜかなりの縮小規模まで落ち込んだ理由に対して、彼女は話したがらない様子であった。まあ、押して知るべしであろう。いずれにしろ、当センターは、能見正比古氏が健在なら、どういう行動を望むかを常に自問自答しつつ奮起していただきたいところである。

　私は、正比古氏のためだけでなく、現在のＡＢＯセンターを奮起させるべく、血液型裁判を実施した趣旨を当センターは悟べきである。

　ましてや、市川さんは、BPO要望が出る2004年以前は、血液型と性格に関する番組監修もそれなりにしていたと聞く。しかし、現状の討論研究をしづらい当センターの体質で、仮にテレビ番組監修の仕事をする機会が今後生じたとしても、より制度の高い番組監修ができるかの疑問点は残る。

　やや筆者も辛口となったが、最後に甘口の助言をする。私との面会時、彼女はなかなか鋭い意見を私に言った。

　まず、「各大学では、心理学が一般教養として、必修科目になっているため、そこで、心理学者講師たちが大学生の受講生たちに、血液型と性格の関連性は無いとか、血液型人間学等はいいかげんなものである、と言う話を聞かされるのよ」と、市川さんは私に説明した。要するに、現状のシステムでは、大学生すべてが心理学者から、血液型人間学は疑似科学である旨として洗脳される、と言うことを彼女は私に言いたいのだ。この指摘は的確だ。また、市川さんは、「血液型性格関連の番組制作をするならば、番組制作スタッフは、タレントたちのグループだけに、ただそこへ投げてはいけない。彼らタレントたちは血液型人間学のことは何も知らないんだから……」と、考えを述べた。確かに、彼女の言うとおり、多くのタレント集団がＡＢＯ式の４つのグループに分かれ

ての言い合い形式の番組はかつて少なからず存在していた。無知なるタレントたちを軸にすれば、当然に誤解や偏見も浮上しやすくもなり、番組上の質の低下は避けられない。

　この指摘は、私が「なるほど」と言うくらい関心した。このあたりの番組分析は、AB型特有の評論分析能力と言える。番組制作作りには、AB型特有のコーディネートのセンスも生かしやすい。こういう機会がいずれ彼女にも訪れて欲しいものである。あとは、耳の痛い意見にも耳を傾けて、俊賢氏の代からどこが曲解されてきたかを探るべく、正比古氏文献を再度詳細に分析することだろう。筆者とて、正比古氏理論を完全に理解している、と思った瞬間から、研究センスの退化が始まるのは言うまでもない。いずれにしろ、当センターの再生を祈るのみである。

　また、特に正比古氏書籍を読んだことのない者は、今後、血液型人間学絡みの本（漫画系出版も含む）を発刊する際、能見正比古氏と息子俊賢氏の著作権を引き継ぐＡＢＯセンターからの発刊書籍か当センターサイトのＡＢＯワールドを参考文献として、必ず表示するようにしていただきたい。あるいは、能見正比古氏書籍内容のことを紹介しているABOFANサイトでも参考ホームページとして、組み入れる必要性も出るであろう。むろん、筆者の書籍から何らかの刺激をうけた際は、参考文献として必ず表示すべきである。要は多少なりとも、己の理論構築に影響が出たと思った際は、参考文献として必ず表示すべきである。何度でも言うが、評論もの、エッセンスものしかり、血液型人間学絡みの書籍で、ゼロから構築することなど、絶対にありえない。これは本来、出版界の常識でもある。この点においては、各出版社にも、私から強くお願いしたい。

　小保方スタッフ問題から、論文捏造問題が浮上してからというもの、理数系論文作成の厳粛さが益々求められるようになった。文芸書発刊の世界とて、いい加減な甘さは許されない。ここは強く望む。

◎アキバ事件からも見えたＡＢＯ式細胞型人間学の必要性

　秋葉原通り魔事件（あきはばらとおりまじけん）とは2008年（平成20年）6月8日に東京・秋葉原で発生した通り魔事件（加藤智大の単独トラック運転暴走殺傷事件）のことである。この事件はあまりにも有名なため、ここでの詳細は避けるものの、この事件で7人が死亡、10人が負傷した。合計で17名がトラックで撥ねられたり、刺されるなどの被害を受け、その内7名（19歳から74歳までの男性6名、21歳の女性1名）が死亡した。その他、軽傷者3名と重傷者7名（43歳から53歳までの男性5名、24歳の女性と30歳の女性）を出す大惨事となった。通り魔事件としては過去30年で最悪の事件とみられている。

　被害者数は平成時代に起きた無差別殺傷事件としては奇しくも7年前の同じ日に発生した大阪教育大学附属池田小学校の児童殺傷事件に次ぐ惨劇になった。さて、アキバ事件の前に、この池田小事件の宅間守のことを分析する。

　2001年（平成13年）6月8日、大阪教育大学附属池田小学校に凶器を持った男（宅間守、当時37歳）が侵入し、次々と同校の児童を襲撃した。結果、児童8名（男児1名、女児7名）が殺害され、児童13名・教諭2名に傷害を負わせる惨事となった。現場で男が取り押さえられ、その後殺人罪などで逮捕起訴され、2004年9月に死刑が執行された。

　公判では、裁判長に対して「命をもって償います」と発言していた一方で、「あの世で子供をしばいてやる」「お前らのクソガキ8人の命はワシ一人を殺して終わりの程度の価値だったんやぞ」等の暴言を叫んだり、公判中に足を組んだり、アクビをする等の悪態をついており、また「死ぬ事には全くビビっていない。死は一番の快楽」などと、本心な

のか虚勢を張っているのかわからない発言もしていた。その被告人の悪態ぶりに対し傍聴席からは「早く死ね」「一人で死ね」等の怒号が飛び交っていた。

　この公判の様子で判断する限り、居直りともとれる彼の態度であったことは相違あるまい。やはり、居直った時のＡ型は強いという言い方もできるが、脅迫犯罪の行為となれば、手がつけられないくらいにやっかいな存在となる。なので、公判中の彼のこの態度は、虚勢からくるものではなく、本心から来たものであろう。

　また、パイロットの操縦士になることが夢だった彼にしてみれば、航空自衛隊に入隊することが近道と行動するも、航空機の整備の仕事しかやらされないのに嫌気がさしたせいか、問題行動を起こし、除隊処分を受けた。その後は市営バスの運転手・ゴミ収集・タクシーの運転手・ダンプの運転手など職業を転々としていたが、最後の犯行時には無職であった。また、起業に失敗した兄の自殺のことやアパートの家賃・闇金融・中古車の未払い金等の取り立て等も人生への絶望感へと追い打ちをかけたのであろうか。以上の背景からも彼の犯行動機は「今迄散々不愉快な思いをさせられ、何もかも嫌になった。自殺しても死に切れない。いっその事大量殺人をして死刑になりたい」と思った事であった。

　しかも、上記の名門校に通うエリートの子供たちも敵であることを臭わすような彼の発言から推測するに、彼の犯罪動機に彼には冷たかった世間への憎悪なるものがあったことは動かしがたいところである。この憎悪が名門校の幼児たちに向けられたことを思えば、居直りからの突発的犯行の要素も多分に含まれていたことも否定できない。

　つまり、Ａ型特有の世間というものを長きに亘り強く意識しすぎたことと同時に居直った時のＡ型特有の怖さなるものが彼の場合は最悪の方向へ流れたということである。むろん、念のため補足するなら、幾多の逆行を跳ね返しながら、「世間を見返してやる！」と言いながら、頑張っているＡ型も少なからず居るのです。

さて、話しをアキバ事件の加藤に戻す。彼の直接的犯行動機は突然、派遣切りにあい収入源がたたれたことなのであろう。現にこの事件から、派遣切りや派遣労働者の過酷な実態がマスコミによって浮き彫りにされ、大きな社会問題へと拍車がかかったことは周知の事実である。
　しかし、加藤の場合、宅間同様に経済的な苦境はあったものの根底にある動機なるものは微妙に違うと見ている。A型の宅間は、先ほど解説したように、世間への憎悪から来る居直りからの突発的犯行とするなら、加藤の場合は、己が置かれている派遣労働の実態や政治システムの要因から成る職業選択の不自由さ等、彼なりに広く世へ主張したいものがあったのであろう。しかし、まともに彼の話など聞いてくれる所などはない。そこで、彼はあるネットサイトの投稿を続けるものの、彼の主張の場としては少しも実感を得られなかった。結果、彼は派遣切りを機に犯行予告サイトとして、ネットを利用することになる。犯行当日に書き込んだ内容で特に印象的なのは、「俺がどでかい犯罪を犯せば、ワイドショー独占だあ〜！」と言うところである。おそらく、O型の加藤にしてみれば、「この先、生きていてもお先真っ暗、大観衆の舞台の上や視聴率の良いテレビ番組からの主張する機会など、一生得られぬであろう」と思っていたのではないか？「ならば、この派遣切りの絶望の中、これを契機にどでかい犯罪で全国からの注目を集約し、長年の主張の夢をも叶えよう」と、彼は決起したに違いない。現に彼の犯行は、宅間のよう突発的とは言い難く、ある意味において段取り性が強い。むしろ冷静に計画を練り、予定通り、犯行を決行し、ワイドショー独占の目標を果たしたのだ。犯行後の彼の発言で一番印象的なのは、「今まで人から僕の話をこれだけ真剣に聞いてくれたことはなかった！」と言う点である。
　「加藤にも腹を割って話し合える友人がいたなら……」と言うのは短絡的だ。彼の恋い焦がれる高嶺の花の彼女なら、それもわかるが、野郎の友人同士ならたかが知れている。そうではなく、多くの者が彼の言動に注目してくれたり、彼の主張に耳を傾けてくれたことに、彼は強く感

動したのである。現に彼の言うことにも一理ある、と賛同していた若者も多かったのだ。皮肉なことにこの事件を契機に派遣社員とホームレス問題、そしてワーキングプアの対策も強く世論とマスコミを動かす方向へと進んだのだ。これは、痛い眼にあったことは終生忘れぬO型特有の怨念とO型特有の目標を持った時の計画を組む段取り性が屈折したかたちで表現された彼なりの主張だったと言えなくもない。

　この事件は見方を変えれば、道端の石ころ扱いされてた者が主張の場を得ようとする代償として起こされた事件とも言える。それだけ、我が国において、著名人でもない者が主張する場など皆無に近いと言うことだ。

　結果論だが、オランダのワークシェアリングの社会システムが我が国で構築されておれば、アキバ事件は起こらなかったであろう。あるいは、生活保護の受給を受けやすいように、彼へのサポートが整備されておれば、この事件は起きなかったであろう。更にダメを押すなら、多くの中高大の学校機関と行政機関等が社会の脇役で苦しみ続ける庶民の気持ちを理解し、彼ら派遣労働者たちとタイアップできていれば、派遣労働の実態や仕事の厳しさ等を多くの学生と国民へ伝えるべく、加藤智大のショート講演としての主張の機会を時折彼に与えておれば、この事件は起きなかったであろう。

　筆者の場合、大勢の前でマイク使用のスピーチをする面白さがわかるだけに、多額の税金出演料が動く行政イベントを見るだけで腹が立つ。各著名人等に講演やコンサートと言う楽しい舞台を多額の血税から支出するばかりか、高額な税金出演料まで各著名人たちに贈呈するとなれば、間接的差別を実感する。

　本書前項との関連説明になるが、特に法務省が例年、国税予算約16億円を全国の地方自治体にばらまいて実施させる人権啓発イベントでは、一人の著名人に150万円余りの講演料が動くばかりか、ある有名歌手には、200万円以上の出演料が支出されていた。「皆さん、人権を大切にしましょう」と、各著名人が呼びかける裏では、商業ビジネスと

化していた。この高額な税金出演料が動く血税支出イベントは例年、埼玉県のみならず、全国地方自治体の都道府県や政令指定都市等の人権推進関連の役所担当で 2009 年度まで毎年実施されていた。1990 年頃の不動産バブル好景気時からこの種のイベント予算規模も拡大されたものと思われる。全国の県議はこの予算チェックも疎かにするていたらく。埼玉県議は当時、筆者の県議会陳情も無視するありさまだ。結果、タレント等著名人による人権商業ビジネス化に拍車がかかる一方であった。やむなく、2009 年 12 月に筆者一人で法務省と大元の財務省主計局に掛け合った結果、2010 年度からは相当に高額な出演料を回避すべく、1 単位（ひと組）の出演料を 40 万円以内とする基準の徹底までするようになる。更に、私が当時、「税金出演料は 20 万円以内が妥当とする」要望書を法務省人権啓発係りへ提出したことが要因となったのか、2013 年からの法務省委託都道府県事業のイベントに出演する講演者や歌手等の出演料は 1 単位（ひと組）で 20 万円までに厳しく抑制するまでに引き下げられている。

　それにより、現在では県市等地方レベルの予算で開催される人権講演での税金出演料の方が 30 万円〜50 万円と言う逆転の割高現象のものを時折見ることとなる。これは、各地方レベルの市民税予算でやるだけに、ここまで筆者一人ではカバー仕切れない。しかし、国レベルの人権啓発地方委託事業となれば、財務省と法務省への折衝対象となる。この折衝を筆者ただ一人で実施した。この種の税金出演料に関しては正義のみならず、血税を収める住民固有の嫉妬心からの動機も不可欠となるだけに、この種のタイプの者は、O 型の中から出るものと思われる。この理論を筆者自らの単独行動によって実証されたものと思われる。

　しかし、法務省のみならず、他の省庁主催で実施するイベントがある以上、高額な税金出演料は今現在も少なからず動いていると思われる。

　それ以外に国家レベルの広報 CM に出演するタレント等に支出する血税ギャラの問題や公報ポスターに掲載されるタレント等著名人の税金出演料の問題もあるだけに、税金出演料の問題は依然として残る。高額

な税金出演料に関する詳細は、前著『負け組のO型こそタレント嫌いで主張せよ！』をご参照下さい。

　つまり、税金支出イベントを実施する際、社会の恩恵に預かる著名人たちに講演での主張の機会を与えるのではなく、苦境に喘ぐ者たちに少しでも、大勢の前での主張の機会を与えるべきなのだ。それは、ショート時間のスピーチ主張でも、彼らには大きな自信となり、やがては大きな社会の活力源にもなり得よう。今後、この事件を教訓にし、決して我が国で道端の石ころを作るような施策を根絶していかなければ、我が国の未来は益々暗くなろう。

　以上、上記２件の事件から分析する限り、全国行政機関が関与する著名人優遇社会を抑制しておれば、宅間守の犯罪は防げずとも、加藤智大の犯罪は防げたはずである。主張に固執する多くのO型の方により公共の場でのスピーチ機会や演芸機会を与えていくことは、彼らに多くの自信と希望を与えることにもなる。

　それこそ、国が提唱する一億総活躍社会の実現となろう。今後も国や各自治体が広報ＣＭや公共イベントでタレント等著名人ばかりに高額な税金出演料を支出する施策に力点を置くことは、彼らを必要以上に持ち上げて、ちやほやする優遇策となる。各省庁や都道府県等が主催する税金支出イベントで、著名人ばかりに、コンサートや講演で活躍させ、その上、彼らに多額の血税出演料まで、ご祝儀として贈呈する。一般庶民は、たとえ無報酬でも大観衆の大舞台に一瞬でも登らせてくれない。

　これは、明らかに一億総活躍社会から逆行する間接的差別である。彼ら著名人はマスコミ等各民間団体から優遇されるだけでなく、各行政の公的機関からも優遇されるとなれば、多額の税金を納めること自体、馬鹿馬鹿しくなろう。ましてや、多額の血税から支出される高額な出演料となれば、庶民の嫉妬心を強く刺激することともり、庶民の活力源は確実に停滞しよう。最悪、この大きな嫉妬心が一庶民を犯罪へと駆り立てよう。アキバ事件にも、この種の要因が多少なりともあったのは明らかである。

やはり、犯罪の種別や動機もＡＢＯ式によって、微妙に変化するものかもしれない。やはり、犯罪心理学では限界なのだ。ＡＢＯ式の犯罪学から分析する施策こそ、より良い未来へと向かうのだ。

◎ＡＢＯ式細胞型人間学を批判する公立大の心理学者こそ税金の無駄使いだ！

　地上波テレビ全国ネットの放送大学が2014年7月4日、科学的思考と錯覚（錯覚の科学シリーズ13回目）と題して、能見正比古氏の血液型人間学を擬似科学扱いする内容番組をオンエアーした。約43分間もの間、それを否定し続ける内容だけに、本来の血液型人間学を推奨する私としては、見過ごすことのできない番組である。番組担当講師は、否定派で有名な信州大学教授（認知心理学専門）・菊池聡と番組聞き手役のフリー女子アナウンサーの岩田まこ都である。

　私の予想通り、本来の血液型人間学までも、占い系血液型本とゴッチャにして、4つの性格式に批判していく内容で、話は進んでいった。ABOFANサイトでも指摘している通り、統計学上実証されているデータは一切使用することなく、主観的な否定をするのみであった。

　しかし、放送開始12分後あたりに、とても信じられない事態が生じた。野球に例えれば、放送大学当局のエラーであり、ポカなのだ。当然、菊池主導で制作された番組だけに、菊池の大失態でもある。その問題の内容とは、予めＡＢＯ式の何型かを隠した4点の下記箇条書き欄を菊池が聞き手の岩田アナに提示する。本人が自分の性格に該当すると思われる箇所をどれか一枠欄だけ選択させる。岩田はＡ型だけに、当然にＡ型に該当する所を選択するはずで、違う欄を選択した際は、いいかげんなものとして、揶揄するものである。この手法は元々、心理学者の大村政男が考えたトリック実験のやり方である。

　そのトリックとは、元々、大村が故能見正の本から、適当にいくつかの形容詞をつまみ食いしたものを4項目に陳列したものである。

そして、本来の血液型人間学のことを、ほとんど知らない無知な学生等を対象としたものでデータ採取したものであるため、まともなアンケート調査とは言えない。

　そもそも性格学とは、形容詞の並び替えや陳列で決めていけるほど単純なものではない。例えば、下記項目Ａ型明記の「まわりにこまかく気を使い、もめ事が起こることを嫌う」とは、よくＡ型に対して言われることだが、これは、建前上の体裁を意識するＡ型特有の感性から生じる現象と言える。しかし、本音の部分では、意外とそうでもない。しかし、ほとんどのＡ型は、その本音を実行できずに、衝動買いやパチンコ症候等の行動で、ストレス解消の憂さ晴らしをしている。ただ、何かしらの切っ掛けで、もめ事を大歓迎とするホリエモンや織田信長のような突っ張りタイプもＡ型の中から、しばしば出現する。また、下記Ｂ型明記の「マイペースの行動」と言っても、居直った時のＡ型ならマイペースの行動に固執する。やはり、このあたりのＡＢＯ式二重性を加味しない短絡的視点の実験をしても、根拠無しの結果が反映されるだけである。上記突っ張りタイプのＡ型なら、当然ここの箇所はスルーするだろう。あなたは雄弁家か否かの項目で、ＡＢＯ式別にアンケートを取っても無駄である。雄弁家とそうでない者は、何型の中にも存在するからだ。しかし、ＡＢＯ式によって雄弁家の種類が違うことは、既に本書で説明済である。それだけ、アンケート採取の手法は難儀なことなのだ。

　それをこの菊池なる者は大村同様に、能見・正の本をほとんど熟読することなく、拾い読みした中から適当にいくつかの形容詞を選別し、勝手に四つの性格式に陳列したにすぎないのだ。

　さて、Ａ型の岩田は予定したシナリオなのか。Ａ型に該当しない違う所を選択した。その後、菊池は種明かしとして、隠していたＡＢＯ式何型の箇所を開示した。それが下記内容のものである。それを見た岩田は、わざとらしく演技するように、驚いた様子を見せた。私は明らかにこれは、さくらであり、やらせのようなものだ、と通観した。Ａ型の彼

女がＡ型の所を選択してしまえば、菊池の顔が丸潰れするだけでなく、番組は進行しにくくなるでしょう。

Ｏ型　ドライに見えるほど合理的な考え方をする。空想的、童話的（メルヘン的）な趣味を持っている。感情的に安定した面と不安定な面を合わせ持っている。
Ａ型　何かのために生きる生きがいを求めている。まわりにこまかく気を使い、もめ事が起こることを嫌う。感情や欲求は抑制するほうである。
Ｂ型　マイペースの行動、他から抑制されるのを特に嫌う。柔軟な考え方ができ、アイデアに富んでいる。無愛想だが、すぐ心を開く開放性がある。
AB型　生きる欲望が強く、バイタリティーにあふれている。目標指向性が強く、達成力がずばぬけている。ロマンティックな面と強い現実性の二本立てで生活している。

さて、上記表示欄を観察し、既にお気づきの読者もおられると思うが、

Ｏ型とAB型が反対になっているところです。この誤りは、能見氏書籍を読んでいればすぐに判別できることです。ちなみに、Ａ型の岩田が選択した項目は、「ドライに見えるほど……」の箇所である。

極一部内容表のみで、４つの性格式にあの項目文書欄を出したこと自体問題ですが、決定的に種明かし表の所で、ＯとABが反対になっているのは問題とし、私は当局と折衝した。あの女性アナ岩田がやらせのさくらをしていた可能性はともかくとしても、当局は訂正放送としてお詫びすべき点を私は主張しました。このオンエアー直後、私は当局関係者に対し、「このまま反対表示を放置することは、当局による能見正比古氏書籍の著作物改ざんだ」と豪語した。当局は事の詳細を調査し、後日

わかりしだい連絡する、ということになった。オンエアーから6日後、痺れを切らした私は当局へ確認の電話を入れた。

　以前の男性関係者は不在のため、電話口の女性関係者に状況を確認すると、「菊池先生からは、あの件の確認電話はまだ来ておりません」という返答。この時点で、私がオンエアー直後に当局へ指摘したにも関わらず、菊池は6日間も当局へOとABの所が反対になっている事実確認から逃げるがごとく、事実確認連絡を当局へおろそかにした問題点が露呈した。この悠長さを糾すべく、私は、「すぐ彼にプッシュしろ、こんなことは、彼の確認を待たずしても、あの件が反対になっていることは当局も即わかることだ」と言うことを私に指摘される当局のお粗末さ。この瞬間、あの菊池がいかに能見氏の対象文献等をいいかげんに理解していたかが露呈した。

　更にオンエアーから遡ること1ヶ月前から、当局女性関係者に、「擬似科学扱いのオンエアーをする予定なら、ABOFANサイトを分析したり、私が原告として提起した血液型裁判の件を調査する等して、本来の血液型人間学とはどういうものなのかの裏をとってからオンエアーしろ！　番組考査担当にもよく伝達しておけ！」と言う内容をその女性関係者に丁寧に説明するも、その者はいいかげんな内容で上に説明し、「どうも、BPOが提訴されたらしい」くらいの点しか伝わっていなかったことが、2014年7月17日に解明した。つまり、当局関係者は、オンエアー前に血液型裁判のサイトとABOFANサイトを全く閲覧しなかった。

　その要因もあってか、反対ミスがオンエアーで勃発した。

　なんだかんだの私の数回電話交渉後の2014年7月25日、私の携帯電話が鳴った。

　結果、当局の見解は、お詫びを入れての訂正放送はするまでもないにしろ、反対表示にした誤った事実は認め、この3日後の2014年7月28日朝9時からの再放送枠での一部内容を差し替えての修正放送をする予定である旨の連絡内容であった。「具体的な修正内容は事前に示せ

ないので、視聴者確認で認識して下さい」と言う当局関係者の話だった。

　この情報を元々本件番組情報提供者であったABOFANサイトへ早速提供した。

　当初から私は、てっきりO型とAB型の所のみをテクニカル上差し替えるだけだと思っておりました。しかし、結果ふたを開けてみれば、菊池とA型・岩田女子アナがわざわざ再出演しての修正となりました。しかも、問題のシーンは完全に取り下げての大幅修正となっていた。

　そして、約4分間の差し替え放送内容は、とるに足らないものと化していた。この4分間は、菊池にとっては目玉となるところだけに、肝心のシーンが取り下げられていただけに、再放送は菊池等にとって、さぞや締まりのない番組内容と認識したことであろう。

　ここで、この再放送終了後の当日2014年7月28日、ABOFANサイト管理人さんからのブログ内容を一部紹介します。

　　差し替えになった部分は、大村政男さんの「ラベル付け替え」の実験です。この実験は、別の血液型の特徴を、その血液型と言って示すと信じてしまうので、血液型と性格が関連する「科学的な根拠はない」というものです。内容をチェックした結果は次のとおりでした。
　　訂正部分の放送時間は、9分50秒頃から13分50秒頃までで、統計的に否定している部分の数字が一気に全部なくなりました。
　　初回の放送では誰も間違いに気がつかなかったのかな？
　　＃否定の一番大事な根拠が間違っているというのも信じられませんね。

　　ちなみに、差し替え部分は、菊池聡さんの髪型が少し短くなっているのでわかります。前回の収録から少し時間が空いたので、おそらく散髪したんでしょう（特に耳のところが目立つようで、ピンマ

イクの位置もネクタイにかかる柄の部分が微妙に違います)。また、音声の収録条件も少し違うらしく、菊池さんの声が明らかに違って聞こえます。以上

以上の視点も考慮して、筆者から考えられる分析内容は、下記になります。

1．OとABの所のみを差し替えたオンエアーならば、能見正比古氏の著作文献に対し、菊池が余りにもいいかげんな読み方をしていたイメージを視聴者へ益々植え付けることとなる。
2．あの大村さんの考えた手法に泥を塗った菊池のイメージが視聴者へ浸透しやすくなる。
3．今回の決定的ミスから菊池は二度と大村さんの手法を使って、血液型人間学の批判ができなくなった点を認めざるを得なかった。
4．反対になっていたOとABの箇所を定位置に戻すだけなら、やはりクイズ形式でA型女子アナへの再質問となり、前回のと比較できる視聴者から見れば、やらせのイメージが尚更露呈しやすくなる。

以上の要因から、当局は「ラベル付け替え」実験の取り下げ修正放送をせざるを得なくなった。私から観て、一部修正どころではなく、事実上、謝罪無しの訂正放送と言えるでしょう。ちなみに、関係者によればこれまで当局での訂正放送は皆無であった。つまり、放送大学史上始まって以来、事実上の訂正放送と言えるでしょう。今回の一件で菊池の信用が失墜するのみならず、当局は新たな血液型人間学を批判する番組制作をやりにくくなったと思います。ある意味、私から観て、嬉しい誤算と言える。

今回の件で、菊池氏のいいかげんな文献の読み方（文科系学者がとかくやるななめ読みや拾い読みの手法）が露呈したのみならず、放送大学当局がいいかげんな菊池氏の主張を全面的に支援する当局の体制にも大

問題である。ましてや、菊池は国立大学の教授だけに、信州大学が彼を雇用すること自体、税金の無駄使いである。この一見から、血液型人間学を批判する公立系大学に所属する心理学系の学者たちの存在も税金の無駄使いと言える。むろん今回の折衝は本来、私ではなく能見正比古氏の著作権を引き継ぐＡＢＯセンターがやるべきことであることを念のため補足しておく。

◎血液型裁判の成果が少し出た番組放送

　2014年11月9日、フジテレビ「ニュースな晩餐会」で、約12分間の短時間なれど、血液型と性格の関連性はあるか否かの特集番組が組まれた。肯定派代表は、本書で解説済のヒューマンサイエンスＡＢＯセンター代表理事　市川千枝子（AB型）さんです。そして、否定派代表の聖徳大学心理学者・山岡重行（O型）です。双方からデータ資料を提示させての意見を述べさせるものであり、激論を戦わせるものとは違っていた。カット編集しているのは確実だけに、カット部分も見ないことには判断しにくいところもあるが、筆者なりに解説する。

　まず、ディベートや質問自体を嫌がる市川さんだっただけに、今回の番組参戦は血液型裁判や私の苦言から刺激を受けての要因もあったと思われる。ここは、彼女の進歩である。

　案の定、後攻め説明の山岡が主張したことは、上記、放送大学講師・菊池の失態でも説明した通り、ＡＢＯ式二重性を加味しない短絡的視点のラベル実験である。参考にならない根拠無しの結果が反映されるだけである。例えば、今回のラベル表示に山岡が使用した内容の一つに、「A型は感情や欲求を抑制する方である」と言うアンケートがある。この内容で問うても、回答者はまごつくだけである。抑制している時もあるし、抑制していない時もあるからだ。また、几帳面さを発揮している時もあるし、几帳面さを発揮していない時もある。ここはTPOのみならず、二重性も視野に入れなければならない性格学本来の奥の深さと同時

にアンケート手法の難しいところでもある。ここを知らない心理学者は余りにも多い。こういう本来の血液型人間学を知らない無知な心理学者が採取するアンケート調査なるものは、確実にあてにはできない。この視点で、「血液型人間学はあてにならない」と言われても困るのだ。再三申すが、形容詞の箇条書きリストの比較のみで論じることが性格学の主流ではない。短絡的な言葉のみで性格学を論じること自体、難儀である。その中にあって、能見正比古氏は、便宜上から幾種の表現手法を発刊書籍で駆使している。例えば、「A型は感情や欲求を抑制する方である」旨の記載をしても、その後のフォロー文体として、「A型は時として、居直るような行動をとる」旨の内容記載をしている。筆者も本書で指摘してきた通り、A型特有の二重性である。比較的、世間の殻を打ち破る居直るような行動を多くとるA型ほど、突っ張りタイプのA型と言うことになる。

つまり、A型の裏表と二重性を視野に入れたアンケート手法は極めて難儀に近い。山岡はここを無視しての反論をしている。

となれば、2014年10月に九州大の縄田講師（社会心理学）の出した見解も当てにならないということだ。縄田講師は、経済学分野の研究チームが、2004〜05年に日米の1万人以上を対象に、生活上の様々な好き嫌いなどを尋ねた意識調査に、回答者の血液型が記載されていることに注目。血液型によって回答に違いがあるかどうかを解析した。

その結果、「楽しみは後に取っておきたい」「ギャンブルはすべきではない」など、計68項目の質問に対する回答のうち、血液型によって差があったのは「子供の将来が気にかかる」などの3項目だけで、その差もごくわずかだった。このため「血液型と性格の関連性は無関連であることを強く示した」と結論づけた旨の内容が読売新聞電子版で掲載された。

この内容を筆者が分析する限り、縄田講師本人の調査ではないということだ。しかも、この経済学分野の研究チームの素性も明らかではない。

この研究チームは別の目的で調査し、ついでに血液型データもおまけついでに回答を得たということだ。仮にこのデータ入手を認知したとしても、故人・能見正比古氏の書籍で、「何型は楽しみを後に取っておきたい傾向にある」、「何型はギャンブルをしない傾向にある」等と言う文言記載など皆無である。全く話にならない。このレベルなら、30年以上の昔、NHKがある番組で、大評判の人気飲食店に相当に待たされても並びたがるのは何型かで調査し、特に差がでなかった事例調査のレベルと同じである。上の68項目とは、おそらくこのレベルであろう。ギャンブルは、男女差、県民性、血液型に関係なく、する者もいるし、しない者もいる。これは、性格学とは関係ないレベルである。あえて言うなら、欲に転ぶO型が当初は競馬やパチンコ等のギャンブルにのめり込んだとしても、余りにも負けが込むことで、痛い目を実感したO型なら、ギャンブルや投資方法の見直しや軌道修正はあり得るだろう。つまり、ギャンブルの是非を問う短絡的なアンケート調査をしても、血液型人間学の神髄はおろか性格学の基本すら構築できないだろう。このレベルで、「血液型と性格は関連無し」と、豪語する者は、本書を熟読してからにしていただきたい。

　もっとも、具体的手法でのアンケート調査こそ、当てになる調査へと近づくだろう。一例で、ＡＢＯ式色気リストと雄弁家リストを筆者に説明させた上で、「ＡＢＯ式細胞型と色気の関連性はあると思うか？　そして、ＡＢＯ式細胞型と話し方の関連性はあると思うか？」で、大学生等に問えばよい。統計学二項検定からの実証に固執するなら、関連性があるか無しかの期待値を50％にして算出すればよい。

　特に調査しやすいのは、本書ＡＢＯ式統計学で解説している通り、スポーツ選手等の特定集団のＡＢＯ式の不自然なバラツキを調査し、統計学上の実証をしていくことである。これにおいては、本書でも複数例から実証済みである。

　さて、話を戻す。当番組では、山岡より先に主張する市川さんが提示した歴代首相の血液型（第40代〜第96代）Ａ型10人、Ｏ型18人、

B型5人、AB型2人の計35人（資料提供　産経ニュース2014年10月6日付）のデータにおいて話が進んだ。筆者から見て問題なのは、O型は政治家タイプとして、大雑把にくくることで番組を局アナが進行させたことだ。上記データでO型優勢なのは、人間関係の積み重ねが選挙票に結び付くと自覚しているO型が比較的多いからである。国会議員のみならず、内閣総理大臣への道も基本は人間関係積み重ねの結集だ。こうなれば、人脈も力と考えるO型が力を発揮しやすい。党の代表戦とて、人脈作りと数の結集が物を言う。もっとも、複雑な人間関係に懲りたがため、引きこもりになるO型も少なからず存在することも忘れてはいけない。この相反する要素も加味しつつ、性格学を論じなければならない。O型は政治家タイプでくくること自体、まずは自重すべきである。すべてかゼロかで論じるものではない。

残念なのは、A型10人、O型18人、B型5人、AB型2人と言うこのデータがO型優勢のバラツキを示している点を生かせなかったことだ。市川さんは統計学が不得手だからなのか、統計学上の実証を強調しなければ、自然と勢いは弱くなる。筆者がこのデータからO型の不自然な多さに注目しての二項検定の算出をすると、1％水準で有意差がでるのです。

この結果から言えることは、内閣総理大臣を志す国会議員は、党内での人間関係の構築と数の結集は党代表へと近づく。有力な人脈作りも実力と認識するO型の国会議員が得意とする分析が成立する。つまり、比較的O型の総理大臣が誕生しやすいことが統計学上から実証されたことになります。

しかし、当番組で出演者の山岡重行は、データ数の少ないものはゴミのデータと公言した。

ならば、本書で実証済みの横綱と大関陣のＡＢＯ式統計データ77名のデータでは数が少なく、ごみのデータとなるのでしょうか。

あるいは、例年、日本野球機構のホームページで掲載している日本プロ野球本塁打通算記録、上位100選手が表示される。ちなみに、筆者

は血液型裁判で使用すべく、当時の2011年度シーズン終了現在のデータ換算をした。

　2011年度の集計結果は、O型37名、A型24名、B型19名、AB型6名で、このトータルは、84名です。(100名中、不明者14名)

　このサンプル結果を元にして、日本人平均血液型分布率(O型30.7％、A型38.1％、B型21.8％、AB型9.4％)から期待値を算出すると、O型26.4名、A型32.8名、B型18.7名、AB型8.1名になります。

(注) 各選手ＡＢＯ式血液型は、2011年スポーツニッポンのホームページ等で掲載する選手名鑑のデータから採用しました。

　ここで、O型37名の多さに注目し、以上データを元に、O型を基軸とする二項検定で算出すると、計算式は、
(37 － 26.4)の2乗÷26.4 ＋ (49 － 59.6)の2乗÷59.6 ＝ 6.13

　この算出結果から、2％水準で有意差があると判断します。

　つまり、この分析結果から、生涯通算本塁打を量産する選手は、比較的O型打者が多く、O型ホームランバッターの多さの要因とＡＢＯ式血液型(ＡＢＯ式細胞型)とは、何らかの因果関係のあることが統計学上実証されたことになります。この結果は現在はおろか、今後もほとんど変わることもないであろう。ちなみに、生涯通算本塁打のＡＢＯ式統計学の分析はABOFANサイトで興味深い分析をされているので、ここでのデータも分析しながら、本年度生涯通算本塁打のＡＢＯ式統計分析を読者諸君も時間の許す限り是非チャレンジしてみて下さい。

　さて、山岡から見て、このデータもゴミと言うなら、何名以上のデータ解析なら、統計学上の実証データとなるのか？　それを決めるのは、山岡ではなく、統計学そのものである。もしも、山岡の裁量で決まるなら、多いデータとは、横綱大関陣のデータなら、何名以上ならOKなのかを具体的数値を示しての理論を示していただきたい。現況の歴代横綱

大関陣77名データではものたらず、仮に200名以上を良しとするならば、少なくとも、あと100年間は要しよう。そんな馬鹿な話はない。こういう馬鹿げた論法を粉砕するために統計学が存在するのだ。彼はここをわかっていないばかりか、統計学をわかっていない以上、一から統計学を学ぶべきであろう。そうしないなら、学識経験者の資格はない。

この点は、ABOFANサイトのブログでも下記の要領で指摘している。

「山岡さんはデータ数が少ないと差が大きく出るとのことですが、統計的検定はデータ数にほとんど関係なく可能ですので、『データ数が少ないと差が大きく出る』としても問題になりません。心理学者なら、このどちらも十分知っているはずなのですが、なぜこんな発言をするんでしょうか？」

このABOFANの指摘から言える筆者の見解は、おそらく多くの大衆や視聴者は、統計学を知らないと見て、山岡等心理学者等はいいかげんな発言をしているともとれるが、彼も統計学を知らないということだ。

また、筆者が当番組で特に気になった点だか、何故、2004年以降、放送されにくくなったかの理由として、当番組はB型の問題を強調していた。BPOからの血液型番組に関する要望が放送各局へ出される2004年以前の血液型と性格に関する番組は、やたらB型の人が特に不利になるような偏見番組と化したものが少なからず存在していたらしい。それによって、B型がやたら肩身の狭い思いをさせられていたことが要因となり、このBPO要望が出された理由とフジテレビは判断した、と言いたげの理由となっていた。つまり、フジテレビのこの見解は、B型等特定の血液型の者が不快感にならないような配慮ある放送を心がければ問題無しと言う判断をしたともとれる。

実際、血液型裁判の判決文から判断する限り、BPOが血液型と性格に関する番組の放送自粛をしたと言うのは誤解で、その放送自体をダメ

だと言っているわけではない。あまりにも、Ｂ型等特定のタイプが不快感を覚えたり、不利になるようなことにならないよう配慮してほしい、ということだ。

　もっとも、これは本書で指摘済みだが、筆者から提訴されたBPOが筆者から指摘された問題点を認識し、後付けの理由を裁判所と高裁で出したことが要因だ。ならば、この理由が反映されるようBPO要望は修正されてしかるべきなのだ。現況の要望内容から判断する限り、BPOは血液型人間学の放送自体すべてが番組から消えることを期待することが解釈できる。いずれにしろ、この血液型裁判がなければ、血液型人間学に関するすべての放送をダメとする放送自粛のBPO要望のままであったことは、現況の本件要望を解釈する限り明らかである。

　このあたりは、ABOFANサイトでの血液型裁判解説からも読み取れる。結果、特定の血液型のみの方に不快感を与えないことを配慮すれば、以前よりは放送しやすくはなった。また、ＡＢＯ式統計データなら、どしどし、番組表示しても特に問題はないとする判決を得ている以上、ＡＢＯ式統計データを番組採用しやすくなったわけである。

　以上の視点から、フジテレビと市川さんサイドとの何らかのすり合わせがあったのかもしれない。関係者の話によれば、金澤氏発刊書籍『統計でわかる血液型人間学入門』に担当ディレクターが関心を抱いたことが大きな要因らしい。この書籍でも、血液型裁判の解説はされている。担当ディレクターも当然そこも読む。

　いずれにしろ、筆者の提起した血液型裁判は無駄ではなく、ようやく当番組で生かされたということです。

◎明日を切り開くＡＢＯ式細胞型人間学

　そもそも、BPOは、心理学者こそ性格学の専門家と誤解しているから、あの知ったかぶりの要望が出てしまうのだ。そして、精神科医は精神健常者ではなく、精神を病む患者さんを対象にしているにも関わら

ず、健常者の心の動きもわかる方たちと誤解されている。いわゆる、学識経験者は偉いというレッテル主義に日本全体が惑わされると言うことだ。

　また、血液型物質（ＡＢＯ式細胞型物質）と言うハードの事は前項で解説している通りだが、大学で血液型物質や赤血球と言うハード自体を研究している学者なら、血液型と性格との関連性の見識を持ち合わせていると考えるのも正しい見方とは言えない。性格学をソフト面と仮定するなら、あくまでも血液型人間学とは、性格学と言うソフト面をメインとして研究する学問である。作家・能見正比古氏に、「血液型を研究する作家さん」と言うのは、作家に対して「万年筆を研究する人」と言うようなものとは、例え話としては面白い。
　このソフトである性格学や人間行動学を構築する者となれば、予想外の感性から出てくるものであろう。例えば、長期間ガラパゴス諸島で育種の動物を観察することで、ダーウィンのひらめきは増大した。それによって進化論が構築された。故人・能見正比古氏も学生時代に400名を管理する寮長を担当した経験から、Ｂ型特有のひらめきも手伝い、真の血液型人間学を構築したと言える。そして、その後は8,000人余りの著名人血液型確認の調査等で彼の発刊する書籍は進化を遂げた。物事を理論的に構築し、Ｂ型特有のやじうま的な好奇心と柔軟な思考から繰り出される文体能力を持ち合わせていた作家であった能見正比古氏だからこそ、学術的な血液型人間学が誕生したと言える。彼がいなければ、性格学の分野は完全に闇に閉ざされたままであった。
　しかし、心理学者等がBPOを利用して、完全に闇に包み込もうとした行為において、待ったをかけたのがあの血液型裁判だった、と言う見方も成立する。それによって、少しは薄日が差してきたということでしょう。その意味で、本書を熟読することは、血液型人間学の誤解と偏見を説くばかりか、実践的なメリットも大である。

1．人への偏見が減少する。「あの人はとっつきが悪いから敬遠しよう」の偏見も、「Ｂ型によくある自然な傾向」と納得できる。
2．著名人ＡＢＯ式分野別のデータ分析をすることで、統計学の面白さを発見し、科学的に実証できることを認識する。
3．ＡＢＯ式の色気を比較検証するだけで、失恋問題打開策とストーカー問題打開策の突破口にも成り得る。
4．ＡＢＯ式のしゃべり方を比較検証するだけで、人ともしゃべりやすくなる。同時に他人への興味も湧いてくるので、対人恐怖症や引きこもり問題打開策の突破口にもなる。

　再三申すように、以上のメリットを生かすには、正しい血液型人間学の知識を極めることである。当然に拾い読みや斜め読みでは極められない。
　ましてや、速読などもっての他である。昨今、一日で三冊読める速読法なるもののハウツーものが人気あるようだ。これでは、本書を発刊した筆者にとって、たまったものではない。特に本書は何度も熟読することをお勧めする。

◎おわりに

　実は、本書を発刊する題名は、「ＡＢＯ式細胞型人間学は科学的に実証されている！」と、したかった。赤血球表面上と各細胞膜表面上に君臨するＡＢＯ式糖鎖物質（ＡＢＯ式アンテナ細胞）に固執するのは、本件の研究をする上で不可欠となる。そして、赤血球よりも細胞自体の方が人格や性格に強い関連性があると思うのは当然の流れです。しかも、脳細胞や胃腸の各細胞膜表面上にも付着している上記物質となれば、尚更その題名にしたかったところである。
　しかし、それではより多くの読者に本書を手に取っていただけるかの問題が出る。ＡＢＯ式糖鎖物質（ＡＢＯ式アンテナ細胞）と言う同一の

物が赤血球表面上と各細胞膜表面上に存在する。

　その意味から、ＡＢＯ式血液型（赤血球を基準にする場合）もＡＢＯ式細胞型（各細胞を基準にする場合）という言い方のどちらも正しいのです。

　この視点を読者に解説することを前提として、本書の本題と決した。

　そして、何よりも故人・能見正比古氏の命名した「血液型人間学」であるだけに、彼の多大な業績に報いるための本題でもあった。

　つまり、「血液型人間学は科学的に実証されている！」と、言い切るだけの本書完成度も求められただけに、筆者自身で裏を取る調査も詳細に実施した。本書内容に関わる関係者との面談や電話応対にも多大な尽力を不可欠とした。そして、故人・能見正比古氏の文献と功績を世に再評価させるべく、尚更本題に固執した。

　しかし、次回からの筆者出筆本なら、「ＡＢＯ式細胞型」の名称に固執する本題でもよいであろう。やはり、「血液型」と言う名称に固執するのは、献血や輸血の時ぐらいにすべきであり、これ以外の人間行動においては、やはり、「細胞型」とか「ＡＢＯ式細胞型」と、言う言い方に固執すべきであろう。そうしなければ、血液型と言う文言が入るだけで、「血液成分だけで、人の性格形成に影響を与えられるはずはない」とする偏見や誤解と言うレッテルが世に一人歩きすることとなろう。

　やはり、脳神経細胞や胃腸等の各細胞膜表面上にも付着しているＡＢＯ式細胞型（ＡＢＯ式アンテナ細胞）に固執してこその人間学となろう。

　さて、筆者は本書を書くに当たって、下記の点を意識しながら本書に着手した。

１．ＡＢＯ式血液型よりも、ＡＢＯ式細胞型と言う言い方が本来のあるべきかたちであることを如何に強調できるか？
２．本来の血液型人間学（ＡＢＯ式細胞型人間学）と占い系のものとを一緒にさせない。

3．ＡＢＯ式の色気を比較検証することで、微妙な色気と雰囲気を常日頃から実感する楽しみを持つことで、この分野の興味を強めて欲しい。
　むろん、この分析は、失恋問題とストーカー問題打開策への手助けとなる。
4．ＡＢＯ式のしゃべり方を比較検証して、雄弁家の種類の違いを実感することで、各人のコミュニケーション能力アップの手助けにして欲しい。
5．統計学上実証されているＡＢＯ式細胞型人間学は、科学的に実証されたものであることを強く認識していただきたい。（血液型と性格の関連は単なる思い込みなどと、心理学者等がよく言う無責任な指摘も、これによって粉砕された！）

　以上の視点を埋没させることは、誠に欲しい。血液型裁判で土俵際から、50センチほど押し戻したとは言え、己の既得権益欲しさの維持のため、血液型人間学（ＡＢＯ式細胞型人間学）を疑似科学扱いして攻撃せんと常に批判する心理学者等の存在問題は依然として残る。そして、それを研究する者は、ある意味「人を血液型で決め付ける差別主義者だ」とするレッテル貼りをしたがる無知なる者たちも、まだまだ大勢いることを想定しても、筆者も道半ば途上であろう。
　こういう以上の偏見と無知なる誤解多き風潮に押し負けていては、偉大な先人である能見正比古氏の研究成果を未来永劫に渡って埋没させることでもある。むろん、いずれは、統計学上実証されているデータも闇の中へと消えよう。（彼の書籍と本書も国会図書館では永久保存されるが……）ＡＢＯ式細胞型人間学のメリット面をもっと生かせれば、ストーカー対策やスピーチ能力アップ等の具体的手助けにもなろうものを……。
　しかし、現状の無知と偏見が渦巻く辞世にあっては、望み薄となる。この人類史上、最も興味深い学問にもなり得る強い可能性を秘めてい

るのが、このＡＢＯ式細胞型人間学である。レッテル主義や疑心暗鬼の渦巻くこの世に強い光明をもたらす力ともなるのがこの学問なのである。

　この学問のすばらしさをより多くの人に認知させるべく、本書を発刊した。然るに読者諸君は、「心理学者や精神科医等の方たちが血液型人間学（ＡＢＯ式細胞型人間学）は、疑似科学でくだらいお遊びなものだ」と、言っているから、これを支持しないとして、永久に血液型人間学（ＡＢＯ式細胞型人間学）を進んで闇の中へ葬り去ることだけは、何分にも謹んでいただきたい。そうではなく、己の感性を頼りにし、ＡＢＯ式色気リストやＡＢＯ式雄弁家リストを参照しつつ、己の人間関係や気になる著名人の動向にもアンテナを貼りつつの分析方法を楽しみながら、己の恋愛感情のコントロールやスピーチ力高揚にも生かしていただければ幸である。何せ、血液型人間学（ＡＢＯ式細胞型人間学）は、科学的に実証されているのだから、尚更、本書を何度でも読み返していただきたい。本書を切欠に今後の読者諸君の人生がより輝かれることを願って、ペンを置く。

◎筆者からのお願い！

　今後、血液型人間学系の書籍を発刊する方で、本書の無断盗用は禁じる。

　筆者文体の直接盗用が無くとも、本書内容から少しでも刺激され、影響を受けた場合でも、発刊時は必ず目立つように参考文献として表示して下さい。特に関係出版者は、この旨、各著作者へ指導勧告して下さい。

　また、各人のブログやホームページ等で本書理論を採用する場合も、「ＡＢＯ式細胞型人間学研究家の岡野誠氏からの見解によれば……」等と表示して下さい。

　むろん、「この岡野氏の書籍に書いてある理論を以前から知ってい

た」と、する後付けの知ったかぶり言動や記載も絶対に控えて下さい。

　特にＡＢＯ式細胞型の名称権、ＡＢＯ式の部分集合論、色気としゃべり方のリスト化強調等は、この私の著作権である。くれぐれも、ご留意下さい。放送各局におかれましても、この私の理論を採用してのオンエアーをする際、必ずこの私の了承を得て下さい。

　了承を得る際は、「血液型岡野誠」でウェブ入力し、見つけ出した私のホームページ上にあるＥメールアドレスから、直接この私に問い合わせ下さい。もし、それでも見つからない場合、本書籍発刊出版社へＥメール（net@livre.jp）で問い合わせ、ここで筆者のＥメールアドレスを確認した上でお問い合わせ下さい。

◎各学校関係者と企業関係者にお願い！

　私への講演依頼で血液型人間学（ＡＢＯ式細胞型人間学）に関する疑問点をぶつけて下さい。講演テーマは、「血液型人間学（ＡＢＯ式細胞型人間学）は科学的に実証されている！」、「ストーカー問題も血液型人間学（ＡＢＯ式細胞型人間学）で打開できる！」、「血液型人間学（ＡＢＯ式細胞型人間学）で統計学の楽しさを実感しよう！」等です。講演時間の半分以上は、参加者からの質問時間中心のものにいたします。

　詳細は、「血液型岡野誠」でウェブ入力し、見つけ出した私のホームページ上にあるＥメールアドレスから、ご依頼下さい。特に各大学、各高校等からの講演依頼は大歓迎です。

　学校教育機関からの依頼においては、できる限りボランティア精神で対応させていただきますので、お気軽にお問い合せ下さい。

参考文献

「血液型人間学」能見正比古著　サンケイドラマブックス
「血液型活用学」能見正比古著　サンケイドラマブックス
「血液型エッセンス」能見正比古著　サンケイドラマブックス
「新・血液型人間学」能見正比古著　角川書店
「血液型の世界地図」能見俊賢著　青春出版社
「統計でわかる血液型人間学入門」金澤正由樹著　幻冬舎
「前川教授の人生、血液型。」前川輝光著　春風社
「科学の起源99の謎」三石巌著　サンポウ・ブックス

参考ホームページ

「ABO　FAN」、「ABO　WORLD」、「ABOSTUDY」
「能見正比古・血液型シリーズを推計学で検証すれば？」
「血液型は人類を救う」
「㈱ヴァーグの糖鎖講座」、「糖鎖ラボ」
「通信用語の基礎知識・H抗原」
「ThePowerofImmunity」
糖鎖の基礎知識（弘前大学医学部）
遺伝学電子博物館
知識の泉　Haru'sトリビア

ウィキペティアのフリー百科事典

「島田紳助」、「堀江貴文」、「秋葉原通り魔事件」、「池田小事件」、「サッダム・フセイン」、「橋下徹」、「孫正義」

情報提供の協力機関

「総務省統計局」、「日本科学未来館」

著者プロフィール

岡野　誠（おかの　まこと）
ＡＢＯ式細胞型人間学研究科
生年月日は、1959年5月5日の子供の日
東京都生まれ、血液型Ｏ型
日本大学生産工学部数理工学科卒業
ここで、統計学も学ぶ。
埼玉県和光市在住

　ボーン・上田記念国際記者賞でも有名なマイルス・ボーンとの大の親友でもあったジャーナリスト・木内参造（戦前戦後ＵＰＩ通信社日本支局勤務・仕事上、ボーンの相棒）の孫に当たる。

　大学1年の時、故人・能見正比古氏著の『血液型人間学』に出会い衝撃を受ける。以降、彼の数冊の本を読みふける毎日。
　大学4年の時、彼の弟子になることを思い立つも、1981年のその年、彼が他界したため、その夢は途絶える。
　諦めきれない著者はその後、職場の人間関係や芸能ニュースを元に血液型人間学の丹念な観察を長年に亘り開始する。
　流通業界、不動産業界のサラリーマン生活を終えた後、利益がトントンの負けない個人投資家の道を突き進み、現在に至る。その一方で、血液型人間学の研究意欲に益々拍車がかかり、数多きナイトクラブのギャルの色気に強い興味を抱き、血液型別の色気の研究も20年以上に亘り続けることになる。
　更に失恋遍歴の多い著者ならではの、恋愛事情と血液型人間学の融合を図るべく出版『血液型で失恋せよ！』を2008年2月に刊行。
　この前著である『血液型で失恋せよ！』は、現在でもアマゾン等でネット流通されている。

それ以外にも著者は、税金の使われ方に関心が高く、1997年8月13日、弁護士を付けず、単独で埼玉県を相手取り、県主催イベントで各著名人等出演者に支払われた高額な税金出演料の情報公開請求訴訟を起こすほどの気の入れ方である。その要因により、埼玉県や東京都等の公共イベントで支出する各個別の税金出演料の数値は、2002年4月より公開とされた。名も無き一般人が痺れる人生を満喫するには、どうあるべきか、著者ならではの生涯のテーマにしている。この詳細は、前著『負け組のO型こそタレント嫌いで主張せよ！』をご参照下さい。いずれの作風も、タレントや著名人に関することを視野にし、何かと著名人絡みの特異なエピソードをもつ著者ならではの著述を展開する。むろん、本書もこの視点から楽しさ倍加の作風である。

　そして、占いや4つの性格の話とは違う本来の血液型人間学の追求に固執する筆者は、2011年8月8日、BPOを相手取り、弁護士付けずの単独訴訟を実施する。詳細は本書を熟読されたし。

以上

★　改めまして、筆者からのお願い事項となる「本書籍著作者である岡野誠氏を質問や意見提案でやり込めるサンドバッグ方式イベント実現に向けての提案」これでストレス発散して下さい！

　まず、サンドバッグ方式講演会とは、講演者から発信された意見や考え方に対して、参加視聴者からの意見や質問をドンドンぶつけていただくイベントのことである。むろん、講演者の考え方を否定する意見も大歓迎とする。結果的に講演者を吊り上げることになろうとも良しとするものです。アメリカの講演会では、原則この方式が主流となる。

　何故今、この講演会方式に固執するかと言えば、近年この種のイベント実施となれば極めて皆無である。特に公共イベントにおいては、講演者から一方的に発せられる言動をただ黙って聞いてるだけの受け身の講演会となる。質問時間の設置にしても、今世紀からは珍事となった。

現代の公共な場において、一般市民がマイクを握っての発言機会は益々減少の一途を辿っている。そこで、何かと賛否を生む、血液型と性格の関連性に絡む問題をサンドバッグ方式講演会に採用することで、参加者の高揚感を高められる。これほど、論争しやすい興味ある題材は他にはない。それには一方的な講演にならないように、講演時間と質問時間等の配分時間を１対２くらいにする。最初に講演者の説明時間を30分とした場合、参加者からの意見等発信時間を60分にする。この提案に答えられる者となれば、手前味噌になるが、本来の血液型人間学（ＡＢＯ式細胞型人間学）を熟知する私以外には見あたらない。私なら、否定的意見にも耐えうるサンドバッグに成りきる覚悟で臨める。それによって、参加者の高揚感と躍動感を活性化させることで、参加者たちのストレス発散にも貢献しよう。特にこれから、女性の活躍社会の施策を実現するためにも、彼女たちのストレス緩和策も不可欠となる。それには、多くの女性たちも意見の言いやすい気軽なテーマを本件題材にすることで、講演者に対し、思いっ切り意見をぶつけやすくさせる。やはり、女性のストレス発散の特効薬も、公共性の高い所で、言いたいことをマイクで発信させることである。それにより、彼女たちのスピーチ力アップにも結びつくだけに、このサンドバッグ方式講演会を各自治体や各教育機関には特に要望いたします。むろん、各大学ゼミ単位レベルのものでも、清閑なルーム、黒板そしてマイクがあれば、極力ボランティア精神で対応いたします。なお、本件講演テーマや当方へのコンタクト方法は、既にP273で指摘している通りです。何分にもよろしくお願いいたします。以上

血液型人間学は科学的に実証されている!
血液型は細胞型の問題と理解しろ!

2016年7月7日 初版第1刷 発行

著 者——岡野 誠
発行人——新本 勝庸
発行所——リーブル出版
〒780-8040
高知市神田2126-1
TEL088-837-1250
編 集——坂本 圭一郎
装 幀——島村 学
印刷所——株式会社リーブル

©Makoto Okano, 2016 Printed in Japan
定価はカバーに表示してあります。
落丁本、乱丁本は小社宛にお送りください。
送料小社負担にてお取り替えいたします。
本書の無断流用・転載・複写・複製を厳禁します。

ISBN 978-4-86338-137-7

ABO式血液型物質とは、栄養素の基本となる数種類の単糖によって構成されるABO式糖鎖物質のことである。この鎖状のアンテナのような物質は、赤血球の表面のみならず、脳神経細胞の細胞膜表面上にも無数に存在する。この重要な物質が、隣接する脳細胞同士を連携させる役目を果たすことで、細胞同士が情報伝達し合い、脳神経細胞の働きをコントロールできるのです。当然、この糖鎖物質がA型なのかB型なのかにより、各人脳神経細胞同士の連携に微妙な変化を与えるため、ABO式何型ごとに各人の思考形態にも何らかの違いを生み出すこととなる。

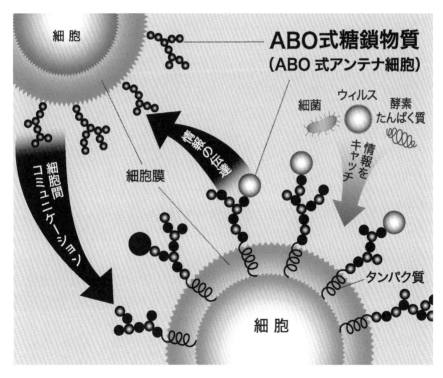

（注）上記図解は、ウェブサイト「The Power of Immunity」に掲載される図をベースにし、これを参照しつつの精査と改良を積み重ねて創作したものです。